蒋传光 主编

中国农地信托
交易结构研究

于霄 著

上海人民出版社

总　序

党的十一届三中全会以来，伴随着改革开放，我国社会主义现代化建设进入新时期，在党的领导下，我们走出了中国特色社会主义法治道路，坚持党的领导、人民当家作主、依法治国的有机统一，坚持依法治国和以德治国相结合，建设社会主义法治国家，形成中国特色社会主义法律体系等，取得了社会主义法治建设的一系列重大成就。

党的十八大以来，中国特色社会主义进入新时代，面对世界百年未有之大变局和国内改革发展稳定的艰巨任务，法治在治国理政中的功能和作用进一步凸显。基于这种认识，针对法治建设领域存在的问题，我们党坚持全面推进依法治国，我国社会主义法治建设方面取得历史性成就、发生历史性变革，"社会主义法治国家建设深入推进，全面依法治国总体格局基本形成，中国特色社会主义法治体系加快建设，司法体制改革取得重大进展，社会公平正义保障更为坚实，法治中国建设开创新局面"。①这些成就的取得，离不开成熟法学理论的引领和支撑。

这些事实也表明，在法治建设理论和实践探索的过程中，无论是中国特色社会主义法学理论体系的构建，还是全面依法治国实践的深化；无论是社会主义法治国家建设的顶层设计，还是操作层面的具

---

① 习近平：《高举中国特色社会主义伟大旗帜　为全面建设社会主义现代化国家而团结奋斗——在中国共产党第二十次全国代表大会上的报告（2022 年 10 月 16 日）》，人民出版社 2022 年版，第 9—10 页。

体法治;无论是良法善治理念的确立,还是以宪法为核心的中国特色社会主义法律体系的完善,这些目标的实现,是与深入系统的法学理论研究分不开的。"上海师大法学文库"的出版,就寄希望于能够为我国法治建设的理论和实践添砖加瓦,为我国法学研究的繁荣贡献绵薄力量。

上海师范大学法学学科经过建设和发展,在法学理论、法律史学、宪法与行政法学、民商法学、国际法学、诉讼法学等领域形成了自己的研究特色,产出了一批有一定影响力的学术成果。希望"上海师大法学文库"的出版,对进一步推动法学学科建设,促进学术研究和交流,提升学科内涵和扩大学术影响,培养学术新人等,能够起到促进作用。

蒋传光

目　录

序　言

一

农地信托是指以农村土地承包经营权为信托财产的信托,一般来说,农地信托的信托人是农户,受益人是农民。农地信托,信托的财产字面上是单纯的农地,农户很少可以以土地设定信托的同时,也以现金设定信托。而多元市场主体比如信托公司,可以提供大量现金。所以,农地信托一般也是集合信托,即农民的农地信托与信托公司提供的现金相结合的信托。

我国农地信托开始于 2013 年 10 月左右。从实践层面,农地信托快速发展,原因主要是农地信托是新生事物,受到政府重视,也有信托公司的配合。而在理论层面,农地信托解决了两大问题:农地分散经营和农地融资困难。

我国的农地信托主要是自发在国内的法制环境内生长起来的,在早期,我国出现了大量以"农地信托"为名的农地流转机制,比如浙江省绍兴县的返租倒包、贵州安龙县的土地转包和湖南浏阳市的混合制等。这些"农地信托"虽然并未真正实现对传统农地流转的突破,但为农地信托打下了一定的舆论和心理基础。农地信托是改革和创新的需要,更是中国当下解决农地流转困难的需要,但并非对信托机制引进和适用的需要。我国自2002年《信托法》颁布之后,中国特色的信托实践得到了充分发展,中国的信托与英美信托有着较大的不同,而以土地承包经营权为信托财产的信托,更是不能单以英美信托为范本。除了遵从信托的一些基本原理之外,农地信托的很多问题,要在当前中国特色的社会主义法制体系中寻找答案。

虽然,中国的农地信托与英美信托有很大差异,但它却具有不可替代的现实意义。一方面,它是我国新时代振兴乡村产权改革的创新动力,另一方面也是三权分置的有力工具。

十九大报告指出,"农业农村农民问题是关系国计民生的根本性问题",但是,在新时代城市发展、乡村萧条、农民对自身生活与发展有了更高要求的条件下,"三农"问题并非单纯坚持"土地承包经营责任制"就可以解决。

"三农"问题的核心是土地产权改革,土地产权改革是农村人走出去,资金技术走进来,资源优化配置的根本。十八届三中全会提出了"三权分置"的土地改革战略,新时代乡村振兴没有"三权分置",就像农村在改革开放时期没有家庭联产承包责任制一样,会缺失改革的根本动力。所以,在新时代建设产业兴旺、生态宜居、乡风文明、治理有效、生活富裕的新农村,就必须完善推进以三权分置为中心的农村土地产权改革。

三权分置是新时代振兴乡村的产权改革基础,"坚持农村土地集体所有权"和"稳定农村土地承包权"是对我国农村产权改革历史的总结与肯定,"搞活农村土地经营权"和"允许农村土地经营权抵押"是对新时代已经改变了的乡村内外部环境进行重新认识之后,作出的战略调整。

新时代乡村振兴产权改革是十九大提出的重大任务目标,前期成果主要集中于以下两个方向:第一,关于农村土地保障农民生活的研究。这些研究比较充分地总结了集体所有制和土地承包责任制的历史来源,也明确了在相当长的时期内,农村土地承担着,并且可能还会继续承担农村人口的生活保障的功能。改革如果有损于这一功能，则有可能会导致社会动荡。第二，关于农村土地自由流转的研究。这些研究顺应了市场经济的发展趋势，指出农村土地作为一种生产资料，也应当根据市场机制进行自由配置。农村人口大规模进城务工、农地撂荒、空心村等改革发展中出现的现象，也为这些研究提供了佐证。

农地的保障性与市场流转需求的矛盾是农村产权战略前期研究的焦点。为了解决这一矛盾，学界展开了对农地租赁、农地入股、农地信托等具体制度的研究。在十八届三中全会提出三权分置之后，也有对三权分置的理论与具体实施方式的研究。

改革两年后，我国农村土地承包经营权确权登记颁证、农村承包土地的经营权和农民住房财产权抵押贷款、农村土地征收、集体经营性建设用地入市、宅基地制度改革等产权改革实践都在稳步推进，常州武进区、成都郫都区、鞍山海城市等试点都取得了宝贵的经验。

乡村振兴战略的形成取决于现在我国农村的内外部环境。根据国家统计局数据，2017 年第三季度，我国农民农村居民人均可支配收入 9 777.7 元，其中可支配工资性收入 4 380.1 元，可支配经营净收入 3 194.1 元，分别约占比 44.8% 和 32.7%。工资收入已经成为农村人口收入的主要来源，经营收入，特别是农业经营收入已经退居次要地位。调研发现，因为劳动力短缺，部分农村地区农业经营也已经摆脱了传统的"家庭"经营模式，转变成以购买服务为主的现代家庭农业经营方式。收入保障和家庭经营这两个形成于家庭联产承包责任制的农业经营核心要素正在发生改变。

改革开放四十几年以来，我国城镇经济得到了较快发展，但在近年也面临着需求不足、产业更迭的挑战。我国乡村机会广阔，但产权问题始终制约着人财物的流入。公房非公化与物权法颁布推动了我国城镇经济的振兴，城乡融合在新时代也将成为乡村振兴和国家振兴的契机，但其关键还在于农村土地产权的改革与推进。

乡村振兴是人才的振兴、信息技术的振兴和经济的振兴，要实现三个振兴需要从战略上实现以下三个转变：从农民生活的消极保障向农民发展的积极推进转变、从实物保障向经济权益保护转变、从农业生产向社会效益转变。十九大指出，我国社会主要矛盾已经转化为人民日益增长的美好生活需要和不平衡不充分的发展之间的矛盾，我国扶贫工作已经取得决定性胜利。绝大部分的农民已经过上了温饱甚至小康生活。所以，农村产权制度的设计更需要适应新时代的要求，推进城乡融合，三产一体，使农民实现更大价值。

乡村振兴不仅仅是发展农业，而且要让农业融入现代产业中去，乡村振兴不仅仅是保护农民，而且要让农民在城乡融合中获得更大发展。乡村振兴不仅仅是乡村的振兴，更是中国深化改革，进一步发展的新机遇。

新时代乡村振兴产权战略要以坚持农村土地集体所有权为基础，稳固农业、振兴农村、解放农民。要实现以上目标，可以采取多种措施，比如土地用途指标化、承包权益多样化、土地经营市场化。相比于确立家庭联产责任制以来，农业政策与制度以保障农民生活、稳定农业生产为目标来说，新时代乡村振兴产权战略更注重于农民的发展、农业的现代化和城乡融合。

在实现新时代乡村振兴产权战略的过程中，一方面要坚持对农民生活的保障，农业生产的稳定，另一方面，还要创新思路，让农民不管是在乡务农还是进城务工，都有更大发展，让农业生产得到质和量上的进一步提升。面对这样的目标，可以在土地产权方面进行如下的改进。

规范土地经营权。在三权分置的总体布置下，土地经营权的权利属性与法律定位还不清楚。让土地经营权在《民法典》《农村土地承包法》《土地管理法》的法律框架下良好运行，要解决土地经营权与土地承包经营权的关系问题，要明确土地经营权应当是物权，可以排他使用的问题。

稳定长期租赁权。长期租赁权稳定化，不但是农村产权的问题，也是城市产权的问题。没有稳定的长期租赁权，产权制度僵化，会导致土地交易不畅,土地利用率下降。稳定长期租赁权,在法律制度上要实现长租权可登记、长租权可转让和长租权可对抗三个主要改变。

鼓励新型地产权。在过去的农村土地改革中,地票制度、农地入股和农地信托已经有了很多实践,虽然在过去的历史条件下,有些尝试并不成功,但步入新时代之后,新型地产权,特别是有助于土地承包权和土地经营权分离的制度设计有待进行进一步的研究和试验。

实现产权融资权。允许农村土地经营权抵押是三权分置总体规划的一部分,集体所有建设用地入市也在试点当中,未来宅基地使用权按揭可能也是一个改革方向。充分的产权融资权不但可以盘活农村产权,更可以为乡村振兴提供初始的资金与动力。

而农地信托则是新型地产权中非常重要的尝试,也可以比较好地融合规范土地经营权、稳定长期租赁权以及实现产权融资权的改革目标。

首先,农地信托是人的发展和地的发展相统一的创新。农地信托促进了农民的发展。现有的制度设计,不利于农地的流转,这源自家庭联产承包责任制实物保障的思路。在城市化的大趋势下,进城务工的农民虽然已经达到很高的比例,但还是会有更多的农民进入城镇。可是在此过程中,农民却还面临着经营家中农地的压力。一方面,家中有地不经营,可能会导致一定的损失,另一方面,家中农地,用心经营,城中务工会有损失。所以,当下农村很多农地都处于老人经营,年轻人回乡帮忙的情况。也有农民将农地低价出租给乡邻或亲属。但不管哪一种处理方案,都不利于解放进城人口的发展,更不利于农业本身的发展。而农地信托,是指通过信托的方式,将农地集中起来,交由比较专业的农业公司和农业大户经营。而农民作为受益人,其实物的生活保障转变为现金受益权的保障。现金受益权的保障不仅不需要亲自经营管理,而且没有地域性,农民可以在城镇寻求更好发展的同时,也不会失去国家原本给予的保障。而更为专业的经营管理,本身也对农业发展有利。

其次,农地信托是保障性和发展性相统一的创新。土地承包经营权具有对农民生活的保障性,是国家在家庭联产承包责任制中,在国家尚无完善的社会保障制度时,对农民的一种保障措施。随着社会发展,这种实物保障对农民的保障功能越来越不明显,有时还会对农民进城务工和城市化产生一定的负面影响。所以,在新时代,土地承包经营制度要将对农民的保障和个体的发展统一起来。而农地信托将实物保障转变成现金受益权保障,这不但没有损害农民的利益,还使农民摆脱了农业经营的束缚,可以更好地谋求自身发展。而对于在乡村发展的农民来说,过去的土地承包经营权流转机制不利于保障被流转人的土地权利,权利的稳定性和充分性都受到了约束。比如,农地租赁这种比较普遍的流转方式,一般租期过短,难以实现农业发展的有效投入。并且,更为重要的是,在缺乏中介协调监督的条件下,成片成规模的农地流转难以实现。虽然,大规模的农业生产,其效率不一定更高,但相对于以家庭为单位的小农经营,一定程度的规模化,在目前更有利于农业的现代化和市场化。而农地信托为农业经营者(包括留乡农民)取得了进一步发展的机会和潜力。为农民在乡务农致富提供了更大的前景。

最后,农地信托是乡村发展与城市发展相统一的创新。新时代乡村的振兴不是逆城市化的振兴,也不是孤立城市的振兴,而是在建设小康社会、突破中等收入陷阱的发展关键时期,与城市一并发展的振兴。农地信托不是农地租赁,一租了之,而是融合了农地经营、市场上下流设计、融资投入各个方面的系统工程。之所以信托之后,农地会成为生产系统而非独立的经营单位,是由信托管理人保证收益的义务和较强的商业管理能力决定的。信托公司作为受托人不是农业合作社、农业银行和农业公司,它不是农业专业公司也不是地方公司,它具有较强的金融和市场运作能力。此外,信托公司在信托关系中,负有信义义务,不仅要保证自身不能夺取或窃取受益人利益,也有义务保证信托受益人利益最大化。所以,从理论上,农地信托的受托人,承担了将农业生产和城市市场、融资工具、先进技术与理念等融合的义务,并且有能力履行这一义务。城市发展需要新的项目和动力,城市市场需要更精准的供给,信托使农业生产和城市金融、城市理念、城市市场等结合在一起,相比于狭窄范围内的、单一性的农地流转具有更大优势。

二

农地信托是三权分置的有力工具。2014 年中央颁布《关于全面深化农村改革加快推进农业现代化的若干意见》(2014 中央一号文件)指出,要"在落实农村土地集体所有权的基础上,稳定农户承包权、放活土地经营权,允许承包土地的经营权向金融机构抵押融资"。2014 年9 月,中央全面深化改革领导小组第五次会议审议的《关于引导农村土地承包经营权有序流转发展农业适度规模经营的意见》提出在坚持农村土地集体所有的前提下,促使承包权和经营权分离,形成所有权、承包权和经营权"三权分置"、经营权流转的格局。在此前后,习近平总书记强调,深化农村改革,完善农村基本经营制度,要好好研究农村土地所有权、承包权、经营权三者之间的关系。我们要在坚持农村土地集体所有的前提下,促使承包权和经营权分离,形成所有权、承包权、经营权三权分置,经营权流转的格局。

在中央提出三权分置的政策导向之后,学术界也对三权分置的问题进行了研究。这些研究对三权分置三个维度(坚持农村土地集体所有权、稳定农村土地承包权和搞活农村土地经营权)的解读,注意到了三个维度的内在联系(权利分置)和深层原因(农民的生活保障与土地市场化的矛盾)。但是这些研究没有从法律层面解决权利分化的问题。

在研究的同时,各地在中央政策的指导下也积极进行了改革试点,其中比较有影响的就是农民专业合作社。《农民专业合作社法》在2006 年就已颁布,但在很多地方的实行中,农民参与积极性不高。近期,上海金山进行了股份合作社的实践,取得了良好的效果。农民收入提高,企业积极性提升。从短期来说,合作社的确可以为农民提供一个更为方便的土地流转途径。但是,合作社存在着农民失地的潜在风险,也不能为企业提供足够稳定的地权,所以不能真正承担土地承包权与经营分离的理论任务。

三权分置对当前农地存在的问题提出的根本解决措施是受益权的分离,即将农民对农地的生活保障权作为受益权从土地上剥离出来,留下比较纯粹的市场化权利,用于市场流转。在剥离的过程中,要"稳定土地承包权,搞活土地经营",而"稳定土地承包权"的前提是"搞活土地经营权",因为只有搞活了土地经营权,土地上可以产生更多的收益,农民受益权在国家法律和政策的保障下,才真正有了实现的基础。"搞活土地经营权"的基础是"稳定"土地经营权。"稳定土地承包权"的"稳定"是稳定收益,"稳定土地经营权"的"稳定"是稳定使用。综合起来就是稳定使用与收益相分离的权利结构。从世界法制设计的范围看,剥离受益权有很多种方法,而最有效也最普遍的法律工具就是信托。

土地承包经营权信托可能是一种解决农地经营现存困境,实现三权分置的有效手段。其一,信托结构可以将市场化程度高、资产管理能力强的信托公司引入农地经营。信托公司以营利为目的,在设计信托产品时就考虑了风险控制和产业导向,较农户分散经营具有明显优势。其二,土地承包经营权在传统上都是以租赁、转让和转包的方式流转的,而信托优于这些传统流传方式。信托关系比租赁稳定,比转包关系责任分配合理,相对于转让,信托可以持续地为承包户提供土地收益,免除了因转让引起的承包户生活无着的问题。最后,从理论上说,我国物权法接受的是一物一权、物权法定的权利中心主义,但随着社会的稳定发展,物权本身流转成本高的缺点日益明显,物权人怠于行使权利的现象也日益严重。信托解决方案代表的土地使用中心主义,可能会为我国农地流转提供新的思路。

农地信托结构与三权分置中"土地承包权与经营权相分离"的结构具有一致性。土地承包权具有对农民的生活保障性,具有一定的身份性。三权分置中所谓的"稳定"就是指土地承包经营权的改革不能有害于农民利益,不能破坏农地对农民的保障功能。另一方面,三权分置还要使农地的使用更为市场化。所以,土地承包经营权这种权利本身需要分解成为两项权利:一项是稳定和具有身份归属的现金收益权,以保证稳定;一项是市场化和高流动性的使用权,以保证生产效率。而信托本身就是具有权利分解功能的法律机制,它将所有权等可信托权利,分解为收益权与形式上的所有权,一方面保证了收益人的利益,另一方面也保证了受托人可以如同权利人一般的使用权利。

自 2013 年 10 月,中信信托先后在安徽、山东、河南、湖北等地推出土地流转信托项目,涉及土地面积短短几月就达 21.2 万亩;北京信托和中粮信托等信托公司也相继跟进。但是,这些信托项目或是以土地信托为名的资金信托项目,或是结构不一、盈利模式不明。一旦未来发生了风险或纠纷,很有可能会出现法律认识落后、甚至于法无据的情况。

土地承包经营权信托具有一定优势,但现有交易结构并不成熟。短时间内,大量农地已经流入信托,这一方面说明了信托的吸引力,另一方面也引发了人们对信托风险和法律问题的关注。现有的信托交易对政府主导依赖性强、行政参与程度高,相应的操作成本占据了农业利润很大部分。这与我国信托法制的基本情况有着根本联系。为了解决我国不动产信托的问题,学界也进行了很多研究。

三

从 1879 年圣约翰大学开始讲习英国信托法算起,我国对土地信托的研究已经有一百多年的历史了。然而,我国物权法崇尚的一物一权与信托的基本理念存在根本性冲突,《信托法》要求的信托登记也一直没有建立配套制度。总体上说,我国土地信托在实践中依然困难重重。在这种条件下,虽然学术界对信托有了一定关注,比如对商业信托和动产信托(特别是资本信托和证券信托)的研究,但是土地信托在我国始终没有成为学术研究的重要领域。

目前我国对土地承包经营权信托问题的研究可以分为三个部分:

第一部分是直接对土地承包经营权信托的研究。以"承包经营权"

和"信托"为关键词在中国知网中检索,可以得到以此为题名的论文 59 篇,其中学位论文 38 篇。在国家图书馆检索,目前为止,以土地承包经营权信托为题名的著作也仅有 2 本。此中研究对象包含了土地承包经营权信托的有利性、风险、登记等问题。但很多研究并不十分深入。

第二部分的研究是针对解决农地经营权流转而进行的土地信托研究。浙江绍兴、湖南浏阳、阮江、湖北益阳等地进行的试点引发了学界的关注,由此产生了一批形式以论文为主的研究成果。在这些研究中可以发现,我国农村土地信托是有一种有效的流转手段,但在法律上还缺乏很多前提性要素,比如明晰的产权归属、便捷有效的登记、市场化的财产对价体系等。但更为重要的是,在现有以"土地信托"为名的交易中,大多数的法律性质并不是土地承包经营权信托关系(它们有的是转租关系,有的是代理关系,有的是资金信托关系)。

第三部分是与土地承包经营权信托有关的研究。这包括了在信托法框架内对土地承包经营权信托问题进行的一般性研究,也有学者专门对土地信托进行过研究。这类研究关注了受益权登记、所有权二元性、受托人权利等基本问题。还包括了对土地承包经营权流转的研究,这方面的研究关注了我国土地承包经营权流转的现实、数据和问题,涵盖面广,比较深入,也出现了引用率很高的重要论文。其他相关研究还有对各国土地信托的比较研究。这些研究对我国土地承包经营权的研究有着重要的借鉴价值。

谈到信托法的研究,最先要提到的是史尚宽先生在 1947 年出版的《信托法论》。虽然史尚宽先生在写这本书之前,"对于信托制度向未深究",并且那时关于信托的著作"尚属寥寥",但在杨祖诒先生的帮助下,《信托法论》对信托的基本问题都有了明晰的研究和介绍。《信托法论》在精当地概括了信托在英国的起源之后,以日本信托法为依托研究了信托的意义、信托行为、信托当事人、信托之禁止与限制、信托之公示方法、信托财产、受托人之义务、受托人之信托违反、受托人之权利、受托人之更迭、信托之终结、信托之监督、公益信托与营业信托。该书以史尚宽先生深厚的大陆法民法功力为依托,是大陆法民法整合信托制度的重要研究成果和对象。

周小明 1995 年出版了《财产权的革新——信托法论》。当时国内对信托的研究著述极少,仅有《信托操作规程》(1989 年)、《银行信贷与信托投资实务》(1994 年)、《信托知识手册》(1989 年)、《金融信托法规资料汇编》(1989 年)等实务介绍性的著作(当时信托实务也处于混乱状态),而真正研究性的著作多来自英语国家与日本。《财产权的革新——信托法论》在中国的相关研究中具有一定的开创性,它研究了信托基本观念(包括概念与相近概念的比较)、信托的作用、信托的分类、信托的设立、变更与终止、信托财产与信托当事人、公益信托、信托业的法律控制以及信托立法问题。

周小明 1996 年又出版了《信托制度比较法研究》。因为周小明曾是江平先生的博士生,研究信托问题(1994 年江平与周小明在《中国法学》上共同发表了《论中国的信托立法》),并具体负责《信托法》立法的调查和起草工作,《信托制度比较法研究》比《财产权的革新——信托法论》更有理论深度,所以为后来的信托研究者广泛引用。《信托制度比较法研究》主要研究了信托法之观念、信托的制度功能与价值取向、信托的演化与文化背景的互动、明示信托的设立与生效要件、信托的效力、信托制度的继受与中国信托立法、信托业的法律控制。周小明的信托比较主要是在英国、美国、日本和韩国之间进行。

何宝玉 1993 年参加《信托法》的起草工作,1997 年到英国学习,2001 年出版了《英国信托法原理与判例》。该书运用的基本是英国资料,对英国信托法进行了系统和详细的研究。该书研究了信托的起源、信托的设立条件、信托的类型和一些特殊信托、信托中的受托人责任和权利、信托基金、慈善信托和养老金信托、推定信托和违反信托的救济。因为信托制度本就源自英国,英国也是信托使用最为频繁和成熟的国家,所以该书对中国信托理论的研究有着基础性的价值。

余辉 2007 年出版了《英国信托法:起源、发展及其影响》,这本书是由他的博士论文修改而来。从书名可以看出,该书是一本关于英国信托法发展史的著作,它研究了信托的基础——英国中世纪的土地制度、信托的雏形——英国用益制度、1536 年的英国《用益法》、信托制确立中的重要案例(Tyrrel' case 1557,Sambach v. Daston 1635 etc.),以及英国信托制度的现代发展和域外影响。但在研究中要注意的是,相比于何宝玉的《英国信托法原理与判例》,该书注重更多的是传统信托法,因为英国财产法和土地登记制度进行了重大变革,这些信托制度基础不再,在现代英国已经发生了根本性的改变。

上海海事大学教授康锐自 2001 年伦敦访学时就开始关注信托制度,她于 2008 年出版了《中国信托法律制度移植研究》。因为康锐教授的经济学背景,该书是一本典型的以法经济学为研究方法的著作,其要解决的主要问题是中国应不应当移植信托制度,若移植应当注意什么问题。为了说明这一问题,康锐通过经济学的方法比较了信托与合同、信托与公司的制度价值,并且分析了移植信托的基础,最后考察了信托制度移植的成本和收益。该书运用了大量西方经济学的原理,结论是信托制度的内在效率机制使其具有潜在收益和移植的前提;信托制度移植的模式取决于中国社会经济关系的基础环境;考量信托制度移植效果的标准仍是成本—收益标准。

于海涌是江平先生的博士后,他 2011 年出版了《英美信托财产双重所有权在中国的本土化》。江平先生的《失去衡平依托的信托法》一文作为序言也发表在了这本书里。江平先生在序中概括了《信托法》起草中的一些细节和问题,包括起草《信托法》的原因、信托在中国的继受、到日本考察、信托财产归属的问题、信托财产公示主义、信托目的合法性等。《英美信托财产双重所有权在中国的本土化》一书最核心的研究就是信托在中国物权债权二元体系中的设计,它认为信托中的受益权应当归于债权,并与受托人的所有权一并整合进中国的物权债权体系。于海涌的研究对中国信托法有很大意义,至于信托受益权是否属于债权到现在尚有争论。

孟强是王利明教授的博士,他的博士论文《信托登记制度研究》于2012年出版。该书是对信托登记的专论,里面研究了信托登记的效力、信托登记系统与登记机构的建构、登记申请与登记审查,最后还对中国信托登记的立法进行了建议。该书对登记程序的研究偏重实务,还整理了大量登记相关的资料。该书的核心论点是中国应当对信托关系以及信托受益权进行登记,登记机构为现有的登记机构(没有论及现无需登记的财产的信托登记)。该书对现在的一些信托相关立法草案和征求意见稿的评析很有启发性。

关于农地信托,曾玉珊和吕斯达曾撰写过一系列文章,讨论了农地信托关系的成立、受托人义务、财产管理和登记等问题。为农地信托的研究打下了良好的基础。

另外,还有一些研究房地产投资信托、信托法律实务和离岸信托的著作,对中国信托法的研究都有重要价值。

四

信托关系的特性可以适应我国农地问题的解决要求。信托制的起源虽有不同说法,但一般认为是来自英国的用益制。关于此方面的研究有很多,但这不是本书研究的重点,所以下面可以简要引用史尚宽先生在《信托法论》中的总结:

> 现代之信托制度,为英国固有之制度。具体说来,13世纪中叶,法兰西斯戈僧轩之僧侣,来英国布教。照僧团规则,僧团以及僧团之僧侣,俱须绝对清贫,不许保有些许之富。然该僧团之僧侣虽应清贫,亦不能不有宿泊处所。彼等来城市布教,一般人将土地让与城市以充该僧团之"use"(用益)。此项措置,后来扩大,英国许多城市之土地,为充该僧团之用益,而将土地让与城市。土地虽如此移转为城市所有,但城市实际将该土地供僧侣使用,与僧团自身拥有该土地,亦无若何差别。传因圣贫问题,卒引起法兰西斯戈

派与罗马王间之争执。

关于土地之用益,至14世纪,别开生面,原为维持封建制度之法制,已不适合时代之要求,而发生破绽,遂渐以用益之名而达破除此种法制之目的。

中世纪之人,由于信仰上之热心,而将其所有地捐赠宗教团体。宗教团体之土地,为永久免税之地,领主因此感受许多痛苦。13世纪之后半,国王发布死手条例(Statute of Mortmain)禁止土地之捐赠宗教团体。然而一般人颇感觉此法规不便,欲用用益之方法以逃避之,即地主因不能将土地让与宗教团体,而将土地让与他人,但非单纯之让与,系为宗教团体之用益而让与。此种让与非直接对于宗教团体之让与,故非死手条例所禁。其让与系为宗教团体之用益,故受让土地之人,为宗教团体之利益而管理该土地,其收益须全部归于宗教团体,此种方法,曾经盛行。

当时之法制,严守长子继承之制,禁止将土地遗赠他人。土地既不能遗赠他人,对于长子以外之子,则不能给予生活资料,于是一般人乃欲用用益之方法以逃避之。即土地之所有人不将土地遗赠,而生前将土地让与他人。然非单纯之让与,系为自己利益而让与。因土地所有人系为自身利益而让与,故在自己生存之中,该土地之收益,自可从受让人取得,死后可随自己意志,令受让人处分该土地,由此可使其第二子或第三子等取得该土地之权利或收益,此种方法亦曾盛行。

为维持封建制度,当时对于土地,定有苛重之负担。土地之所有人死亡时,如有成年之继承人,该继承人须对领主缴纳一定之税款,如有未成年之继承人,领主可将该土地之收益归自身使用。若无继承人则该土地成为领主所有,或继承人对于领主所定之婚姻不同意时,须对领主缴纳婚姻价格。对于一般人之犯罪,有没收财产剥夺土地继承权之处罚。当时一般人为欲逃避此等负担或刑罚,作用益之让与。土地之所有,为供自己之利益而将土地让与数人,如是则土地归该数受托人共同共有。数人公同共有之土地,其中一人死亡,其保有之应有部分,不归属于领主,而归属于其他公同共有人。从令前所有人即委托人死亡,亦不致被课继承上之负担。又共有人中之一人或前所有人犯罪,该土地亦不致被没收。如此,则负担与刑罚俱可避免。此种让与,系为自己利益,故受益人在生存中可自由受托人取得该土地之收益,死后可依自己意志令任何人享受该利益。此种习惯,当时盛行。①

　　所以,就此归纳,我们可以认为,信托制的设计最初的主要目的是规避财产的主体限制或法律对财产所有者的负面规定,所以才有了普通法所有人(形式所有人)和衡平法所有人(受益人)的区别。所以,将此改用在中国农村土地使用权上,可以认为,如果农村居民不需要土地使用权,可以将权利转让给法律规定可以受让的人(比如同村居民或其他集体组织成员),并以其为受托人,指定人为受益人,设定信托。受托人可以将受让的土地进行改善和管理,并为受益人之利益取得约定的收益。

　　以上模式是最简单的一种信托,如果进行了合法的手续,在中国也是合法有效的。但它不能真正解决中国农村土地问题,其原因在于,信托的基础是信任和受托人的能力,如果受托人只能限定于同村居民或其他集体组织成员,他们的管理和运营能力一般不会高于委托人,比如他们最大的可能就是依土地原样进行出租管理,收取一定租金。另外,如果受托人是自然人则很难有能力受托管理大量土地,也排除了整合土地资源的可能性。

　　信托法律构造具有独特性。根据《信托法》的规定,信托是指委托人基于对受托人的信任,将其财产权委托给受托人,由受托人按委托人的意愿以自己的名义,为受益人的利益或者特定目的,进行管理或者处分的行为。它与中国民事现有制度中的民事代理、行纪、第三人利益合

---

① 史尚宽编:《信托法论》,商务印书馆1972年版,第1—2页。

同和股份投资关系有一定的相似性。但信托作为一种独特的制度又与这些制度有所不同：

信托与民事代理存在差异。信托与民事代理具有很大的相似之处，比如两者都以信任为关系、为基础，代理人或受托人都有一定的义务（避免利益冲突以及一定的注意义务）。

然而，信托与民事代理存在重大的差别。一是，信托通常只能是财产管理的行为，并不涉及一般的民事行为，更不能涉及诉讼；而代理却没有很多的限制，只要不是人身性的民事行为，都可以代理。二是，信托成立要有确定的财产，并且财产要由委托人转移给受托人；而代理关系只要代理人和被代理人双方的代理协议生效即可以成立。三是，在信托关系中，受托人以自己名义从事民事行为，信托财产在形式上也是受托人的财产；而代理关系中，代理人要以被代理人的名义从事民事行为，如果代理涉及财产，财产权也属被代理人所有。四是，除非信托协议中约定，否则委托人不得随意解除信托关系，受托人一般也不能随意解除信托关系；而在代理关系中，代理人与被代理人都可以随意解除代理关系。五是，在信托关系中，委托人和受托人的死亡或失去民事能力都不影响信托效力，只不过在后一情况下，委托人或受益人要重新选定受托人。而在代理关系中，一旦代理人或被代理人死亡或失去民事能力，则代理关系终止（虽然《民法典》有一些例外规定）。最后，信托以信托财产为基础，以受托人意志实施民事行为，所以信托关系中委托人和受益人为多人时，不影响信托关系的成立和运行；而代理关系中，代理人以被代理人的名义行为，被代理人随时可以影响代理人的决定，所以，代理人如果代理多个人时，可能会发生很大困难。

信托与行纪存在差异。信托与行纪的受托人都以自己的名义进行民事活动，但它们之间还是存在根本的区别。

信托与行纪关系最明显的区别在于，第一，信托的三方是委托人、受托人和受益人，主要用来管理财产，而行纪关系的双方是委托人以及行纪人，交易对方不是行纪关系的当事人，行纪关系一般发生在贸易中。第二,信托的财产范围广泛,包括了法律允许转让的一切具有财产价值的物,并且信托财产必须转移给受托人,而行纪财产一般只是作为交易标的的财产,财产权也不转移。第三,信托关系中受托人不能以信托财产与自己进行交易,而行纪人可以与自有财产进行交易并取得收益。第四,行纪是典型的商业行为,为有偿受托,而信托可以是有偿的,也可以是无偿的。

信托与第三人利益合同存在差异。信托与第三人利益合同是最相似的民事关系,它们都是三方关系,都为第三人利益而设定。可以说,第三人利益合同在很多情况下可以解决信托要解决的问题,但它们之间还是存在很大不同。

第一,信托有受人之托、代人理财的观念,一般会存续一定的时间,而第三人利益合同,只要是交易双方达成协议,一方为第三人利益履行即可构成,不一定有代人理财的性质,也可能会立即履行完毕。第二,信托是物权和债权的结合体,具有单纯合同关系不具备的追索权和对抗力。第三,信托的受益人如果拒绝接受利益,自拒绝之时停止受益;而第三人利益合同的第三人拒绝接受利益,受益权利自始无效。第四,受益人与第三人的法律地位不同,即使在承认第三人利益合同中第三人利益的国家,第三人也是代合同当事人行使权利;而受益人在信托关系中可以以自身名义独立行使受益权。

信托与股份投资关系存在差异。所谓股份投资关系,就是投资人投资组成股份有限公司或有限责任公司并依法收益的关系。可以认为,股份投资关系与信托关系都是代为理财的民事关系,一旦投资完成,投资的财产由公司所有,除法定事项外,股东也不能参与财产的管理与运营,信托财产也属于受托人所有,并且独立于受托人自有财产。但它们也存在很大不同。

第一,股份投资关系中成立的公司,依公司法的规定有着明确而严格的治理结构和管理模式,比信托关系中的受托人复杂、严格和规范。第二,虽然公司财产与信托财产都独立于股东和委托人,但在破产中它们表现不同：公司破产，公司财产先满足债权人的请求权，有盈余再向股东分配；信托受托人破产，不影响信托财产，信托财产不参与破产分配。第三，公司一般都会涉及双重征税的问题，而信托关系中，受托人无需对信托财产付税。第四，信托既可以是私益也可以是公益，公司只能以盈利为目的。

信托与其他法律制度不同，其存在具有其制度价值。所谓制度价值就是一项制度对于使用者的有用性，在讨论信托制度的价值时，我们可以关注的使用者主要有两个：一是受益人；一是融资者。关注受益人的原因是，信托是受托人利用信托财产满足受益权的设计，其根本目的是对受益人的有用性，如果缺失了这一点，委托人不会进行信托，受托人也无从受托。关注融资者是因为，信托在现代市场已经明显具有融资功能。即使委托人没有将财产进行信托的动力，融资人也会出于融资的需要，采用信托获得资本。

一个制度是否具有价值，可以在与法律已有制度的对比中得出结论，下面就信托与其他民事制度的有用性进行一下比较。

信托可以减少缔约成本。信托是一套成熟的制度，它已经存在了几百年，经过了英、美、日等国立法者、法官和律师等法律人的发展，对其中委托人、受托人、受益人三方的利益安排，已经有了比较确定和合理的法律规定。事实上，只要在合同中写明"信托"两字并满足了信托成立的条件，就意味着援引了一套完整的备用条款。只要委托人不作特别要求，法律就会自行对其他非成立必要要件进行调整。另外，随着信托法的发展，备用条款还会更为细化，比如法律可以规定"保护信托"，则委托人只要援引"保护信托"，即可以调用法律规定中的整套保护信托的合同条件。

采用第三人利益合同有时也可以达到信托的效果。但合同必须用非常复杂的约定来确定三方权利义务关系。[①]相比之下，信托只要成

---

① 康锐：《中国信托法律制度移植研究》，上海财经大学出版社 2008 年版，第 41—42 页。

立,受托人的忠实义务和注意义务就是约定的应有之义,受托人如果违反就要承担法律责任。而第三人利益合同并不当然产生这些义务。在合同关系中,与信托比较相似的还有代理合同。代理合同虽然在合同法中有一些"备用条款",但与信托合同相比,在复杂性和完备性上远远不及。

信托可以减少履约成本。在信托关系中,受托人以自己名义进行民事活动。委托人在信托关系存续期间,不必须是一方当事人。所以,可以说,受托人在民事活动中一般承担着与普通民事主体一样的履约成本。而在代理关系中,代理人要以被代理人的名义进行民事活动。因此交易对方可能需要了解被代理人的情况,甚至代理合同的细节。这样的三方关系无疑增加了履约成本。

在与股份投资关系的比较中,股份投资的履约成本也较高。因为股份投资成立公司,公司进行民事活动虽然与普通民事主体相当,但公司从成立到运行和解散都有严格的法律规定,单就合规成本来说,就远高于信托中的受托人。

信托可以减少违约成本。制度的有用性不但在于民事关系正常运行时的成本,更在于关系破裂时的损害(从另一个角度上说,这是一定几率的负面成本)。信托在这方面也具有比其他制度更大的优势。

受托人违约　在信托关系成立时,委托人可以约定明确的信托目的和受益人。受托人应当严格围绕着信托目的和受益人利益开展民事活动。《信托法》第 22 条规定,受托人违反信托目的处分信托财产或者因违背管理职责、处理信托事务不当致使信托财产受到损失的,委托人有权申请人民法院撤销该处分行为,并有权要求受托人恢复信托财产的原状或者予以赔偿;该信托财产的受让人明知是违反信托目的而接受该财产的,应当予以返还或者予以赔偿。这种类似于对物权利的追索权是在代理关系和股份投资关系中不可能出现的。

受托人破产　在受托人破产时,信托财产独立于受托人的自有财产,不被划归为破产财产,受益人的权益可以得到非常有效的保护。而代理关系中,代理人一旦占有了被代理人的动产或被登记为代理不动产的所有人,则这些财产很难免于破产清算。

在股份投资关系中,公司财产虽然因为有限责任,"独立于"股东财产,但因为公司财产本来就是破产对象,所以无所谓的破产隔离与免于清算了。

五

信托财产的独立性是保护受益人权益的最重要制度之一,在农村土地使用权信托的设计中,这一制度也是保护受益人福利的根本。信托财产的独立性分而述之就是信托财产不可继承,不划入破产财产,不可强制执行,不能与受托人债务抵销、混同,并且只承担有限责任。

信托财产具有非继承性。《信托法》第16条规定,信托财产与属于受托人所有的财产(以下简称固有财产)相区别,不得归入受托人的固有财产或者成为固有财产的一部分。受托人死亡或者依法解散、被依法撤销、被宣告破产而终止,信托财产不属于其遗产或者清算财产。因为受托人持有信托财产的目的是为受益人进行管理,并提供收益,与受托人的能力和委托人及受益人对其的信任有关,具有人身属性,所以受托人资格不可继承,信托财产也不可直接移转给受托人的继承人所有,而应当由受益人或委托人另行任命受托人。从理论上说,信托财产也只是形式上属于受托人,与其自身的固有财产相区分,所以受托人死亡,继承开始时,不能将信托财产归入受托人的遗产。

信托财产排除在破产财产之外。《信托法》第16条也规定了,信托财产不属于受托人的清算财产。由于信托财产非继承性的原因,同样在受托人是法人的时候,破产清算时信托财产应当区别于受托人自身的固有财产。受托人的债权人只对受托人依信托合同应得的利益(比如信托管理费用或受托人支出的依法应当以信托财产支付的费用)享有破产求偿权。

信托财产不但独立于受托人财产,也独立于委托人的财产。《信托法》第15条规定,信托财产与委托人未设立信托的其他财产相区别。设立信托后,委托人死亡或者依法解散、被依法撤销、被宣告破产时,委托人是唯一受益人的,信托终止,信托财产作为其遗产或者清算财产;委托人不是唯一受益人的,信托存续,信托财产不作为其遗产或者清算财产,但作为共同受益人的委托人死亡或者依法解散、被依法撤销、被宣告破产时,其信托受益权作为其遗产或者清算财产。这是因为财产上一旦设定了信托,委托人就不再是财产的所有人,财产由受托人为受益人利益管理,所以,从理论上说,委托人依法享有的权利只是一种债权,而非任何意义上的财产权。信托财产不能划入委托人的破产财产也是当然之意。

信托财产不在强制执行的范围之内。信托财产的法律意义在于满足受益人的受益权,所以其自身运行费用的损失由信托财产承担。信托财产作为一种财产,其自身的瑕疵,也应当由财产本身承担责任。所以《信托法》第17条规定,设立信托前债权人已对该信托财产享有优先受偿的权利,并依法行使该权利的;受托人处理信托事务所产生债务,债权人要求清偿该债务的;信托财产本身应担负的税款;才可以对信托财产强制执行。而受托人自身的债务强制执行不可以针对信托财产进行。这是信托财产独立性的程序性保障。

信托财产不在抵销的范围之内。抵销之禁止也是指信托财产所生的债权与受托人自身的债务之间不可以抵销。《信托法》第18条规定:"受托人管理运用、处分信托财产所产生的债权,不得与其固有财产产生的债务相抵销。受托人管理运用、处分不同委托人的信托财产所产生的债权债务,不得相互抵销。"抵销之禁止是无条件的,不管信托财产所生的债权与受托人自身的债务种类是否相同,清偿期是否届满,都不可抵销。抵销之禁止的根本原因还是信托财产独立于受托人的固有财产,受托人只是财产的形式所有人,只享有管理权。同样,信托财产的债权也不可与委托人的债务抵销,不同信托财产之间也不可以抵销。

信托财产不在混同的范围之内。混同是指,一物上的他物权与自物权同属于一人时,他物权自然消灭。但是,混同适用在信托财产中,要注意到信托财产的独立性。比如,信托财产因为交易的原因,获得了受托人财产上的抵押权,此时同一物上的自物权与他物权都归于受托人,但受托人不得因混同主张他物权消灭。同样,信托财产上负担的抵押权,因为交易的原因归于受托人,受益人也不得主张混同。

信托财产也具有有限责任。信托财产以财产的多少为限承担责任,受托人不以固有财产对信托承担责任,法律另有规定的除外,比如受托人在管理期间出现违反信义义务的情况。这也与公司中的股东投资关系相似。但是,信托财产的有限责任不是绝对的,比如,信托财产是一组机械,机械在受托人管理过程中出现致人受伤的情况,那么如果这个侵权责任超出了机械本身的价值,就应当视情况而定,受托人、委托人有可能会以自身财产承担责任。

六

信托与农地问题的天然关系性也反映在具体制度中。英国信托中有一项制度称为保护信托。保护信托是指委托人将财产移转给受托人,设定信托,确定信托目的,指定受益人,并且指示受托人在受益人出现破产或其他特定事件时,终止(中止)受益权,并同时赋予受托人一项恢复受益权的权利。这样一种信托的产生有一定实用的背景。在英国,父母希望为子女设定信托,保障其生活,而这个子女却浪荡不羁、浪费成性、挥霍无度、嗜赌、吸食麻醉品甚至毒品,或者子女有一种或几种父母不喜欢的嗜好,比如吸烟。于是,为了免于子女很快将财产消耗殆尽,或从事某些不良行为,父母就在设立信托时指示受托人,如果该子女出现了某种行为,比如因浪费破产或仅仅是再次吸烟,就停止其受益权。

保护信托的核心在于保护受益人的基本生活,不致其衣食无着,但又不会引发浪费和不良嗜好,在英国,还可以达到信托财产免于受益人破产影响的作用(在中国,如果受益权多于生活必要,保护信托可以保证信托财产的收益不受法律追及）。

保护信托实际上包含两项信托，一项是基本信托；基本信托失效时，产生第二项信托，即自由裁量信托。基本信托赋予主受益人（就是那位需要保护的子女）获得信托收入的权利，但是，如果主受益人由于任何原因失去了保留受益权的权利，那么他的受益权即自动终止。最明显的例子是受益人破产，通常情况下，他的破产受托人有权取得信托财产；但在保护信托下，一旦受益人破产，基本信托随之终止，主受益人不再享有受益权，破产受托人就无法取得信托权益。第二项信托采取自由裁量信托的形式，主受益人作为自由裁量信托的受益人之一，不再享有直接取得信托收入的权利，而是由受托人自由裁量地向他支付必要的收入，用于他个人的生活需要，或者抚养他的家庭，并且避免破产受托人取得信托收入。可见，保护信托实际上是三重结构：首先是一项可终止的权益，归主受益人受益；其次是一个没收条款，具体规定在什么情况下主受益人的信托权益终止；最后是一项自由裁量信托，在没收条款生效时，产生一项自由裁量信托。①

保护信托给我们的启示并不是真要在农地信托中使用这种复杂机制，而是告诉我们，信托的受益方式可以有效地控制利益赋予形态。农地一次性变现的模式不但有违农村土地福利性或保障性的立法目的，有害于社会公平正义的实现，更是对农民自身生活的重大冲击。如果可以利用信托手段，将一次性大笔经济利益化整为零，不但可以保障农民的生活，还可以有效避免部分农民的浪费和非理性投资及消费，更避免了因为农村土地变现引发贫富分化的风险。这也是在特定的历史条件下必要的制度过渡。

七

虽然我国农地信托来源于英美信托，也继承了英美信托的主要机制与原理，比如信托财产独立、受托人信义义务、信托保护等。并且，我

---

① 何宝玉：《英国信托法原理与判例》，法律出版社2001年版，第162页。

国农地信托也具有英美普通信托的一些特点,比如债权人权利排除、信托主要为受益人利益等。但是,我国的信托法律制度不主要从英美信托法中生长起来,在发展过程中,也形成了完全不同于英美信托的机制与习惯。加之,信托关系参与人的行为预设与英美国家信托参与人不同,我国农地信托是具有中国特色的信托制度。

农地信托之所以具有中国特色,可以从以下几个方面进行分析。

第一,英美信托的信托人与我国农地信托的信托人在设定信托时的目的不同。英美信托正如史尚宽所述自始就是为了回避法令而生,在漫长的历史发展中,英美信托有了很多变化,但其所有权人转移和受托人具有所有权表象的特征,一直都被信托人认为是达到特殊目的的手段。这些特殊目的不一而足,但多与回避法律对所有权人的限制与义务有关。比如信托人最为常见的设定信托的目的是规避遗产税。因为在英美国家很多都有遗产税的规定,有些还高达 40%甚至以上。财产所有人往往会通过对财产设定信托,将继承人设定为受益人的方式达到避税的目的。当然,信托人也有希望利用信托财产的独立性,回避债权人追债。而在离岸信托中,离岸信托人甚至希望利用信托隐匿财产和洗钱。但是,以上回避法律规定和避税的目的,在我国农地信托中是非常弱的。农民设定信托的目的不是为了继承方便,也很少是为了回避债权人的追讨。

我国农民没有英美信托人的复杂目的主要是由其知识技能水平和所在国家的信托传统决定的。我国农民大都因为受教育程度等原因,并不能很好地理解信托与其他法律的区别与联系,甚至也并不知道其所在信托关系中信托人与受益人的利益内容与维护手段,所以,他们设定信托的目的是极为朴素与简单的。我国农地信托的信托人设定信托的目的可以归为以下几点:提高农地收入;解放农地上劳动力;响应政府机构号召或迫于政府机构压力;从众。可以看出,我国农地信托的信托人与英美信托的信托人之间存在重大的差异。

第二,英美信托与我国农地信托的发展动力不同。英美信托之所以可以发展起来,主要与信托人推动是分不开的。信托可以满足信托人区分财产、财产安排、税收规避等目的,受到了财产所有人的青睐。从国家法制层面上,虽然信托人利用了信托财产的独立性规避了财产税收、阻止了债权人行使债权,但信托也同时使财产流转到了更为专业的管理人(受托人)手中,受托人为受益人管理财产,毕竟已经不同于信托人自己管理财产,自己受益。从有利于社会和有利于受益人的角度看,英美法国家维护和发展信托制度有其正当性基础。

而我国农地信托的发展与三农发展的政策有着密切的关系。我们自20世纪70年代开始,实行家庭联产承包责任制,农业获得了极大的发展,但随着城市化进程的加速,农村劳动力流失严重,建立在家庭联产承包责任制基础上的土地承包经营制面临挑战,农村产权制度亟待改变。在此前提下,各地方政府积极推进新制度的创新与探索,也积极推进新制度的试点。于是,以安徽宿州为代表的政府主导型的农地信托发展起来。在我国,除了政府对农地信托推动之外,信托公司也是农地信托的积极推进者,是因为信托公司认为受托大量成片的土地具有潜在的商业利益。受托管理农业土地当下的利益并不明显,因为农业本来在我国就是利润率不高的行业,加之,农业投入大,回收时间长,简单的农业经营并不是理想的项目。但是,随着城市对农产品的要求越来越高,农地经营的可操作性越来越强,并且累积大量的农业土地,特别是具有特殊商业标识的农业土地,在今后存在巨大的商业潜力。出于这种考虑,信托公司一直努力开发农地信托项目,并认真从事后续经营。

第三,现代英美信托与我国农地信托的历史基础不同。现代英美信托建立在信托数百年的实践历史上,历代当事人、律师和法官经历了无数的或好或不好的尝试,才形成了一套相对比较完整的信托应用和纠纷解决方式。这些解决方式一方面满足了信托人对信托法律关系的制度期待,也相对平衡了信托人、受托人、受益人和其他相关人(主要是债权人)的利益。总体来说,英美信托就是建立在管理权(使用权)转移基础上的财产权分化制度,它主要满足了信托人对财产分别管理和保护的要求以及社会对财产流动性的要求。

而我国农地信托所基于的历史基础仅是我国 2002 年《信托法》颁布以后的信托实践以及之前不太成功的信托尝试。我国农地信托的历史不仅较英美更短,还更为单一。英美信托主要建立在不动产信托的基础上,信托契据上往往都有复杂的普通法和衡平法上的负担,这些负担很多是因为信托形成的。因为不动产信托的主要目的在于家产处分,为家人提供生活照料,所以,英美法信托本身就有长时限的传统。在英美法中,商事信托是在民事信托发达到一定程度之后慢慢形成的,民事信托是一般,商事信托是例外。虽然现代英美信托法商事信托规模占了主要地位,但是,民事信托的基础并没有改变。而我国的农地信托则差别很大。在我国不长的信托实践中,以商事信托占了主要地位,可以说我国的民事信托存在的领域是非常有限的。而在我国的商事信托中,现金信托占了主要地位,我国除了现金信托之外的财产信托很少,特别是不动产信托由于税收、登记等配套制度不完备的原因,并没有充分发展起来,更不可能成为信托基础。所以,在农地信托之前,我国的不动产信托实践非常有限。(现有的不动产信托主要目的是融资,充当的是资金管道。)所以,我国的受托人也就是信托公司并没有充分的实体资产管理经验,也没有组建起相应的管理团队。农地信托的受托实体运营义务主要由信托公司转给其他主体承担。

第四,现代英美信托与我国农地信托的参与主体与结构不尽相同。现代英美信托的参与主体除了信托人、受托人和受益人之外,还包括保护人。保护人是信托关系中三角关系的第四方,其地位与受托人地位相似,但功能却与受托人不同。保护人并不直接承担信托财产管理的义务,但又对受托人管理信托财产负有指示、监督等责任。保护人在英美法国家中得到了广泛的承认,而在我国只有在慈善信托中有监察人的设置,农地信托没有此要求。从现代英美信托设立的目的可以看出,其信托人大都为"有财产的人"。比如,出于规避遗产税的目的设定的信托,信托人应当有足够的遗产。因为多数国家遗产税都有一定的起征额。而与英美信托情况相对的,我国农地信托的信托绝大多数是农民,是小额财产所有者,农地信托的目的是聚集小额财产形成规模。受托人方面,英美信托的受托人,信托公司和普通人都有,而我国的农地信托的受托人都是信托公司。在英美信托中不仅有意定信托,也有法定信托,因为很多英美法国家都具有信托传统,信托人有很多会设定自己信任的人而非信托公司作为受托人。而在法定信托中,法定信托很多是区别衡平法权利与普通法权利的方式,所以,大多数并非专门由信托公司作为受托人。而我国一般民事主体对信托认识不足,加之,只有信托公司可以以受托人的名义从事商业活动,而信托公司的注册要求又较普通公司为高,所以,我国农地信托可能在相当长的一段时间里都由信托公司管理。在受益人方面,英美信托中自益信托与他益信托并存,而我国的农地信托以自益信托主。

第五,现代英美信托与我国农地信托的功能和社会价值不同。英美信托承担着复杂的社会功能,包括商业安排、家产处分,不一而足。而我国农地信托的主要目的就是整合农地,发展农业,利于农民。因此,英美信托中信托财产的独立性主要体现在对抗债权人,而我国农地信托财产的独立性主要体现在受托人独立管理农地。因为功能不同,两者的社会价值也不同,英美信托主要服务于信托人和受益人,保证了信托人的财产处分权,也在法律上维护受益人的权益,信托维护受益人的利益是基本原则。而我国农地信托主要服务于三农,是为了解决我国土地承包经营责任制向新型农地产权制以及进一步发展农业,解放农民而设立与发展的。

八

我国农地信托与英美信托存在重大差异,建构的基础也有不同。所以,在实践中,除了信托的基本结构之外,我国的农地信托具有很多特别的安排与设计。所谓农地信托,其本质是以土地承包经营权为信托财产的信托。其基本结构特征是农民(以及其他农地权利人)让渡土地承包经营权,由受托人信托公司管理,由指定的受益人受益,直到信托期限届满。

然而,自农地信托产生以来,因为各地情况不同,又没有成功的成例,各个农地信托采用的信托结构也大有不同。综合现有的农地信托,我国农地信托可以分为以下几个步骤:第一,农民通过政府或合作社设定信托;第二,政府或合作社与信托公司形成信托关系;第三,土地承包经营权转移给信托公司;第四,信托公司委托第三方经营管理。作为我国农地信托的基本结构,可以进行如下分析:

1.农民通过政府机构或合作社设定信托

农地信托在初期很多都是政府推动,甚至主导的。首先,政府可以有效地集合一定数量的承包户及其土地,有利于达成规模经营的目的。其次,农民的土地承包经营权在信托之后,其受益权没有法定渠道进行登记,受益权仅可以根据债权关系进行保护。而政府机构作为土地承包经营权的登记和备案机关(甚至发包方),在信托过程中可以有效地防止受托人权利滥用。

在模式尚不成熟的条件下,政府参与是农民权益的必要保障。但政府参与也会带来政策性强、不确定性高的问题。在中信信托在山东的信托计划中,农民自发组建了土地合作社,与信托公司进行交易。政府参与性强是农地信托初期的重要特征,而随着农地信托的数量增加,信托公司操作能力的增强,农地信托的自发自主性和市场性都在增加。农地信托正在从政府主导向政府成立组织主导,再向土地股份合作社自主转变。

2.政府机构或合作社与信托公司形成信托关系

信托公司出于成本控制的目的,倾向于与单方交易主体形成信托关系,而与大量承包户交易,谈判成本过高。这是集合信托的一般性问题,如果集合信托在信托关系成立前,可以解决信托人的主体分散性问题,对于信托公司来说,可以节约很多成本。

从另一个角度来分析,农民作为一般信托人或投资者,其金融知识和风险意识是比较有限的,对于信托公司的谈判能力也较弱。如果在政府的主导下形成一个集合信托财产的主体,就可以通过选任专业的管理人或有经验的代理人等方式,提高农民的谈判能力。

以政府机构或合作社为渠道有利于形成合理的信托合约利益分配机制。因为具有了与信托公司相当的谈判能力与经验,信托人可以在合约利益分配上获得实质性的发言权。信托合约应当包括受托人责任、土地生产收益分配、土地增值收益分配、一般市场风险分担、重大不可抗力风险分担、第三方监管等问题的合理约定。这是维护信托人权益的核心问题。

3. 土地承包经营权转移给信托公司

信托公司作为受托人成为土地承包经营权的权利主体是信托原理的基本要求,也是信托公司可以顺利行使土地管理权的前提条件。在英美法中,如果权利不转移则信托关系不可能成立。在我国,权利的转移是农地信托与农地转包、农地转租等传统农地流转形式的本质区别,所以,即使《信托法》没有明确要求,农地权利还是应当转移给信托公司。

转移方式可以是权利转让并登记也可以是权利证书转移。权利转让并登记从立法上看可能面临发包方关于"原承包方有稳定的非农职业或者有稳定的收入来源"的审查;因为税法没有土地信托方面相应的修改,所以转让还涉及税收的问题。权利证书转移,因为家庭承包在立法中尚不要求登记,这种方式在现行特殊立法条件下具有可行性。在实践中,很多权利的转移是通过类"债"的形式实现的,当然,实践中多数农地信托因为有政府的参与,都已经在农业主管部门进行了备案。

而要使农地信托实现实质性的发展,权利的转移只是问题的第一个部分,受益权的登记和保护也是非常重要的方面。此外,在权利转移过程中,涉及的税收、登记、信托权利与物权本身的区分等配套制度认定,也非常重要。

4. 信托公司委托第三方经营管理

信托公司集中管理经营土地具有规模优势,虽然,这种规模优势从本质上与合作社没有不同,但在实践中,信托公司可以跨越村社界限大规模地整合土地,这对于一般的合作社则很难实现。

信托公司以合约为导向,具有市场化优势。信托公司是比较有经验的市场主体,虽然在中国的市场条件下,管理能力尚有欠缺,但相比较农民自身或合作社或村组织来说,与下游市场接触更多,对市场了解更为深入;或者信托公司更有经济实力去达到以上目的。

信托公司专业化运营,在选择第三方经营管理时具有经验优势。在我国专业的农业运营信托公司尚不多,但信托公司在一定范围内委托专业的农业管理公司进行运营较为容易实现。而实践中,信托公司也存在委托土地所在农民组织或农村干部经营的农业公司或农业大户进行经营的情况。在这种情况下,信托的优势在于信托公司可以通过信托融通更多的资金。

但是,信托公司委托第三方经营管理也存在法律障碍。第三方在立法上没有明确查阅、复制农村土地承包经营权证登记簿和其他登记材料的权利。第三方如果就是信托人,也没有明确的维护资金信托人利益的法律规定。

虽然在理论上信托可以有效地剥离经营权与受益权,可以实现三权分置的政策目标。但是,目前我国实行农地信托还面临着很大困难,比如农民对信托制度的不理解,信托受益权的解放会一定程度上导致农民滞留城市,信托制度本身不健全,不动产信托难以实行等现实问题。

而解决这些问题,不但要在各地进行多方向的探索,更重要的是对已有的农地信托实际进行总结和理论分析。在现有的交易结构上,明确各主体的权利与义务,对各阶段交易进行理论的正当化。只有使农地信托合乎情理习惯,可以创造更大的效益,农地信托才能深入人心。

第一章
农村土地承包权的权利设定与立法欠缺

中共十八届三中全会提出,要赋予农民更多的财产权利,建立新型农业经营体系。"财产权利"与"保障权利"相对应,更多的财产权利意味着农村土地权利在更大程度和更大范围内的市场化。"建立新型农业经营体系"的基础是农地,即土地承包经营制度的改革。综合一句话的理解就是,中共十八届三中全会提出了深化农村土地制度改革的目标,致力于让农民的土地承包经营权活起来,而在之中最为重要的就是推进土地承包经营权流转。中共中央、国务院《关于全面深化农村改革加快推进农业现代化的若干意见》在"深化土地制度改革"部分中将此具体为:完善农村土地承包政策,"稳定农村土地承包关系并保持长久不变,在坚持和完善最严格的耕地保护制度前提下,赋予农民对承包地占有、使用、收益、流转及承包经营权抵押、担保权能"。中共中央、国务院《国家新型城镇化规划》中指出"推动城乡发展一体化",要提升现代农业发展水平,"鼓励承包经营权在公开市场上向专业大户、家庭农场、农民合作社、农业企业流转,发展多种形式规模经营"。

土地承包经营权的流转并不是一个新的话题,从土地管理学,到社会学,再到法学,对此问题都有持续而深入的关注。而相对于土地管理学来说,法学对此的关注并不多,理论深度也不足。但总体上的观点认为,现有制度下农地流转不足,要改革制度,推进土地承包经营权流转。

排除了具体的流转设计不言,很多的观点都倾向于将"深化土地改革""让农民取得更多财产权利"等同于"土地承包经营权流转"。

然而,土地承包经营权的流转并不是一个独立的问题,它是与农民权益保障密切相关的。农民权益保障可以分为三个层次:第一,要使现在拥有土地承包经营权的农民更好地享有现有的权利;第二,要使农民不能轻易地失去土地;第三,要使失去土地承包经营权的农民得到合理的补偿和救济。而加强土地承包经营权流转制度建设本身无法解决后两个问题,反而是有可能加剧农民失地的情况。

下面对土地承包经营权流转与农民权利保障的问题进行研究,探索两者之间的冲突与边界。

一、农村土地经营权与承包权黏合的历史语境

虽然,农村土地承包经营权在其他学科有着更为深入和理论化的研究,但在法治社会下,改革要以法制的方式和在法律的保障下进行。法学在此方面的研究落后,既有优势也有劣势。优势在于,法学研究可以建立在其他学科研究的基础上,土地管理学、政治学和社会学等学科的研究,一方面为法学的研究提供了基础,另一方面,这些学科的研究本身有些就涉及了法律的问题。

尽管如此,法学的研究有其自身规律。首先,法制建设要在既有法制条件下进行,任何法律的修改与新的立法都不能脱离现行法律框架进行。这是法律的稳定所要求的。所以,在进行农村土地承包经营权法制研究之前,对我国一直以来的相关立法与政策进行分析就是必不可少的步骤。

从总体上讲,我国的立法赋予了农地两个方面的功能,一是公法上,农地承载着国家治理的功能。国家通过土地的集体所有制和基层的行政机构共同维持着对农村社会的管理,也同时向农民提供了基本的生活保障,保证社会的稳定和发展。这从根本上,是国家在建立之初与农民达成的政治契约的履行:新中国要为农民提供更好的生活。二

是私法上,农村土地是农业发展的基础生产资料,农业的发展无法离开农地的有效分配。从人民公社化到家庭联产承包责任制的转变,可以看出农地权利安排对农业生产的重大影响。而农地在社会上充分市场化,以达到资源的最优配置,是农地改革的目标之一。①在公法领域,国家希望对土地的权利和经营进行较为严格的限制,以达到简化治理、稳定社会的作用。这一倾向性在人民公社时期达到极致。但是,所谓稳定的权利形态反而是不利于生产的形态,因为没有市场机制的调节,生产资料的配置一直在较低效率地进行。在改革开放之后,国家认识到市场机制的重要性,开始在各个领域推进中国特色的社会主义市场经济,农业也开始了新的探索。随着我国经济的发展,城市化进程也逐步开始与加速。城市化带来了新的问题与机遇。一方面,农民的生活基础由原来的农业向工业发展,另一方面,农地的经营出现了大范围的劳动力和经营能力不足。在这种情况下,国家过往以公法为主导的农地分配机制受到了挑战。农地的分配越来越多地需要考虑资源的市场分配需求。但到目前为止,农地的公法主导传统依然存在于立法当中。

(一) 家庭联产承包责任制阶段

所谓"土地承包经营权"事实上是源于土地承包经营制的权利。土地承包经营制是开始于 20 世纪 70 年代末的家庭联产承包责任制。家庭联产承包责任制是指农户以家庭为单位向集体组织承包土地等生产资料和生产任务的农业生产责任制形式。其基本特点是在保留集体经济必要的统一经营的同时,集体将土地和其他生产资料承包给农户,承包户根据承包合同规定的权限,独立作出经营决策,并在完成国家和集体任务的前提下分享经营成果,一般做法是将土地等按人口或劳动力比例根据责、权、利相结合的原则分给农户经营。

家庭联产承包责任制是在之前土地制度造成了重大生产力浪费和农业落后的背景下出现的。从 1949 年以来,我国在家庭联产承包责任

---

① 参见郑志峰:《当前我国农村土地承包权与经营权再分离的法制框架创新研究——以 2014 年中央一号文件为指导》,《求实》2014 年第 10 期。

制出现之前有过两个主要的阶段。一是,新中国成立之初到 1952 年年底,全国广大解放区的土地改革全部完成,以农民分田地为代表的土地改革完成。这一过程并没有改变土地制度的私有性质,只是将土地从一部分人私有,转变成为了另一部分人所有。在解放战争及新中国成立之前的一段时间,国家要解决的主要矛盾还是敌我矛盾,土地改革尚充当着战争后盾的作用。所以,为了巩固新生政权,将土地转归农民所有,获得广大农民的支持成为土地改革最为重要的目标。当然,这种改革相对民主革命时期不彻底的改革来说,具有先进性,可以最大限度地恢复和发展农业生产,使农民生活得到改善。第二个阶段是农村合作化运动时期。这个时期建立在农民私有土地的基础上,又可以分为两个阶段。第一个阶段是初级农业合作化阶段,第二个阶段是高级合作社和人民公社化阶段。在初级农业合作化阶段,我国农村开始建立农业生产互助组,在土地和其他生产资料私有制和分散经营的基础上实行劳动互助。在土地私有合作的基础上,我国又进一步建立农业初级合作社,农民通过土地入股、集中经营、统一分配的方式联合生产。这一过程把土地的农民私有制转变为农民私有、集体统一经营使用的土地制度。到此为止,农民土地私有制尚无改变。从 1955 年秋开始,高级合作社开始在全国推行,在这一过程中,由初级合作社组建农业高级合作社,由于这一过程的政治背景,高级社化的完成历时很短。高级社"一大二公",把农民的土地私有制改成了合作社性质的劳动群众集体所有制,土地的农民私有被集体统一所有代替。

高级合作社和人民公社高度集中劳动,按平均主义分配,影响了农民生产的积极性,也导致了严重的后果。"文化大革命"结束后,中国国内社会动荡结束,生产力急需恢复。而在其中农业生产的恢复与发展是重中之重。国家在面临这一问题时,"文革"时期的土地制度成为重要改革目标。在此背景下,安徽省凤阳县小岗村 18 位农民签下"生死状",将村内土地分开承包,开创了家庭联产承包责任制的先河。各承包户向国家交纳农业税,交售合同定购产品以及向集体上交公积金、公益金等公共提留。其余产品全部归农民自己所有。当年,小岗村粮食大丰收。

新制度的生命力得到了中央认可。1982 年 12 月 4 日,第五届全国人民代表大会第五次会议通过的《中华人民共和国宪法》规定:"农村和城市郊区的土地,除由法律规定属于国家所有的以外,属于集体所有;宅基地和自留地、自留山,也属于集体所有。"在此基础上,1982 年《全国农村工作会议纪要》(1982 年一号文件)第 6 条要求,把生产队与农户之间包产到户和包干到户的经济关系和双方的权利义务用合同形式确定下来,首次赋予农户一定的经营主体地位及收益权。此文件第 4 条,还要求,"社员承包的土地应尽可能连片,并保持稳定。这样才能充分调动社员的积极性,提高土地的利用率,并体现按劳分配的原则。集体可以留下少量机动地,暂由劳多户承包,以备调剂使用。为了保证土地所有权和经营权的协调与统一,社员承包的土地,必须依照合同规定,在集体统一计划安排下,从事生产。为了提高土地生产率,鼓励社员在承包土地上加工经营,应按照加工经营后增加的效益给以合理报酬"。

《关于 1984 年农村工作的通知》(1984 年一号文件)第 3 条规定,"土地承包期一般应在十五年以上。生产周期长的和开发性的项目,如果树、林木、荒山、荒地等,承包期应当更长一些。"这为土地承包经营权的权利属性打下了一个重要基础,即明确了权利的时限。此外,文件这一条还规定,"对农民向土地的投资应予合理补偿。可以通过社员民主协商制定一些具体办法,例如给土地定等定级或定等估价,作为土地使用权转移时实行投资补偿的参考。对因掠夺经营而降低地力的,也应规定合理的赔偿办法。荒芜、弃耕的土地,集体应及时收回"。但是,这一条还规定,"在延长承包期以前,群众有调整土地要求的,可以本着'大稳定,小调整'的原则,经过充分商量,由集体统一调整。鼓励土地逐步向种田能手集中"。调地的制度一般上认为有损于农民土地经营权,从而也损伤了农民对土地投入的积极性。在土地承包经营权的流转方面,这一条规定,"社员在承包期内,因无力耕种或转营他业而要求不包或少包土地的,可以将土地交给集体统一安排,也可以经集体同意,由社员自找对象协商转包,但不能擅自改变向集体承包合同的内容。转包条件可以根据当地情况,由双方商定。在目前实行粮食统购统销制度的条件下,可以允许由转入户为转出户提供一定数量的平价口粮"。更为重要的是,它还规定"自留地、承包地均不准买卖,不准出租,不准转作宅基地和其他非农业用地"。这事实上是只允许集体内部转包,而不允许一般意义上的流转。并且,集体内部的转包也不是一个成熟的制度。

1985 年《关于进一步活跃农村经济的十项政策》(1985 年一号文件)第 1 条,改革了农产品统派购制度,规定,"从今年起,除个别品种外,国家不再向农民下达农产品统购派购任务,按照不同情况,分别实行合同定购和市场收购"。这一规定,取消了农副产品统购统销制度,农民进一步获得自由交易权。自由交易权是土地承包制度的重要配套制度,在自由交易的保障下,农民最终享有了经营的自主权,而与此相称的土地经营收益权也才可能真正实现。至此,农民才获得了明确期限、有限流转、自由经营的土地承包经营权。

(二) 土地承包经营权作为债权的阶段

1986 年《民法通则》颁布,其第 28 条规定,个体工商户、农村承包经营户的合法权益,受法律保护。第 80 条第 2 款规定,公民、集体依法对集体所有的或者国家所有由集体使用的土地的承包经营权,受法律保护。承包双方的权利和义务,依照法律由承包合同规定。土地承包经营权的地位获得了法律的承认,一方面,法律确认了农村承包经营户为权益主体,受到法律保护,另一方面,明确了土地承包经营权的法律形式为承包合同。(这一点在后来《民法典》颁布后有所改变。)同年,我国颁布了《土地管理法》和最高人民法院《关于审理农村承包合同纠纷案件若干问题的意见》。这一版本的《土地管理法》虽然在第 10 条规定了,"国有土地和农民集体所有的土地,可以依法确定给单位或者个人使用"。但是,对于土地的流转没有进一步的规定,根据《关于审理农村承包合同纠纷案件若干问题的意见》第3条规定，"承包人将承包合同转让或转包给第三者，必须经发包人同意，并不得擅自改变原承包合同的生产经营等内容，否则转让或转包合同无效"。而这一条所指转让，是指承包人自找对象，由第三者代替自己向发包人履行承包合同的行为。转让的合同内容虽无改变，但是变更了承包人，终结了原承包人与发包人的权利义务关系，确立了受让人与发包人的权利义务关系。转包是指承包人把自己承包项目的部分或全部，以一定的条件发包给第三者，由第二份合同的承包人向第一份合同的承包人履行，再由第一份合同的承包人向原发包人履行合同的行为。对于转让和转包的行为，立法采取了过于谨慎的态度："承包人承包后自己既不从事经营或生产活动，又不承担任何风险，坐收'管理费'或者高价转包的，属于转包渔利。如果转包的价额超出承包价额，而其超出部分大致接近于承包人的投资（包括劳务）加上由于投资（劳务）应当获得的正常利润，可以视为合理；如果悬殊过大，则应作为转包渔利论处。转包渔利部分应当收归集体或追缴国库。"

在承包合同的变更和解除的问题上，《关于审理农村承包合同纠纷案件若干问题的意见》第4条规定，出现下列情况之一的，应当允许变更或者解除承包合同：（一）当事人双方协商同意，并且不损害国家、集体利益的；（二）订立承包合同依据的计划变更或者取消的；（三）因国家税收、价格等政策的调整，致使收益情况发生较大变化的；（四）由于自然灾害等不可抗力的原因，致使承包合同无法履行的；（五）因发包方或承包方不履行承包合同规定的义务，致使承包合同无法继续履行或者没有必要继续履行的；（六）承包人丧失承包能力的；（七）承包人进行破坏性、掠夺性生产经营经发包人劝阻无效的。从七条的立法设计看来，这一时期的家庭土地承包经营权性质是合同债权，而以此为由，"三年一小调、五年一大调"的调地现象普遍存在。这一方面使土地承包经营权的保护非常困难，另一方面使农村干部侵害农民权益的情况时有发生。

对此,1993年中共中央、国务院颁布了《关于当前农业和农村经济发展的若干政策措施》提出"30年不变"的政策,即"土地承包经营权在原定的耕地承包期到期之后,再延长三十年不变,在承包期内增人不增地、减人不减地"。1998年对《土地管理法》进行修订时,也将"三十年不变"的政策写进了法律:"土地承包经营期限为三十年。对个别承包经营者之间承包的土地进行适当调整的,必须经村民会议三分之二以上成员或者三分之二以上村民代表的同意,并报乡(镇)人民政府和县级人民政府农业行政主管部门批准。"较长时限的土地承包经营权和对调地的禁止是土地承包经营权从债权向物权开始转变的重要实践基础,它不仅缓解了农村随意调地、损害农民权益的情况,更重要的是对发包方的权利进行了很大程度的限制,使农民在经营中可以更好地发挥自主权。

农户经营的自主权在1998年中共中央《关于农业和农村工作若干重大问题的决定》中得到了肯定,"实行土地集体所有、家庭承包经营,并将此确定为我国农村长期坚持的一项基本经营制度",它还要求"切实保障农户的土地承包权、生产自主权和经营收益权,确立农户自主经营的市场主体地位"。这是对新中国成立后开始的农地权利政策实践效果的重要总结,因为只有权利的稳定化和具体化,才可以发挥农民最大的生产积极性,推动农业的发展。1999年《宪法》修正案将这一农村基本经营制度确立下来。修正案第15条规定:宪法第8条第一款:"农村中的家庭联产承包为主的责任制和生产、供销、信用、消费等各种形式的合作经济,是社会主义劳动群众集体所有制经济。参加农村集体经济组织的劳动者,有权在法律规定的范围内经营自留地、自留山、家庭副业和饲养自留畜。"修改为:"农村集体经济组织实行家庭承包经营为基础、统分结合的双层经营体制。农村中的生产、供销、信用、消费等各种形式的合作经济,是社会主义劳动群众集体所有制经济。参加农村集体经济组织的劳动者,有权在法律规定的范围内经营自留地、自留山、家庭副业和饲养自留畜。"

到此,土地承包经营权可在承包期(耕地为 30 年、草地为 30—50 年、林地为 30—70 年)内不受损害,除非特殊条件下,比如农民转为非农业户口、自然灾害严重毁损承包地外,土地承包经营权可以对抗发包方的调整与收回承包地的行为。《农村土地承包法》(2004 年)的立法工作也正式启动。农村土地承包经营制度已经初步形成,土地承包经营权已经成为比较明确和具有一定对抗效力的权利,农民据此进行经营和管理,并在经营管理的基础上获得收益成了可以合理期待的后果。但是,一直到《民法典》颁布,土地承包经营权依然具有很强的债权特征,比如农户必须经过发包人的同意才能转让土地承包经营权。

(三) 土地承包经营权作为物权的阶段

随着城市化中农村劳动力的转移,农民就业结构发生较大变化,人地分离的农户家庭越来越多,人地高度统一下的家庭联产承包责任制在实践中有些后继乏力,承包经营权的流转日益频繁起来。①为了适应新的情况,我国立法进行了改革。

2007 年我国颁布《物权法》,《物权法》对农村土地的法律性质产生了重大影响。一方面,《物权法》第 59 条规定,农民集体所有的不动产和动产,属于本集体成员集体所有。此条确立了农村土地的集体所有性质,农民或农户私有制的学说销声匿迹。另一方面,《物权法》第 11 章明确将土地承包经营权归为用益物权,结束了土地承包经营权保护基础的重大理论问题。在集体与农户土地权利分配的问题上,《物权法》第 59 条认为,不动产为农民集体所有,但下列事项应当依照法定程序经本集体成员决定:(一)土地承包方案以及将土地发包给本集体以外的单位或者个人承包;(二)个别土地承包经营权人之间承包地的调整;(三)土地补偿费等费用的使用、分配办法;(四)集体出资的企业的所有权变动等事项;(五)法律规定的其他事项。而农民所有的土地承包经营权的范围是"土地承包经营权人依法对其承包经营的耕地、林

---

① 郑志峰:《当前我国农村土地承包权与经营权再分离的法制框架创新研究——以 2014 年中央一号文件为指导》,《求实》2014 年第 10 期。

地、草地等享有占有、使用和收益的权利,有权从事种植业、林业、畜牧业等农业生产"(第125条)。两条清楚地区分了集体与农民在同一块土地上享有权利的界限:集体决定承包分配、变动与补偿费分配,而分配一旦确定,占有、使用和收益的权利归农民所有。并且,在承包期内,除法律另有规定外,比如不得改变土地用途,农民的土地承包经营权作为物权可以对抗第三人,农民也有权自主进行经营。在流转方面,《物权法》第128条规定,"土地承包经营权人依照农村土地承包法的规定,有权将土地承包经营权采取转包、互换、转让等方式流转。流转的期限不得超过承包期的剩余期限"。在公示公信方面,第129条规定,"土地承包经营权人将土地承包经营权互换、转让,当事人要求登记的,应当向县级以上地方人民政府申请土地承包经营权变更登记;未经登记,不得对抗善意第三人"。事实上,我国现在还有大量的农村土地尚未进行登记,但是《物权法》采用的登记对抗主义使其物权性质得到了保护,并且保留了未来补正的可能性。当然,土地承包经营权物权性的另外两个重要方面,一是,集体不得随意收回承包地,其他人侵害权利也要受到法律追究;二是,承包地被征收的,土地承包经营权人有权依照《物权法》的规定获得相应补偿。

虽然《物权法》承认了土地承包经营权可以流转,但是,《土地管理法》第15条规定,农民集体所有的土地由本集体经济组织以外的单位或者个人承包经营的,必须经村民会议三分之二以上成员或者三分之二以上村民代表的同意,并报乡(镇)人民政府批准。第82条规定,擅自将农民集体所有的土地通过出让、转让使用权或者出租等方式用于非农业建设,或者违反本法规定,将集体经营性建设用地通过出让、出租等方式交由单位或者个人使用的,由县级以上人民政府自然资源主管部门责令限期改正,没收违法所得,并处罚款。《物权法》规定,"通过招标、拍卖、公开协商等方式承包农村土地,经依法登记取得权属证书的,可以依法采取出租、入股、抵押或者其他方式流转土地经营权"。此条可能暗示了家庭承包的土地承包经营权不得入股、抵押,只有以竞争方式取得的荒地等土地承包经营权才可以入股、抵押。

　　尽管如此,在土地承包经营权得到《物权法》的承认后,国家认识到土地的流转是市场化的必然趋势,也是进一步推动农村生产和加大农业投入的重要改革方向,所以一直在致力于推动土地承包经营权的流转。2008 年中共中央发布《关于推进农村改革发展若干重大问题的决定》,要求:"完善土地承包经营权权能,依法保障农民对土地的占有、使用、收益等权利。加强土地承包经营权流转管理和服务,建立健全土地承包经营权流转市场,按照依法自愿有偿原则,允许农民以转包、出租、互换、转让、股份合作等形式流转土地承包经营权,发展多种形式适度规模经营。"中共中央、国务院 2009 年发布《关于 2009 年促进农业稳定发展农民持续增收的若干意见》,提出:"抓紧修订、完善相关法律法规和政策,赋予农民更加充分而有保障的土地承包经营权,现有土地承包关系保持稳定并长久不变。""土地承包经营权流转,不得改变土地集体所有性质,不得改变土地用途,不得损害农民土地承包权益。坚持依法自愿有偿原则,尊重农民的土地流转主体地位,任何组织和个人不得强迫流转,也不能妨碍自主流转。"2012 年中共中央、国务院发布《关于加快发展现代农业进一步增强农村发展活力的若干意见》,要求:"抓紧研究现有土地承包关系稳定并长久不变的具体实现形式,完善相关法律制度。坚持依法自愿有偿原则,引导农村土地承包经营权有序流转,鼓励和支持承包土地向专业大户、家庭农场、农民合作社流转,发展多种形式的适度规模经营。""建立归属清晰、权能完整、流转顺畅、保护严格的农村集体产权制度,是激发农业农村发展活力的内在要求。必须健全农村集体经济组织资金资产管理制度,依法保障农民的土地承包经营权、宅基地使用权、集体收益分配权。"

二、土地承包经营权权属不清

　　产权清晰是任何财产进行市场化的前提,产权不清只会使受让人不知从何主体受让,不知受让的是何种财产,所以大大降低了受让的可能性。所谓产权清晰主要包括了主体明确、权利范围明确、权利时限明确、权利受到的限制与受侵害的可能性、权利公示清楚并具有公信力等多个方面。这体现在土地承包经营权上就是,土地承包经营权的享有主体是谁,土地承包经营权包含了哪些权能,土地承包经营权的时限多长,调地与征收等对土地承包经营权的影响、土地承包经营权的登记与其他公示方式及效力。在当前法制条件下,这些方面分别存在一些问题。这些问题的解决是推动土地承包经营权流转或者说是市场化的前提与基础。下面对这些方面作一个分析。

土地承包经营权的权利主体不明确。而对于土地承包经营权的权利主体是农户还是农民个人,曾有争论。李开国认为,农户即家庭承包户,是民事主体中的特殊自然人;①而郭明瑞则认为,农户是特殊合伙组织,在民法上应归民事主体中的非法人的组织。②上述意见得以形成的主要法律依据是《农村土地承包法》第 16 条和《民法典》第 55 条,前者规定"家庭承包的承包方是本集体经济组织的农户";而后者规定"农村集体经济组织的成员,依法取得农村土地承包经营权,从事家庭承包经营的,为农村承包经营户"。自然人说的主要根据是,农村土地承包经营权的分配是按人头进行的,每个集体组织成员据其成员身份承包本集体内部的一份土地,一般来说,每个人承包土地的面积是大致相当的。所以,从本质上说,权利的依据是个人,而权利产生之后,也应当由个人所有。组织说的法律依据同样来自《农村土地承包法》,即该法第 5 条规定,"农村集体经济组织成员有权依法承包由本集体经济组织发包的农村土地。任何组织和个人不得剥夺和非法限制农村集体经济组织成员承包土地的权利"。在自然人说和组织说之间,还有两种观点,一是认为,农户是土地承包经营权的形式主体,即法定主体,而集体组织成员(自然人)是权利的实质主体。③这种观点没有本质上改变自然

---

① 李开国:《民法总则研究》,法律出版社 2003 年版,第 145 页。
② 郭明瑞主编:《民法》,高等教育出版社 2007 年版,第 87—88 页。
③ 韩志才、袁敏殊:《土地承包经营权主体辨析》,《安徽大学学报》2007 年第 4 期。

人说的法律结果,只不过,它从一种折中主义的角度,调和了立法使用农户概念而权利又属于个人的矛盾。但这种说法并不能解释立法中农户主体的定位问题。另一种观点认为,可以根据土地承包经营权取得的不同方式,将土地承包经营权主体分为原始主体和继受主体——以集体组织成员身份,通过承包合同而取得土地承包经营权的可能是原始主体,而通过转让、互换等继受方式取得土地承包经营权的其他权利主体为继受主体。原始主体主要是农户,而继受主体是其他单位和个人。①农户与农民(自然人)的区分在实践中很容易导致纠纷的产生,比如一个农民签订了土地承包经营权的转让合同,而承包合同记载的权利主体是农民所在的家庭,这些合同的效力如何就难以确定。

影响土地承包经营权权属的另一个因素是土地承包经营权的登记与其他公示方式及效力。虽然我国在 1999 年就计划完成全国农村土地的登记,但是根据 2011 年的十七省和自治区调查,有 77.1% 的农户至少发了承包合同或者证书,另外还有 22.9% 的农户没有任何承包合同或证书。在 77.1% 的农户中相当部分的农户仅有承包合同却没有证书和登记,虽然这符合法律上规定的家庭承包土地可以以土地承包合同为物权凭证,但根据物权法公示公信原则,这种物权是不具有对世效力的。此外,除了发放的数量,这些承包合同和证书的质量也很重要。按照相关法律和通常的标准,一份真正符合规范的土地权利证明,应该明确指定承包期限的起始日期、相关方面的签名和盖章、足够详细准确的地块面积和位置以及边界等。按照这个标准来判断,只有 20.9% 的承包合同和 40.3% 的证书才算得上严格符合规范。

在这种情况下,在我国现阶段,很多农村土地承包经营权的受让人无法明确自己可以从何人手中受让土地,也不了解这些土地真实的权利情况。权利的不清晰大大影响了市场上的经营者和投资者关注农村土地的兴趣和动力。比如,农民声称自己是土地的经营权享有者,但只能提供承包合同,并且只希望将承包合同押在受让人手中,不进行登

---

① 丁关良:《试论农村土地承包经营权法律关系》,《理论探讨》2001 年第 11 期。

记,受让人则存在很大风险。又如,有的人特别是个别农村干部利用权势占有了相当多的农村土地,他们声称自己可以处分手中的土地,却无法提供相应的土地承包经营合同和登记证明,也不希望进行相应的登记,受让人则无法保证长时间内安定地享有土地上的经营权。

虽然随着我国农村土地登记工作的开展,农村土地登记情况有了明显改善。农民也具有了获得权利证书的意识。但是,与此同时,因为地方大量的农村改造,农民脱离土地的情况越来越广泛,而土地收益也维持在最基本的粮食生产收入水平。农民对农地的重视程度在降低。所以,在农村承包地没有权属、权属不清、人为占用的情况仍然普遍。

三、土地承包经营权期限不明确

权利的期限是构成权利本身的一个重要要素,不管是特定期限的权利还是永久性权利,都必须在权利设定或移转时指明。没有明确时限的权利会严重影响权利的可流转性,因为潜在受让人对于所受让的权利并不明确,承担了很大风险,所以更不愿意受让。具体说来,我国农村土地上的土地承包经营权的权利期限多有不明之处。这也是其难以市场化的重要因素。

(一) 权利期限的政策变迁

土地承包经营权的权利期限不明有其深刻的历史原因。在农村家庭联产承包责任制确立之初,政策制定者尚未意识到确定并有一定持续性的权利期限对于农业生产的重要性。当然,他们也更不可能为农地的流转而去研究这一问题。随着农业在承包责任制的刺激下快速恢复,其不完善之处对农业的制约也凸显出来。所以,1984 年 1 月 1 日,《中共中央关于一九八四年农村工作的通知》提出,延长土地承包期,土地承包期一般应在十五年以上,生产周期长及开发性的项目,承包期应当更长一些。这就是土地承包期"十五年"的阶段,但在这一阶段,并不是所有的承包地都达到了这一要求。其中一个重要原因就是那时的集体比较频繁地调整土地,即所谓的"三年一小调、五年一大调"。

　　土地承包经营权"三十年不变"的政策是土地承包经营权发展的里程碑。1993年11月5日,中共中央、国务院《关于当前农业和农村经济发展的若干政策措施》指出,为了稳定土地承包关系,在原定的耕地承包期到期之后,再延长三十年不变;为避免承包耕地的频繁变动,防止耕地经营规模不断被细分,提倡在承包期内实行"增人不增地、减人不减地"的办法。1995年3月28日,国务院批转《农业部关于稳定和完善土地承包关系意见》的通知再次强调,把土地承包期再延长三十年,提倡在承包期内实行"增人不增地、减人不减地"。"三十年不变"的政策与"增人不增地、减人不减地"是相辅相成的。没有了对调地的限制,"三十年不变"无法落实,没有三十年的时限,对调地也无从限制。

　　为了加强"三十年不变"政策的执行,2008年10月12日,中共十七届三中全会通过了《中共中央关于推进农村改革发展若干重大问题的决定》,提出"赋予农民更加充分而有保障的土地承包经营权,现有土地承包关系要保持稳定并长久不变"。2009年12月31日,《中共中央国务院关于加大统筹城乡发展力度进一步夯实农业农村发展基础的若干意见》再次强调:"完善农村土地承包法律法规和政策,加快制定具体办法,确保农村现有土地承包关系保持稳定并长久不变。""稳定农村土地承包关系并保持长久不变"的政策,2013年11月12日又一次出现在了中共十八届三中全会通过的《中共中央关于全面深化改革若干重大问题的决定》中。"长久不变"是对"三十年不变"政策的强调与加深,但在实质意义上,其并没有说明"长久是不是等同于永久","长久如何与三十年不变相衔接"两个问题。

　　归纳我国土地承包经营权(以及之前的家庭联产承包责任制下的承包权),它经历了一个由没有期限,到十五年期限,到三十年不变,到长久不变的一个演变过程。在这个过程中,权利期限不断变长,对抗性变强,结合土地承包经营权由债权转变成物权的历史进程,可以看出我国的土地承包经营权正在一步步走向强化。这一方面是由于农业生产对稳定权利的需要,另一方面也是对农民保护的进一步加强。

（二）土地承包经营权政策的法制化

农地政策的法制化是一个过程，并且到如今也不是所有的农地政策全部都已经落实到了法律之中。首先，无期限与十年期限的土地承包经营权阶段，并没有相应的法律支撑，而三十年不变的政策到了1998年8月29日修订的《土地管理法》时第一次进入了法律。1998年《土地管理法》第14条第1款明确规定，土地承包经营期限为30年。之后的《土地管理法》也沿用了这一条款。2003年3月1日我国施行了《农村土地承包法》，该法第20条规定：耕地的承包期为三十年。草地的承包期为三十年至五十年。林地的承包期为三十年至七十年；特殊林木的林地承包期，经国务院林业行政主管部门批准可以延长。这一立法事实上是对土地承包经营权期限的具体化，并且对于林地等特殊农业用地还在期限上有很大的延长。权利期限具体化是农业经营细化的要求，比如很多林木三十年并未成材，如果权利仅有三十年，那么就不会有人去经营此类林木。"特殊林木的承包期经国务院林业行政主管部门批准可以延长"也是对于实际经营的考虑而作出的开放性规定。对于确定期限的权利立法，做到这一步已经比较完善，唯一缺少的是确定期限权利到期后的处理。

《物权法》2007年10月1日颁布实施，对于土地承包经营权到期后的处理，它规定"前款规定的承包期届满，由土地承包经营权人按照国家有关规定继续承包"。这是对"稳定农村土地承包关系并保持长久不变"政策的法制落实，但本身又与"长久不变"有所不同。从立法用语上来说，《物权法》的规定与政策存在一定的援引关系，立法希望保持一定的政策一致性。"按照国家有关规定继续承包"中所说的"国家有关规定"而非"国家有关法律"，即保留了援引国家政策的可能性。在没有新的立法明确到期后的处理方式时，国家政策可以经由此渠道成为法律的一部分进行适用。但是，尽管如此"长久不变"的政策在适用于土地承包经营权到期后的具体处理时也有一定的难度。土地承包经营权到期后的具体处理可以分为以下三种情况：第一，到期由集体组织收回；

第二,到期由农民继续经营,但没有明确时限;第三,到期由农民继续经营三十年或确定的其他年限。第一种可能性与"长久不变"的语意相背离,第二种可能性又回归了"没有明确期限的权利"的禁忌之中,唯有第三种可能性与"长久不变"相符。

但是,第三种可能性又可以区分为三种:第一种是只可以一次性续期,续期后,再到期则由集体组织收回;第二种是,农民可以无限次续期;第三种是可否续期由集体组织或其他主体根据情况决定。第一种可能似乎并不与"长久不变"相冲突,六十年或更长的期限已经可以算作"长久"。第二种情况无限次续期则与土地承包经营权的继承相关。如果土地承包经营权的期限可以无限次续期,又可以继承,那么它与具有一定负担(交纳一定的使用费)的所有权没有本质区别。如果不可以继承,那么它与英美法上的土地终身使用权相似。如果直接赋予了农民农地近似于土地所有权的权利,那么是否会导致土地集中,从而引发不良的社会后果还需要进一步的研究。到目前为止的研究成果尚不能支撑农地的私有化。而赋予农民土地的终身使用权,英国的土地法史证明了,这种权利也是一种不确定期限的权利,不利于市场流转,也不利于土地的有效利用和农业生产。这与农民在不确定权利使用期限的土地上不愿意加大投入和用心经营有关。第三种可能性是可否续期由集体组织或其他主体根据情况决定。这种方案也许是政策和地方政府在实践中最希望使用的方案。而这种方案导致的最终结果也是权利期限的不确定。当然这种不确定较频繁调地和随时收回要好很多,但从长远来看,它无非加大了集体组织针对土地的不确定的收回权。这种权利的存在会潜在地损害农民利益,其不确定性也会损害权利的流转性。

当然任何一种方案都有其弊端,当前的选择是"延长30年"的方案。但是续期还有缴纳承包费的问题,也存在不续期是否可以,或集体收回土地的问题。这种自动延长的方案也存在搬到城市居住依然不放弃权利,进而导致部分农地搁荒,损害农业生产的问题。所以,如果要采用这一方案,加强土地使用权的流转和市场化更是一个亟待解决的问题。

当然,政策和立法对土地承包经营权"三十年不变"以及"长久不变"的承认和确立并不代表实践中就已经完全执行。事实上,农村调地的情况直到目前为止还大量存在,并且立法上在外嫁女和转为城市居民两种情况下还保留了调地的可能性。所以,对调地的禁止性规定还要再次强调,比如,《农村土地承包法》第 28 条"承包期内,发包方不得调整承包地"。

但是,有人认为,必须清楚地看到,尽管法律明确禁止调整承包地,但事实上仍然难以真正制止土地承包经营权人一起调整承包地。原因在于,无论是发包人调整承包地还是承包人一起调整承包地,实际上都是集体经济组织成员内部的私事,在法律上与社区外的其他农民无关。如果绝大多数成员皆认可或接受土地的调整,外界可能根本不知道土地调整之事,有时即使知道了也无法予以有效干预。为防范此类情况,必须将土地承包经营权的产生或存在是一种集体经济组织内部的私事改造为必然会涉及公权力参与的外部事件。所以,其认为,实现这一目的的基本方法是,将原《农村土地承包法》第 22 条及《物权法》第 127 条第一款规定的"土地承包经营权自土地承包经营权合同生效时设立"修改为"土地承包经营权自登记时设立"。[①]通过登记的方法来制约集体的调地行为的确是一种较好的方法,也是土地经营权物权化和"长久化"的必然方案。通过《民法典》的颁布实施和《农村土地承包法》的修改,农村土地的登记逐步归入不动产登记的公示体系中来,然而,土地经营权的物权目前尚有很长的路要走。

(三)关于权利期限与调地

对于调地问题,完全禁止是否正确,或者说是否完全符合我国现实的需求是一个值得研究的问题。首先,我国现在依然存在大量的调地

---

① 朱广新:《论土地承包经营权的主体、期限和继承》,《吉林大学社会科学学报》2014 年 7 月。

现象。调地可以分为"大调"和"小调",大调是将农村的土地全部收回重新分配,而小调则是根据村里的人口改动情况进行调整。①大调现在已经很少,而小调却始终存在。在2000年调查报告中,被调查者称自己1996年后经历过至少一次调地的比例是62.7%。这与2009年的报告相印证。②其次,农民对严格禁止土地调整的态度,同意的占24.2%,不同意的占41.2%,无所谓的占24.6%,说不清的占10.0%。③调地的大量存在和农民的认可说明了调地在一定历史阶段尚是必要的。原因有以下几个方面。一方面,农民对于集体所有制和经营方式已经有了一定的认同感,认为"大锅饭"是一种自身的保障,不愿意过早放弃。另一方面,集体对土地的分配本来就是按照人头进行,之后人口的变化也理应带来土地分配的调整,这是既有制度传承下来的结果。如果坚持土地分配不变,对某些农民也是不公平的。

从另一个角度讲,调地也是土地承包经营权本身的性质决定的。土地承包经营权即使已经物权化,也与建立在土地私有制基础上的用益物权有很大不同(至少现阶段有很大不同)。首先,一般的用益物权是建立在所有权的基础上,而所有权人是一般主体。而土地承包经营权这一用益物权的基础是集体土地所有权的主体是集体,而集体是由用益物权人组成的。用益物权是由用益物权人的集合的所有权派生的,并且,用益物权的产生具有一定的强制性,即集体在集体成员符合了一定条件之后,如有空余用地,应当为其分配土地,供其经营。简单说,就是在所有权—用益物权的体系中,本来对立的主体所有权人和用

---

① Roy Prosterman, Keliang Zhu ect., Secure Land Rights as a Foundation for Broad-based Rural Development in China: Results and Recommendations from a Seventeen-Province Survey, NBR Special Report #18, Nov. 2009, pp.7—8.

② Roy Prosterman, Brian Schwarzwalder & Ye Jianping, "Implementation of 30-Year Land Use Rights For Farmers Under China's 1998 Land Management Law: An Analysis and Recommendations Based on a 17 Province Survey", Pacific Rim Law & Policy Journal, Vol.9, No.3, 2000, p.517.

③ 杨学城、罗伊·普罗斯特曼、徐孝白:《关于农村土地承包30年不变政策实施过程的评估》,《中国农村经济》2001年第1期。

益物权人,在土地承包经营权的问题上类似同一主体。所以,在土地承包经营权不明时,所有权人不会积极地寻求权利的明确化,也不会在现有的框架内积极主张权利。在没有对立和冲突的所有权—用益物权关系中,所有权逐渐淡化。一方面相当一部分农民认为自己是已经分配得到的土地的所有者,另一方面,也有很多农民期待着,自己在一定时机可以获得更多的土地。第一种意识驱使农民希望尽可能长时间地占有土地,第二种意识又使其并不希望完全禁止土地的再分配。最后一点,农民认为所在集体有义务为其提供生存保障。不管其因为何种原因放弃或失去土地,集体在其生活无依的时候都有义务为其提供一定土地以保障生活。所以,在农村彻底禁止土地调整,还必须以农民观念的转变和保障方式的提升为前提。

随着土地登记的进行,调地的空间越来越小,但由于农民离开土地的情况越来越多,占地的情况却越发严重。这也可以被认为是新登记条件下,调地的另一种形式。

四、土地承包经营权流转实践问题

(一) 受让人的顾虑

虽然,我国随着城市化的加速,农村进城务工的人员日益增多,市场资本对农地也表现出关注和兴趣,再加上政府的推动和市场上对概念的炒作,农村土地流转在供需两方的提振下,有了一定的发展。根据农业部的数据,截至2011年上半年,全国农村土地承包经营权流转总面积达两亿亩,占承包耕地总面积的16.3%。这个比例可以说并不低,但在高"换手率"的背后,却是土地流转的诸多问题。

首先,出让主体存在问题。上文已经讨论过土地承包经营权的主体问题。受让人到底是从农户受让,还是从农民受让,签订合同的主体是否适格是一个问题。另外,农民一般单个主体,不管是农户还是农民,都不太可能占有太多土地。所以,一旦受让人希望受让大量土地经营权,发展规模生产,则可能要从多个出让人手中受让。出让人数量过多,则可能提高交易成本和谈判费用。在其中,如果受让对价存在差异,还有可能导致后期的纠纷。出让人数量过多,则谈判成功率也不能保证。如果受让的土地因为谈判问题不能连片,规模效益则不能发挥。所以,出让主体不明和过多两个问题导致了投资人的市场收益风险提高,投资评估也会相应下降。当然,也有些农村已经对农户进行了整合,比如成立合作社,由合作社统一管理土地,那么这个问题就可以比较好地解决。

其次,受让权利期限不明。土地权利依法流转,最重要的问题还是流转权利的明确性。在明确性上,我国土地承包经营权现在主要存在权利期限不明和登记保障不足两个问题。土地权利期限的问题,在上文已经有所讨论。这里要强调的是,《民法典》规定:"耕地的承包期为三十年。草地的承包期为三十年至五十年。林地的承包期为三十年至七十年。前款规定的承包期限届满,由土地承包经营权人依照农村土地承包的法律规定继续承包。"而《农村土地承包法》规定:"耕地承包期届满后再延长三十年,草地、林地承包期届满后依照前款规定相应延长。"比如,耕地的承包期为三十年,那么,流转的期限不可以超过承包期减去已经承包的时间。关于承包期的起算,一般理解是从承包合同签订时起算。因为家庭联产承包经营制已经实施了40多年,很多承包合同又已接近承包期届满。所以,对于受让人来说,特别对于农业,受让的期限过短,也不利于投资。而续包的制度是否适用于受让人,也在立法上并不明确,这对受让人来说是更大的风险和不确定性。特别是对于希望通过流转取得大片土地以从事规模农业生产经营的受让人,他们可能会考虑投入量比较大的资金,以确保未来收益的最大化。而这就会面临两个问题:一是,农业的投入回报期限较长,如果仅有几年,或十几年,比如修建水利设施等的投入就得不到回报;二是,农业规模经营要求大片土地统一规划,如果土地权利到期日不同,也很难统一进行投资的规划。总之,若通过流转所取得的经营权没有长期的稳定性,农业投入就难确保回收,对受让人的吸引力也随之降低。

最后,登记保障不足。虽然我国 1999 年就计划完成农村承包土地的登记工作,但这一工作直到 2022 年也没有完成。后来,我国又将目标调整为 2007 年年底完成农地发证工作的 90%,但根据农村发展研究所 2008 年的调查,只有 47.2% 的人获得了土地承包经营权的证书,43.1% 的人获得了土地承包经营合同,32% 的人既获得了土地承包经营权的证书也获得了土地承包经营合同,而 41.8% 两者都没有获得。[①]

目前登记的情况有了较大改善。但受让人却在很多情况下无法获得登记或权利证书。即为了回避流转规范的约束,受让人选择通过债的方式受让土地权利。一直到 2022 年,还有大量学者认为土地经营权是一种债权。权利证书的缺失对土地权利的影响分为两个层次。首先,权利证书缺失会导致受让人对土地权利感到不安全。这是心理层面的,但心理感受会导致行为上的改变,特别是对受让人对风险的评估和投资的意向更改。其次,权利证书是权利的凭证,从事实结果上说,证书的缺失会直接影响受让人的权利主张。另外,中国土地承包经营权的证书在立法上包括了权利证书和合同,但在受让人的角度,只有土地权利的登记是有效的。因为,没有登记的权利达不到物权法上的公示公信效力,无法对抗第三人,这样的权利在市场上是极不安全稳定的。这是一方面。另一方面,农民手中的权利证书,不管是承包合同还是其他证书,制作可能并不规范,存在权利记载不明等不利于权利行使的情况。

从具体情况上看,受让人还担心政府对农民的倾向性保护。比如,合肥市出台《关于进一步加强农村土地承包经营权规范管理的意见》,建立流转风险防范机制,建立土地流转风险保障金制度。受让方自土地流转合同签订生效之日起 10 日内,预付全年土地流转租金,自第二年起,每年年初预付全年土地流转租金。土地流转面积超过 500 亩的受让方,按不低于一个年度的土地流转租金向乡镇三资委托代理中心

---

① Roy Prosterman, Keliang Zhu ect., Secure Land Rights as a Foundation for Broad-based Rural Development in China: Results and Recommendations from a Seventeen-Province Survey, NBR Special Report ♯18, Nov. 2009, p.22.

缴纳风险保障金,实行缴纳企业专户存储管理,待流转合同到期后返还本息。当受让方无法支付土地租金时,乡镇政府首先使用风险保障金兑现农户租金,不足部分依法追缴到位,以确保土地转出方利益。合肥市还出台了《合肥市工商企业租赁农户承包土地准入和监管制度》,在流转合同签订前,出让方可申请所在地农村土地承包管理机构组织有关单位,对企业(受让方)的农业经营能力情况、资信和项目等进行审查,维护农民流转土地的合法权益。①

事实上,对农民的倾向性保护在我国一直都存在,并且受到鼓励。而在市场化方面,这种保护对农地资源的配置是不利的。投资人在进行市场投资前期考查时,一旦发现这一领域存在对己不利的法律或政策倾向,他们在决策时会更可能远离这一领域。加之,农业经营本来就利润不高,所以,法律和政策的倾向更使市场资本不太愿意流向农业。

(二) 农民权益的损害

因为农民入城务工的比例很高,青壮年劳动力不在农村务农,所以对土地经营权利的流转有内在需求。在这些"硬流转需求"的促进下,我国农村事实上的流转比例可能远远高于任何统计得出的结论。在农地流转中,集体内部成员之间的流转占了很大比例,有相当一部分的农民愿意无偿或低价地将土地转包或出租给同村农民或亲戚经营,这些流转大都没有什么正规的形式,交易大都基于亲属或同村人之间的信任关系。

但是,在土地承包经营权的流转中,也存在向外流转的情况,并且随着社会资金的活跃程度越来越高和其他领域投资回报率的下降,土地承包经营权的向外流转也越来越频繁。根据调查,目前有12.8%的村都存在着外来的人员或者公司包地的现象。这些外包地的规模平均为560亩;即使用更为保守的中位数,其规模也达到了100亩。在包地的具体情况中,69.5%的情况都是单独成片的一块地,平均租期或承包期为10年,但有21.3%为租期或承包期25年或更长(相比于30年的承包期)。②

---

① 耿峰:《三权分置　有序流转　规模适度》,《农民日报》2015年2月3日,第5版。
② 美国农村发展研究所课题组:《十七省地权现状》,《改革内参》2012年第7期。

在这些转包或出租中,存在两个方面的问题。第一,流转违反了农民的意愿。根据相关调查,11.4%的情况为干部直接说"这是上面的命令",农民没有别的选择只能同意;还有14.0%的情况是干部给农民做思想工作或施加压力。总共有25.4%的情况存在着明显的违背农户自愿的问题。除此以外,还有41.7%的情况是干部和潜在承包人、承租人一起到农民那里"做工作"而达成的。所谓"做工作"就是不停地说服,不能说只是做过工作的情况一定违反了农民意愿,但其中有相当一部分的交易不是出于农民自身的需要和意愿达成的。这里有熟人的因素,也有村干部潜在影响力的因素。

第二,承包期和租赁期的问题。农户的耕地承包期为30年,我国农村家庭联产承包责任制从20世纪80年代开始,相当一部分的农民的土地承包经营合同签订于90年代,在30年不变政策实施时,又有一批农民签订了承包合同(20世纪90年代末21世纪初),所以,很多承包经营权到目前为止剩余的期限已经不到20年。虽然现在立法规定承包期可以延长30年,但随着时间的推移,很多承包土地也快接近第二个30年的中期。长时间的流转也极有可能会超出期限。

现存的农村土地转包和出租的案例中,有相当一部分是在土地价格快速上升的背景下产生的,所以,这些转包和承租来的土地并没有用在正常的农业经营上。而是用于建设工厂、小产权房等项目。这些经营项目的收益较农业经营的收益要高得多,而就算不考虑违法不违法的问题,农民也根本无法享受这些收益。在高额收益的诱惑下,市场上的投资人和村干部可能就会不顾农民权益,采取强买强卖的方式进行土地的流转。这也是土地承包经营权流转实践中农民权益受到损害的重要原因。

(三) 国家粮食安全

土地承包经营权流转是解决农民进城务工土地撂荒的良好途径,也是农村可经营土地向农业专业经营者手中集中,以形成规模化、现代化经营的重要手段。但是,在实际情况中,土地流转后存在着大量"非农化""非粮化"现象。

所谓"非农化"是指，流转土地不再用于农业生产。《民法典》第334条规定，将土地承包经营权流转，"未经依法批准，不得将承包地用于非农建设"。但是，根据调查，土地流转中有20.7%的情况是用于工厂或商业开发，还有4.7%的情况用于住宅楼建设（即小产权房）。①虽然，我国现在已经开始了集体建设用地的入市改革，并且部分地区已经有较好实践，但小产权房问题并没有解决。

所谓"非粮化"是指流转土地不再用于粮食生产。一般来说，希望承包和租赁农业用的潜在市场投资人，他们所要支付的土地使用费用要远高于农民。如果他们继续将土地用于粮食生产，可能并不能获得收益。根据大量研究显示，规模化经营并不能提高粮食生产本身的生产率，或提高得非常有限。所以，农业投资人在继受土地之后，如果不进行非农经营，那么也一定会选择经济作物生产，比如蔬菜、瓜果、林木等。这种情况在一定范围内是可以接受的，但长久发展下去，可能会影响国家的粮食安全。

从社会发展角度，土地承包经营权是农民生活的重要保障。有学者指出，在农民纯收入的增量中，农民来自农业的纯收入，即家庭经营第一产业的纯收入增量占比，2004年为64.7%，2011年下降到27.3%。农民来自非农产业的纯收入增量占比，2004年为25.8%，2011年增加到55.1%。②据此，就有学者认为，我国对于农民的社会保障范围在日益扩大，随着农村社会保障制度的逐步发展完善，农村土地所承载的社会保障功能逐渐居于次要地位。③在城市化进程中，农民收入结构的变化是一种必然趋势，然而，收入结构的变化不代表可以忽视土地对农民的保障作用。首先，土地经营是国家为农民提供的保障手段，是政策性的资源分配，不能随意剥夺或放弃。其次，农民收入结构

---

① 美国农村发展研究所课题组：《十七省地权现状》，《改革内参》2012年第7期。

② 姜长云：《中国农民增收现状及其中长期影响因素》，《新华文摘》2013年第17期。

③ 刘凯湘：《论农村土地承包经营权的可继承性》，《北方法学》2014年第2期。

的变化是宏观上的改变,具体到个人或农户,情况会有不同。比如,对一个人来说,年轻时在外打工,可能全部的收入都来自非农收入,但在外务工一段时间后,难以在城市中继续生活,则只能选择返回农村。这样,在土地上经营也是最后的选择。所以,土地的流转应当充分考虑农地的保障性,而不能因为一时的城市化而忽略这一点。特别是,一旦排除了农地的保障属性,有可能导致大量农民失地的严重后果。

第二章
土地承包经营权信托的交易实践

信托关系是一种特殊的法律关系,可以解决很多其他法律关系无法解决的问题。针对我国农地上发生的农民生活保障与土地市场化之间的矛盾,信托也可以发挥其独有的作用。作为大陆法系国家,我国的民法对信托较为排斥,特别是一物一权原则在民法体系中深入各种具体制度,使信托推进非常困难。而事实上,信托已经在很多大陆法系国家成为了解决难题的关键。日本于2006年对《信托法》进行了修改,确立了与民事信托和商事信托相关的共同实体法,实现了从强行法规则到任意法规则的转变,促进了民事信托的发展。自2006年以后,日本的家事信托和事业信托得到了突飞猛进的发展。

随着2002年《信托法》的颁布和商事资金信托的发展,我国也出现了很多以"土地信托"为名的交易"创新"。但是,这些创新很多是以信托为名的非信托关系,比如,浙江绍兴和湖南浏阳、阮江的"土地信托"事实上是土地承包经营权的倒包和重包,即使没有信托制度,同样可以实现。湖南益阳的做法可以构成现行规范意义上的土地信托,成效显著,但依然存在一些未能解决的问题。

这些"信托"实践均以农村集体土地承包经营权为信托财产,原因是中国农村集体土地承包经营权流转相对于宅基地使用权更方便,从立法上可以正当地成为信托的标的。①这些实践为农地信托积累了一些经验,但要注意的是,这些以"信托"为名的实践并不都是法律严格意义上的信托。

一、以"土地信托"为名的非土地信托

(一) 浙江省绍兴县的返租倒包

浙江省绍兴县早在 2001 年即《信托法》公布实行的那一年,就在河桥镇开始了"土地信托"的尝试。他们的主要做法是,政府牵头成立土地信托服务组织,为土地使用权供求信息提供登记和广告的服务,并作为中介协调双方关系,指导合同签订,调处纠纷。而事实上,土地信托服务组织并非受托人,仅提供类似中介的服务,而他们服务的双方也不是委托人和受托人,而是供地农民和经营者。比如在先锋村的土地信托中,村集体将 215 亩田以每亩 40 元的租费从农民手中租下,然后以每亩 110 元转租给外来的经营者。②

从法律上说,农民与土地信托服务组织之间是居间合同关系,而与村集体之间是租赁合同关系,村集体与土地实际经营者之间也是租赁合同关系。也就是说,浙江省绍兴县的土地信托本质上就是有中介参与的返租倒包。

返租倒包有利于实现农业的规模化经营,也有利于盘活农民手中闲置土地,但它与土地信托有根本区别。第一,对村集体来说,返租倒包没有改变土地使用权的权利人,只不过形成了单纯的租赁合同关系,村集体作为承租人也不享有充分的管理权和处分权。第二,对出租农民来说,在返租倒包关系中,村集体承担的责任远不及信托关系中的受托人,因为受托人的信义义务是法定的,并且高于承租人的"善良管理人"义务。另外,村集体如果违约,农民只能依租赁合同向集体主张违

---

① 刘志仁:《农村土地流转中的信托机制研究》,湖南人民出版社 2008 年版,第 109—110 页。

② 刘志仁:《农村土地流转中的信托机制研究》,湖南人民出版社 2008 年版,第 157—158 页。

约责任,如果主张收回土地使用权,则会引发进一步的纠纷。作为中介的土地信托服务组织,更无法承担土地管理和经营中的责任,他们在居间交易之后,就退出了合同的履行。第三,对于土地经营者来说,土地是层层转租而来,任何一个租赁关系出现问题都会引发纠纷,危及自己的承租权及土地上的投资。转租在法律上并不受鼓励。《民法典》第716条规定:"承租人经出租人同意,可以将租赁物转租给第三人。承租人转租的,承租人与出租人之间的租赁合同继续有效;第三人造成租赁物损失的,承租人应当赔偿损失。承租人未经出租人同意转租的,出租人可以解除合同。"这是因为租赁具有一定的人身性,出租人在出租时对承租人对财产的使用有一定的预期,而转租却改变了这种预期,使财产落于未知的第三人手中。对于农村土地转租来说,村集体并没有超过农民本身的市场判断力,其在转租中仅仅充当了集合土地的作用。而与之相对的是,村集体抽取了出租的部分受益。第四,就利益分配来说,信托中受托人为受益人的权利管理土地,土地上的所有收益都归于信托财产,而在返租倒包中,"受益人"仅仅享受了第一层的租金,而对于土地的经营收益完全无法分享。

所以,返租倒包虽然比土地闲置要好,但远不及土地信托可以向投资者提供稳定的土地权利,向受益人提供丰厚的回报。

(二) 贵州安龙县的土地转包

2001年,贵州省安龙县的2 000余名户农民,自发将土地承包经营权转包给他人,自己则投入第二、第三产业的发展。这种土地经营机制也被冠以"土地信托"的名称。贵州安龙县的"土地信托"不同于浙江省绍兴县的返租倒包,是农民自发行为,其基本机制是,农民通过村里的中介,将承包的大部分土地转包给了其他人经营,由转包者负担被转包者负担的乡统筹、村提留等费用。[①]

土地承包经营权的转包是土地流转的一种传统方式,有利于土地

---

① 刘志仁:《农村土地流转中的信托机制研究》,湖南人民出版社2008年版,第159—160页。

资源的市场化分配和有效利用,但它与土地信托也有根本区别。第一,转包是一种简单的合同关系,中介在从事完居间行为之后,即退出转包关系。而信托一般是三方关系,信托关系成立后,委托人退出信托财产的管理,由受托人管理财产,受益人受益。但是,委托人一直保持着与受托人的合同关系。相对转包,信托具有比较复杂的法律机制。第二,转包合同关系发生在单一使用权人与单一经营者之间,很难形成规模经营。第三,转包无法完成信托关系中代为管理、满足受益权的复杂要求,也不会形成物权的追索机制。

(三) 湖南浏阳市的混合制

湖南浏阳市在土地信托的名义下,也开展了土地流转机制的探索。在土地信托中介的帮助下,浏阳市采取了股田式、转包式、租赁式和拍卖式多种方式相结合的经营模式。①

具体说,浏阳土地信托的主要做法包括了以下四个方面。

第一,建立土地信托服务体系。即在市一级由市农办牵头,农业、土地管理、林业、水利等部门参加,设立"土地信托服务中心",负责全市农村土地流转的总体协调、全面监管、制定扶持政策、进行业务指导等工作;各乡、镇、街道设立土地信托服务站,落实专职人员,切实履行职责,搞好土地流转中介、协调、信息发布、业务指导、政策咨询、统计和档案管理等工作;村一级由村委会具体接受农民土地信托服务。所有人员都是兼职,不收取费用。土地信托服务的内容主要包括三项:一是,土地流转前的土地使用供求登记和信息发布;二是,土地流转中的中介协调和指导合同签订事宜;三是,土地流转后的跟踪服务和纠纷调处。第二,建立和完善土地信托各项制度,包括登记备案制度、土地流转档案管理制度和土地流转纠纷信访制度等。第三,制定科学的流转方式,包括了股田式、转包式、租赁式和拍卖式多种方式。第四,坚持保护耕地、稳定地权,实行农村土地集体所有权、农户承包权、经营者使用权三

---

① 刘志仁:《农村土地流转中的信托机制研究》,湖南人民出版社 2008 年版,第159—160 页。

权独立、依法、自愿、有偿的原则。①

但是在这些模式中，也没有出现真正意义上的信托制。

以上这些以"信托"为名的机制，因为概念新奇，时常见诸报端。他们所宣传的要点可以归纳为以下几个。第一，建立土地信托服务机构。这些机构主要负责土地流转前的土地使用权供求登记和信息发布；土地流转中的中介协调和指导签证；土地流转后的跟踪服务和纠纷调处。第二，集体统一管理所流转的土地。村集体可以根据具体情况为农民寻求土地的较佳管理者，进行流转。与此同时，集体也代表农民处理交易事宜和其后的纠纷。

但是，这些设计和实践与信托关系相去甚远，它们都不具备信托的几个明显特征。第一，没有信托公司的参与。在我国虽然民事信托也是合法有效的，但在农地信托中，民事信托很难实行。因为土地信托本身要求有较为雄厚的资本基础，还要求有一定的融资能力。显然"不以信托为业"的一般受托人是难以达到这种要求的。而所谓的土地信托服务机构更是以"信托"为名的非法组织。第二，不存在财产权利转移后的受益机制。上述设计与实践中，要么不存在财产权利转移，比如租赁关系，要么不存在受益机制，比如转包。这些传统流转方式都难以实现信托关系的受益权从管理权剥离的功能。②

二、安徽宿州农村土地承包经营权信托

2013 年 10 月，全国首个土地流转信托项目落户安徽宿州埇桥区。该项目的委托人是安徽宿州市埇桥区朱仙庄镇朱庙村、塔桥村村委会，信托财产是埇桥区朱仙庄镇朱庙村、塔桥村农民的 5 400 亩农村土地承包经营权，受托人是中信信托公司，受益人也是朱庙村、塔桥村村委

---

① 刘志仁、岳意定：《中国农村土地保护的信托机制研究》，经济科学出版社 2008 年版，第 256—257 页。

② 相似观点参见叶朋：《浅谈对我国农地信托关系之主体的认识》，《生产力研究》2011 年第 8 期。

会,信托期限为 12 年。在该项目中,农民先将土地承包经营权转包给村委会,再由村委会委托朱仙庄镇政府进行信托。在此过程中,农民与村委会之间形成了转包关系,村委会与镇政府之间形成了民事代理关系。所以,最终的委托人是村委会。

在该信托项目中,信托土地拟建设现代农业循环经济产业示范园,由安徽帝元现代农业投资有限公司作为服务商提供服务。园区规划为五大板块,涉及 20 多个子项目,具体包括:现代农业种植及水资源保护工程、现代化养殖、生物质能源和基质肥项目、设施农业和农业物联网、农业科研平台等。

中信安徽宿州农村土地承包经营权信托主要涉及多种法律关系:第一种是农户与朱庙村村委会、塔桥村村委会之间的委托转包法律关系,体现在《农村土地承包经营权委托转包合同》中;第二种法律关系是朱庙村村委会、塔桥村村委会与朱仙庄镇政府之间的委托管理关系,体现在《委托管理协议》中;第三种法律关系是朱仙庄镇政府与中信信托公司之间的信托法律关系;第四种是中信信托公司与土地管理服务提供商的委托管理法律关系;第五种是中信信托公司与农业土地运营商之间的租赁法律关系;第六种是各类现金委托人与中信信托公司之间的现金信托法律关系等。

信托计划	土地承包经营权	资　金		土地管理服务		资金保管服务	受托人
		土地整理投资	流动性支持	土地规则、整理与招商	土地运营、承租		
	埇桥区政府	中信信托公司		服务商	农业公司与农业大户	银行	中信信托公司
	朱仙庄镇政府、朱庙村村委会、塔桥村村委会	B类委托人	T类委托人				
	农户						

关于农户与朱庙村村委会、塔桥村村委会之间的委托转包法律关系,从法律属性上看是委托代理法律关系,其内容是农户委托两村委会将土地承包经营权转包出去,法律效果是两村委会取得了相关农户土

地承包经营权转包的代理权。享有了代理权之后,两村的村委会就可以集中对农户的土地承包经营权进行处分。

关于朱庙村村委会、塔桥村村委会与朱仙庄镇政府以及朱仙庄镇政府与埇桥区政府之间的委托管理关系,法律上是转委托关系,是两村的村委会将代理权转委托给了朱仙庄镇政府,镇政府再转委托给埇桥区政府。这样埇桥区政府就对两村所有的土地承包经营权享有了统一的代理权。埇桥区政府在授权范围之内进行的民事行为可以直接约束农户,也对信托所涉及的所有土地享有了受托的处分权。①

关于埇桥区政府与中信信托公司之间的信托法律关系,是本次交易结构的核心法律关系,是信托成立的关键。埇桥区政府在代理权范围内,对代理的两村土地承包经营权设定信托,信托项下的土地承包经营权转移到信托公司,信托公司享有了信托经营事项的核心财产土地。信托关系成立,直接约束农户与信托公司。

关于各类现金委托人与中信信托公司之间的现金信托法律关系,同样也是信托法律关系,是各类现金的委托人根据不同条件,将信托财产(现金)信托给信托公司,为信托项目的运营提供现金支持。

该项目的特殊之处在于信托的结构化设计。安徽宿州信托项目中,受托人将信托单位(受益权)分为三种:一是 A 类信托单位。A 类信托单位的委托人移转的是土地承包经营权。A 类信托单位的委托人为有权对作为 A 类信托财产的土地承包经营权进行处分的朱庙村、塔桥村的村委会,村委会将信托取得的利益根据合同约定再分配给农户。二是 B 类信托单位。B 类信托是资金信托,目的是募集土地整理所需资金。信托资金参与土地整理投资可从信托土地的地租收入中收回土地整理投资的本金并取得收益,但土地整理收益不超过投资期间中国人民银行同期银行贷款基准利率的 200%。三是 T 类信托单位。T 类信托也是资金信托,募集目的是,在信托计划兑付 A 类信托单位的基

---

① 刘光祥:《土地承包经营权信托流转主要法律问题研究——以中信农村土地承包经营权集合信托计划 1301 期为例》,《时代法学》2014 年第 5 期。

本受益、B类信托单位投资本金或预期受益的流动性资金出现缺口时，补充信托计划兑付的流动性资金需求。在信托计划中，各类信托单位的优先性为：每个A类信托单位核算期内，A类信托财产所产生的地租收入首先用于向A类受益人支付A类基本收益，不足兑付的，受托人有权发放相应的T类信托资金垫付。在A类信托单位核算期内产生的地租收益扣除A类基本收益、需计提的土地整理投资本金和土地整理收益之后，作为A类受益权的浮动收益，70%分配给相应的A类受益人，其余作为受托人的浮动收入。信托利益分配的顺序为：A类基本受益、信托费用、固定信托报酬、B类投资本金以及预期收益、T类投资本金以及预期收益、A类浮动收益、浮动信托报酬。信托计划到期时，剩余期限的土地承包经营权由A类受益人享有，B、T类受益权暂不发行。[①]

关于中信信托公司与土地管理服务提供商之间的委托管理法律关系，这种委托管理本质是服务购买法律关系，信托公司接受了农户的土地，需要进行经营管理。但是，农户的土地原本是分散经营，情况不一。即使是连片开发使用，也需要进行整理。而整理土地，为下一步经营管理作准备，并非信托公司所擅长。所以，信托公司需要将整理土地的工作外包给专业的服务公司运作。

关于中信信托公司与农业土地运营商之间的租赁法律关系，在土地准备好之后，经营管理可以由信托公司进行也可以由信托公司委托他人经营。信托公司自营是信托关系的本质所要求的，但是，我国的信托公司自发展以来，就以融通管道业务为主，实体运营一没有团队，二没有经验。所以，在土地准备好之后，信托公司将土地出租给专业的农业公司或者农业经营大户。这一方面发挥了农业专业经营者专长，另一方面也提高了农业的生产效率，为土地经营收益的分配提供良好的基础。

三、镇江后白镇农村土地承包经营权信托

2013年12月，在镇江句容市后白镇成立了"金色田野土地信托

---

① 姜雪莲：《农村土地承包经营权流转信托的法律问题——以中信安徽宿州农村土地承包经营权信托为中心》，《北方法学》2014年第4期。

1-5 号",涉及五个行政村 9 928.46 亩土地。信托的委托人是农民出资成立的股份合作社,受托人是北京国际信托公司,信托财产是五片土地的土地承包经营权,信托期限不低于 15 年。受益人是合作社和农民。金色田野土地信托和安徽宿州信托一样,也包含了现金信托的部分,计划融资规模 9.8 亿,资金主要用于土地的开发。在农地信托部分,各村农民首先将土地承包经营权作为出资,在自愿的前提下成立土地股份合作社。合作社在取得土地承包经营权后,以合作社为委托人,与北京国际信托公司签订信托合同,成立农地信托。信托成立后,作为信托财产的土地承包经营权转移到北京信托公司,由北京信托公司运营管理。北京国际信托公司为了履行运营管理的义务,将信托农地租赁给句容福源农业旅游发展有限公司。福源公司承租农地后,进行了平整与增肥、农田水利设施建设、农产品物流基地及销售网络建设、现代农业开发及技术推广服务等。在此基础上,福源公司一部分自营,一部分将整理好的农地出租给专业大户、家庭农场、农民合作社及其他农业组织进行具体的农业经营生产活动。①

　　金色田野土地信托主要涉及多种法律关系:第一种是各村农户成立土地股份合作社的合股关系;第二种是土地股份合作社与信托公司之间的信托法律关系;第三种是信托公司与农业运营公司之间的租赁法律关系;第四种是农业运营公司与其他具体运营主体之间的租赁法律关系;第五种是信托公司与现金委托人之间的信托法律关系。

信托计划	土地承包经营权	资金	土地管理服务			资金保管服务	受托人
		土地整理、土地运营等	土地整理、配套等	土地运营、承租			
	各村土地股份合作社	北京国际信托公司	福源公司	福源公司		银行	北京国际信托公司
	农户	现金委托人		专业大户、家庭农场等			

---

　　①　钱仁汉、解红、侯瑞:《农村土地承包经营融资方式创新——基于镇江市土地流转信托实践》,《区域金融研究》2014 年第 11 期。

关于各村农户成立土地股份合作社的合股关系,土地承包经营权的主体是农户,主要依靠小农分散经营。若在此基础上成立信托,由信托公司分别与多主体进行谈判,签订信托协议,成本过高,后期受益权的分配以及整体信托结构的安排都会变得分散、复杂。所以,由农户形成整体协议主体,有利于降低谈判成本,安排信托整体事项。农地入股的关键是土地承包经营权的转移,即土地承包经营权要确实转移到土地股份合作社。在本信托中,土地股份合作社取得句容市农委的登记备案,并取得土地权利证书,享有土地承包经营权。根据《土地管理法》,土地承包经营权应当到相应的登记部门进行登记。

关于土地股份合作社与信托公司之间的信托法律关系,在本信托中,信托各方的地位是由土地股份合作社与信托公司之间的协议确定的。农地信托关系成立,作为信托财产的土地承包经营权需要转移到信托公司。在本信托中,土地承包经营权的发证机构,即句容市农委进行了备注登记,权利转移。在信托关系成立后,各合作社取得了委托人身份和受益权,另外,部分农民也被设定了受益权。信托公司取得了信托财产,应当履行受托人义务,尽信义义务管理信托财产。

关于信托公司与农业运营公司之间的租赁法律关系以及农业运营公司与其他具体运营主体之间的租赁法律关系,与安徽宿州农地信托一样,是因为信托公司本身实体运营能力欠缺导致的。事实上,由农业公司、农业经营大户等专业主体来进行运营更有利于提高农地生产效率。而信托公司的管道功能也体现在整合农地集中经营、提高农地系统化利用、提高农业生产市场化等方面。除了租赁这种方式之外,信托公司还可以与农业专业经营主体合作经营,在今后制度允许的条件下,入股公司。

关于信托公司与现金委托人之间的信托法律关系,与安徽宿州农地信托一样,从农地整理开始就面临资金问题。这一方面是因为信托公司本身和农业经营主体缺乏自有资金投入,更重要的是土地承包经营权抵押在当时还没有实行。2015年,国务院发布《关于开展农村承包土地的经营权和农民住房财产权抵押贷款试点的指导意见》，各地才开始进行土地承包经营权抵押贷款的试点，现在这一做法已经得到推广。所以，在2013年，资金短缺的问题还需要通过银行之外实现。所以，北京国际信托公司在农地信托之外，发行了"北京信托·福地1号集合资金信托计划"。此计划向现金类委托人募集资金，用于向福源公司提供贷款。福源公司解决了土地和贷款问题，可以顺利地进行农地生产经营。该项贷款期限8年，利率每两年协定一次。贷款本金与利息主要来自福源公司的农地经营收益。因为土地承包经营权当时不能抵押贷款，所以，福源公司的贷款由句容福市新农村发展实业有限公司及江苏句容福地生态科技有限公司以1600多亩国有土地使用权向北京国际信托公司提供抵押担保，同时句容福地公司提供了连带责任保证。

福源公司的农地经营收益主要用于支付土地租金和运营成本，剩余部分为公司利润。而农户则可以根据入股土地股份合作社的协议，每年获得约600元/亩的红利（每三年按照国家稻谷收购保护价上调而同比例上调）。信托公司可以获得托管的佣金。农民如果愿意还可以到福源公司和其他承租公司或大户工作，获得劳务收入（每天约80元左右）。[①]

四、镇江丁岗镇农村土地承包经营权信托

2014年7月，在镇江新区丁岗镇成立了"中建投·镇江新区·森禾一期土地流转财产权信托"，涉及丁岗镇1750亩土地，配有不低于1000万元的融资计划，信托期限为15年，主要项目依托是"镇江森禾现代高科技花卉苗木生产示范基地"的后续开发。信托由中建投信托与丁岗镇集体资产经营管理中心、镇江森禾花卉园艺有限公司签署三方框架协议，信托的委托人是丁岗镇集体资产经营管理中心，受托人是中建投信托，信托财产是丁岗镇的相关土地承包经营权。受益人是丁

---

① 钱仁汉、解红、侯瑞：《农村土地承包经营融资方式创新——基于镇江市土地流转信托实践》，《区域金融研究》2014年第11期。

岗镇集体资产经营管理中心。森禾一期信托和前两个信托一样,也包含了现金信托的部分,中建投信托在农地信托成立的同时,发行了专项集合资金信托计划,募集农业开发的资金。①

森禾一期信托主要涉及以下几种法律关系:第一种是各村农户成立土地股份合作社的合股关系;第二种是各土地股份合作社与镇集体资产经营管理中心之间的"承包关系";第三种是丁岗镇集体资产经营管理中心与中建投信托的信托法律关系;第四种是中建投信托与森禾公司的土地租赁法律关系;第五种是中建投信托与现金委托人之间的信托法律关系。

信托计划	土地承包经营权	资　金	土地管理服务		资金保管服务	受托人
		土地整理、土地运营等	土地整理、配套等	土地运营、承租		
	集体资产经营管理中心	中建投信托	森禾花卉园艺公司	森禾花卉园艺公司	银行	中建投信托
	农户	现金委托人				

关于各村农户成立土地股份合作社的合股关系,这与前述信托的目的相似,都是为了谈判和信托结构安排的需要。

关于各土地股份合作社与镇集体资产经营管理中心之间的"承包关系",在安徽宿州信托中,委托人是政府机构;而在后白镇信托中,委托人是农民成立的土地股份合作社;而在丁岗镇信托中,政府为了解决谈判成本和信托安排的问题,专门成立了资产经营管理中心。资产经营管理中心既不是政府机构,也不是独立的市场主体,它介于两者之间。从运营上看,管理中心具有市场主体的灵活性,而在管理上看,它又受到政府的主导和支持。所以,它一方面,比较容易与镇村政府机构合作,另一方面,也比较容易取得农民的信任。之后,也可以在与信托公司的协议过程中,取得一些谈判优势。而它的缺点在于,经济活动可

---

① 钱仁汉、解红、侯瑞:《农村土地承包经营融资方式创新——基于镇江市土地流转信托实践》,《区域金融研究》2014 年第 11 期。

能过于僵化,不能灵活应对后续的发展需要,也可能在回应农民的需求方面不够主动。而在对信托公司及其他相关主体的监督方面,可能也缺乏动力。成立资产管理中心,是类似于国有资产的管理方法,但是,农民的土地承包经营权与国有资产还有差别。农民的资产有确定的、少数的主体,有个别的利益诉求,并且,规模也没有国有资产大,所以,在抵抗风险方面,能力更弱。这就要求资产管理中心,具有更强的责任心、更具体的工作方式和更灵活的工作思路。而事实上,集体资产经营管理中心很难比国有资产管理中心做得更好。在丁岗镇信托中,设立集体资产经营管理中心是具体情况的要求,与当地政府和市场的力量相关,也与信托土地的具体情况有直接的关系。因为信托土地的承租方是单一的主体,所以,在管理难度上较后白镇信托更低,所以,也是符合实际要求的。

关于土地股份合作社向丁岗镇集体资产经营管理中心"发包"属于什么法律关系。农地的发包是指,农村集体组织将自身所有农用地发放给农户用于农业生产经营,农户按照土地承包经营合同向农村集体组织支付承包费(或无需费用),农户获得土地承包经营权的行为。在家庭联产承包责任制之外,对四荒土地、林地等,非农户也可以获得承包资格。而丁岗镇信托关系中的"发包",主体并非农村集体组织,而是土地股份合作社,合作社在取得农户的土地承包经营权后,可以进行处分,"发包"是处分权的一部分。"发包"后,丁岗镇集体资产经营管理中心取得了土地承包经营权,所以,这里的"发包"是转包或转让行为。

关于丁岗镇集体资产经营管理中心与中建投信托的信托法律关系,丁岗镇集体资产经营管理中心在此信托中并没有直接将已经取得的土地承包经营权直接出租给森禾公司,而是通过信托公司进行农地的管理,其主要目的并不是集合土地进行管理,扩大生产规模。因为丁岗镇集体资产经营管理中心已经完成了土地的集合,直接出租给一个农业公司,也不存在管理难的问题。所以,在丁岗镇信托关系中,信托的介入主要是出于融资和后期规范化市场运营的考虑。

关于中建投信托与现金委托人之间的信托法律关系,为了保证信托农地的后续开发,保证开发的效率与收益,中建投信托为"花卉苗木"项目募集资金。资金的募集通过新设资金信托实现,资金的委托来自现金委托人。为同时保证现金委托人的利益,现金信托受益人的受益权通过花卉苗木项目经营收益实现,并且提供了担保,森禾公司以股权进行了反担保。

关于中建投信托与森禾公司的土地租赁法律关系,因为承租人只有森禾公司,是比较简单的租赁法律关系。相对于由森禾公司直接从农户租赁土地,由中建投信托为受托人的整个信托安排的优势在于,降低了森禾公司分别谈判的成本,因为政府背景机构(资管中心)的介入,提高了谈判的成功率,土地融合程度也随之提高。并且,中建投信托通过集合信托,为森禾公司解决土地问题的同时,也解决了资金的问题。这是简单租赁所无法比拟的。

五、山东青州农村土地承包经营权信托

在 2013 年 10 月初,中信信托在安徽宿州成立国内第一只土地流转信托。之后不久,中信信托又在山东青州开始了第二个土地流转信托项目。项目落地在何官镇南小王村,这个村在山东是一个种植蔬菜的普通农村,而它在 2008 年就建立了晟丰土地股份合作社,这是青州范围内出现的第一批农村土地合作社组织。并且,村里的土地确权时间较早,已经具备了土地经营权流转的基本条件。我们对青州进行了实地调研。

合作社对土地信托的好处在于,农户在不改变土地承包经营权的前提下,自愿将自家土地入股土地合作社,把土地承包经营权变成股权,入社后土地由合作社统一经营,农户按照股权从合作社获得相应经济收益。这样大部分土地集中到土地合作社手中,可以一并管理经营。青州市农村经济管理局副局长李法宏表示:"在基层农村,农户手中的

土地都是分散的,很难集中化、规模化经营,而且现在农村单纯种地收益较低,很多农民也不愿意种地了,这就给土地集中流转创造了可能。农户手中分散的土地全部交给村里的土地股份合作社,由合作社去经营打理,这样农民可以抽出精力去做生意、打工,合作社也可以将化零为整的土地实现大规模运营。"他还说:"投资机构、信托公司想在农业上做文章,直接挨家挨户去找农户签合同承包土地可行吗? 这需要相当大的精力投入去协调农户意愿,而且还存在农户随时违约的可能,如果一旦发生违约,在这么长周期的农业投资中,投资者的利益就很难保障了,所以在条件不成熟的情况下,谁也不敢贸然去干这件事情。"杨东亮表示:"比如说你看中一百亩地,这就有可能需要和好几十户农民去谈承包的事,就算你都谈下来了,万一这么长的经营周期内有一两户毁约,你就没法实现连片经营,大笔的投资也就可能难以收回。而现在,土地合作社已经从农民手里把地全部集中收到一起,你看好一片地,只需要和土地合作社去谈就行,谈妥了直接就可以放心干了,就算违约,直接找土地合作社兑现合同就行了,省去了不少后顾之忧,降低了投资风险。"[1]

事实上,这一点也是青州项目与之前的宿州项目的不同之处。何官镇南小王村晟丰土地股份合作社项目中信托了 1 850 亩土地,未来还将纳入信托内的土地可以超过一万亩。这样的规模得益于合作社的成立,而规模也得到了后续效益。比如,更大的规模可以使其更易获得金融支持,如银行的贷款等,通过一些资金的注入后,对于蔬菜的培育、种植以及未来的经营,可以创造非常稳定而且高效的收益。

青州项目的另一优势在于经营第三方的技术优势。2013 年 12月,中信信托与拜耳作物科学(中国)有限公司就土地流转下的农业科技创新与发展签订合作备忘录,拜耳与中信信托在其第一单土地流转信托项目——安徽帝元循环农业产业园区先期开展合作。拜耳作物科学大中华区总经理贺远波表示:"拜耳将依托其创新优势,结合拜耳在

---

① 《土地流转信托全国跑马圈地 意在深耕土地信托银行》,http://xj.cnr.cn/2014xjfw/2014hy/2014xjfwfc/201403/t20140331_515194235.shtml,2020 年 3 月 28 日。

全球农业领域的影响力,包括全球合作伙伴在农业机械、农场管理、食品链管理等领域的经验,为中信信托开展的农业土地经营权信托流转项目提供强有力的支持。我们致力于将世界先进的技术、知识和产品引入中国的农业、农村和农民当中,提供从种子到货架的解决方案,从而推动中国农业的可持续发展。"①

中信信托在信托关系中充当受托人的角色,其从南小王村合作社受托土地承包经营权,但并不直接经营这些土地。项目成立后,中信信托作为管理者一方面引入先进的经营第三方以及技术经验,另一方面负责按照合同约定向经营第三方收取土地经营费用,向农民发放收益。中信信托与德国拜耳方面已正式签署了《就土地流转下现代农业科技创新与发展合作协议》。初期合作项目将包括拜耳在安徽宿州建立果树和蔬菜解决方案示范园;同时在安徽马鞍山示范更多水稻项目。该项目提供了从种子到收获的全程解决方案,帮助农民获得更高的经济效益。双方的合作将不断拓展至中信信托在全国范围内的其他土地流转项目,包括在山东青州示范拜耳蔬菜解决方案。李法宏称:"山东是个农业大省,潍坊青州、寿光等地又是蔬菜种植大产区,当地农民种菜需要大量的种苗,中信和德国拜耳就是看中了这个市场,最终才达成了合作意向。中信有资源、有平台引入德国拜耳这样的大型高科技企业,如果没有土地流转信托介入,单凭当地农业部门和基层土地合作社,是没有这个能力和渠道达成这件事情的。"②

中信信托的青州项目在农民收益方面的安排是,每年农民可以固定从合作社拿到每亩900多斤的麦子作为补偿,当然如果不需要口粮,也可以折合当年麦子的行情要现金。王红莲是南小王村超市的老板娘,她家五口人八亩地,现在已经和村里其他人一样,把所有土地都交给村里的土地股份合作社去打理。她说,"原来自己种地去掉农药、农机投入,一亩地也落不下这么多钱,还把壮劳力绑在地里动弹不得,现

---

①② 《土地流转信托全国跑马圈地　意在深耕土地信托银行》,http://xj.cnr.cn/2014xjfw/2014hy/2014xjfwfc/201403/t20140331_515194235.shtml,2020年3月28日。

在好了,啥都不用管了,家里人干生意的干生意,打工的打工,可以忙副业去了。"她还说,村里的土地股份合作社承包走土地后全部盖起了大棚种蔬菜,村民自己如果想再种大棚就可以直接和合作社承包大棚,"一个大点的大棚,去掉租金后一年至少能挣个七八万"。而这些大棚依靠农民自己投入是很难建设起来的。刘新功是南小王村从合作社承包蔬菜大棚的农民,他说,建一个大棚每米的成本接近一千元,一个成规模的大棚至少需要三四十万的投入,农民要想自己在自家地上盖大棚显然没有这个实力,合作社集中运营土地后投资建了大棚,有头脑、有闲钱的农民就反过去再去承包合作社的大棚搞蔬菜种植,合作社还能给提供技术指导,最终大家钱包都"鼓了起来"。①

对于农民来说,信托关系本身并不重要,重要的是实际收益是否可以超出自身经营的收益。"土地流转信托是啥咱不懂,我的地交给了土地股份合作社,他们咋运营我们不用操心,只要最后按时给分红就行。"而对于社会来说,在信托关系成立后,一种在农民手中经营的土地,变成了一种可以在市场上流通并且可以创造效益的资产,这种资产的收益中,有一部分可以直接转变为改善农民生活的资金。这对于市场其他主体和农民来说都是好事,也是中央政策导向的设计。"土地流转信托成为土地拥有者与流转经营的桥梁、纽带和有力的保障,能够更好地保护农民的利益,可以使农民和土地使用者建立在公开的市场规律运作机制下,合理共享土地增值,赋予农民更多财产权利。"②

然而,中信信托的青州项目也存在一些问题。第一,青州项目仅开展了蔬菜大棚和种植项目,其他项目,比如畜禽养殖、农产品深加工、生物质能源项目,因为项目建设用地、融资等问题,尚未开始进行。主要问题是,信托中的土地多是土地承包经营权,因为土地用途管制的原因,需要建设用地的项目难以开展。

第二,中信信托青州项目尚无可靠的盈利模式。但是,中信信托副

---

① ② 李世武、王虔:《农民眼中的土地流转信托 信托是啥咱不懂,日子得往好里奔》,《新华房产》2014 年 3 月 26 日。

总经理包学勤在媒体通气会上表示,中信信托在此阶段并没有把项目的盈利性作为最重要的考虑,"就像 2004 年、2005 年马云做淘宝的时候,业内普遍也觉得这是纯粹的服务性质的事情,但是用土地的使用经营权建立起的平台,当其规模达到相当水平的时候,其上面承载的资源和价值,以及在这基础上衍生出来的金融机会将是巨大的"。①

六、信托结构的抽象

结合我国实际和已有的信托经验,土地承包经营权信托交易结构总体设计可如下图所示。图中主要包含了农民委托政府机构(第三方机构)代理信托事宜,政府机构(第三方机构)代理农民与信托公司形成信托关系,土地承包经营权转移给信托公司,信托公司委托第三方经营管理四个步骤。

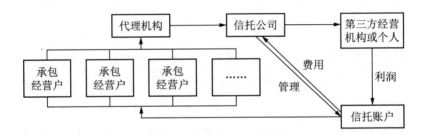

(一) 农民委托政府机构(第三方机构)代理信托事宜

信托对于农民来说是新生事物,一方面要让农民有利可图,一方面也要让农民信任。在中国,农民一般信任政府和银行,这也是我国信托业从开始的银信合作转变为现在政信合作的原因。所以,希望信托在中国农村比较快的发展起来,政府的推动是必不可少的。

政府推动一方面是政策性的,但主要还要参与具体工作,比如成立政府组织直接代理农民进行信托事宜。这样做有一定好处。首先,政府可以有效地集合一定数量的承包户及其土地,有利于达成规模经营的目

---

① 唐芳:《中信信托第二单项目落户山东青州》,《证券日报》2013 年 12 月 20 日,http://finance.ce.cn/rolling/201312/20/t20131220_1959701.shtml。

的。其次,农民的土地承包经营权在信托之后,其受益权没有法定渠道进行登记,受益权仅可以根据债权关系进行保护。而政府机构作为土地承包经营权的登记和备案机关(甚至发包方),在信托过程中可以有效地防止受托人权利滥用。在模式尚不成熟的条件下,政府参与是农民权益的必要保障。但政府参与也会带来政策性强、不确定性高的问题。

在中信信托在山东的信托计划中,农民自发组建了土地合作社,与信托公司进行交易。这样的模式有一定自发性,但在市场上也难以复制,具体原因在下文有详细分析(参见信托推进与地票、地权入股的比较中关于合作社的分析)。

但是,在立法改革和实践进步的前提下,适时引入非政府第三方机构是未来发展的方向。政府主导下的市场行为不是市场行为的常态,也不应当成为常态。在农民对信托有了一定的了解,并且相关制度发展完善之后,政府应当适时地退出这一关系。最为简单的农民参与信托的方式是直接信托,而这种方式不利于信托公司节省交易成本,所以一定的集合手段是必要的。在政府退出之后,比较直接的集合手段是土地股份合作社。

即使是政府主导的信托,也需要农民先行成立土地股份合作社。因为这种方式合法便捷,容易为农民接受。在是否利用政府名义和组织方面,各地采用了不同的方式。根据不同情况,各地采用了政府直接参与、政府间接参与和政府鼓励而不参与等方式。

政府参与的程度一方面与政府的参与意愿有关,更为重要的是信托在初步推行的阶段,没有政府的参与,农民对此认知程度低,无法建立最初步的信任,农地信托整个项目也难以推行。这与其他信托在开始时也寻求与银行和政府合作具有相似之处。

(二) 政府机构(第三方机构)代理农民与信托公司形成信托关系

由机构代理或代表农民与信托公司形成信托关系主要出于成本的考虑。信托公司出于成本控制的目的,倾向于与单方交易主体形成信托关系,而与大量承包户交易,谈判成本过高。加之,农民作为个体与信托公司达成信托关系,具体要求过多,信托公司也难以满足。而从农民的角度来看,自身对信托认识不足,政府机构或第三方机构代理有利于提高农民的谈判能力。

所谓形成信托关系,就是指签订合理的信托合约。信托合约应当包括受托人责任、土地生产收益分配、土地增值收益分配、一般市场风险分担、重大不可抗力风险分担、第三方监管等问题的合理约定。虽然,国家在法律法规层面应当对很多问题,比如受托人的责任,作出规定,但信托合同主要还是任意合同,应当由双方的意思达成。

(三) 土地承包经营权转移给信托公司

据《信托法》第2条的规定,信托公司作为受托人成为土地承包经营权的权利主体是信托原理的基本要求,也是信托公司可以顺利行使土地管理权的前提条件。

因为我国尚未完成所有土地承包经营权的登记,转移方式可以是权利转让并登记,也可以是权利证书转移。从转移程序上来看,权利转让并登记从立法上看可能面临发包方关于"原承包方有稳定的非农职业或者有稳定的收入来源"的审查,并且从实际情况来看还需要集体组织的同意(特别是以合同为权利证书的土地承包经营权)。因为税法没有土地信托方面相应的修改,所以转让还涉及税收的问题。任何一项由承包人向受托人的权利转移,在我国的法律中,都视同一般的财产转移。

但不管面临何种困难,土地承包经营权的信托还是应当以信托财产的转移为成立条件。而我国对相应改革需要进行的努力是设立受益权登记、修改信托税收相应立法、设立非交易型变更登记等。

(四) 信托公司委托第三方经营管理

在我国,信托公司多为金融类公司,资产管理能力相对较弱。让信托公司自己经营农村土地,尚难以实现。但是,信托公司集中管理经营土地具有规模优势;信托公司以合约为导向,具有市场化优势;信托公司专业化运营,在选择第三方经营管理时具有经验优势。在配备了一定团队之后,信托公司将农地快速市场化还是有可能的。

但是,信托公司管理农地尚有一些法律障碍。比如,第三方在立法上没有明确查阅、复制农村土地承包经营权证登记簿和其他登记材料的权利。这些问题在未来的改革中还要一步一步改善。

七、现有信托实践存在的问题

自从农地信托发展开始,规模扩张速度很快,但是,各地项目普遍存在后续运行难的问题。比如比较有名的安徽宿州农地信托项目,在协议签订之后,协议没有得到良好的执行。再比如安徽铜陵农地信托,北京国际信托铜陵项目 2013 年 12 月成立,但 2014 年上半年,合作方之一中合供销(上海)股权投资基金管理有限公司已将其 5 000 万元资本金撤回,因为资本撤回,项目无法继续运行,最终只能将信托的农地归还农民,时间还不到一个月。①

虽然,实践中农地信托的盈利模式尚不明确,项目中途搁浅的也很多,但商界和学界的观点还比较乐观。其原因有以下几个:第一,农地信托是规模化农业运营的最佳方式,可以有效解决农地小农经营与城市化加速之间的矛盾。第二,当农地信托达到一定规模,可以形成规模优势,在统筹上下游产业、集中管理、市场化和商业化方面,得到更大的提升。第三,农地信托在一定范围内,可以形成垄断。比如特殊产地的农地规模化,可以形成新的垄断商业利益。因此,在现阶段,各大商业公司并没有将眼前的商业利益作为主要的考量。甚至一时的亏损和实验的失败,在长远规划的眼光下,也是可以接受的。

即便如此,目前农地信托还存在以下几个比较突出的问题:

第一,农业收入利润率低,直接商业利益不稳定。农地信托的基本模式是将农地通过一定的方式转移给信托公司,由信托公司进行"管理"。而信托公司没有直接管理农业的能力和团队,所以,也只是将农地以出租为主要手段,交托给其他专业公司或农户运营。在这种模式

---

① 仝志辉、陈淑龙:《我国土地承包经营权信托的比较分析(下)》,《农村工作通讯》2015 年第 16 期。

下,农业的根本属性没有改变,农业利润主要来源于良好的经营、长期的投入和市场方向的选择等。但是,农业的投入回收周期一般较长,在农地信托模式化之后,单纯的产品选择利润率也会下降。比如,一般的粮食用地改种瓜果,利润会上升,但是长远看,信托农地也会有大量的无法改种经济作物。所以,农地信托始终会面对粮食等一般作物利润低的问题。最后,农业面临着不确定风险的影响,一旦出现极端天气,各地同一农产品增收等情况,农业收益可能会大幅下降,甚至出现亏损。农地信托受益人和现金信托受益人的利益都无法保障。

第二,农地信托项目融资难。这体现在两个方面:首先,在家庭联产承包农地不能抵押贷款之前,融资难是因为信托公司在取得了农地权利之后,无法直接通过农地向银行申请贷款,而需要承租农业公司或农户以自有资产抵押,或寻求其他公司担保。在 2015 年国务院印发《关于开展农村承包土地的经营权和农民住房财产权抵押贷款试点的指导意见》之后,我国各地广泛进行了改革,农地抵押贷款已经可以实现。但是,关于农地价格的评估与认定较低,仍然是阻碍农地融资的一个困难。其次,集合信托融资不受现金投资者青睐。如在第一条所述,农地信托集合信托中的资金信托,与农地信托投入同一项目,而农业项目大都有投资大、周期长、风险大的问题。单就周期长一条,一般借贷项目信托周期可能短到几天,十几天,长不过一两年,而股权投资项目,也多为一两年的短期信托。而农业信托计划可能需要 5—10 年,否则就要对项目进行拆分或是期限筹划。面对长期信托,投资人一般都会因为市场前景不明、资金使用不确定等问题而却步。比如,中信信托含山项目,项目周期是 11 年,但现金信托产品发行的只是 2 年的计划。剩余的 9 年则需要视前两年的合作情况而定。现金信托计划向项目执行的大平公司提供的资金成本是每年 9.5%,高于同期一般商业贷款,所以,这只是大平公司无法从银行获取足够资金时的权宜手段。[1]

---

[1] 仝志辉、陈淑龙:《我国土地承包经营权信托的比较分析(下)》,《农村工作通讯》2015 年第 16 期。

第三，政府协作不足。农地信托不仅仅是一个农业按原方式生产的问题，而是农民在规模化之后，统筹了上下游产业，农工商业并进，充分利用现代商业运作方式的问题。所以，农地信托如果想要解决利润率低、风险大的问题，就要从根本上改变农业的运营模式。而这并非在现有的制度条件下，无需政府政策就可以完成的任务。目前农地信托的主要支持部门是农业主管部门，而金融管理部门和土地管理部门对此出台的政策和给予的支持比较少。比如，山东青州的农地信托二期项目，就是因为农地附近无法建设配套设施而搁浅。无法建设配套设施的原因主要是农地信托的土地性质是农业用地，不能用于建设。而农业公司也无力申请新的建设用地，申请的建设用地也不方便使用，在山东也没有调换工业或商业用地指标的政策和方法。

第四，农地使用趋利化。农地使用趋利主要体现在信托中土地的非粮化。为了追求更高利润，以便在实现信托收益之外，为公司创造更高利润，承租农业公司一般不会选择种植粮食。比如中信信托宿州项目，在规划中粮食种植的比例并不高。这在山东、江苏各地的项目中也多有体现。在信托农地规模不大的情况下，这并不危及国家粮食安全，但如果农地通过信托商业化规模增大之后，粮食生产势必成为一个问题。并且在受益权和融资高成本的双重压力下，进行实际运营的农业公司可以选择的余地也并不大。选择种植粮食，可能根本无法在满足信托受益人和偿还银行利息之外，再创造公司利润。在非粮化之外，农地信托也可能会出现一定的非农化。正如在第三条所述，农地信托信托的多为农业用地，而农地公司想要建设配套设施难度很大。面临这样的困境，农地公司可能会出现违法违规使用农地的情况。这种使用，一旦没有法律规范可循，政府难以控制的情况也可能出现，这是农地信托的一个风险。

第三章
土地承包经营权信托的政策导向

一、三权分置的全面构造

2014 年中央颁布《关于全面深化农村改革加快推进农业现代化的若干意见》(2014 中央一号文件)指出,要"在落实农村土地集体所有权的基础上,稳定农户承包权、放活土地经营权,允许承包土地的经营权向金融机构抵押融资"。2014 年 9 月,中央全面深化改革领导小组第五次会议审议的《关于引导农村土地承包经营权有序流转发展农业适度规模经营的意见》提出在坚持农村土地集体所有的前提下,促使承包权和经营权分离,形成所有权、承包权和经营权"三权分置",经营权流转的格局。

在此前后,习近平总书记强调,深化农村改革,完善农村基本经营制度,要好好研究农村土地所有权、承包权、经营权三者之间的关系。我们要在坚持农村土地集体所有的前提下,促使承包权和经营权分离,形成所有权、承包权、经营权三权分置,经营权流转的格局。此后,中央多项文件要求,"抓紧修订、完善相关法律法规和政策""加快制定具体办法""抓紧研究具体实现形式"。随后,三权分置先后进入《农村土地承包法》和《民法典》。

归纳全面深化农村改革加快推进农业现代化政策的核心就是两权

变三权,即在农村土地承包经营制将农村土地集体所有权和承包经营权分离的基础上,实现承包权与经营权的再分离。这是在我国农村具体情况经过了几十年的发展之后作出的决策,具体说来可以分为以下四个方面:坚持农地集体所有权;稳定农村土地承包权;搞活农村土地经营权;允许农村土地经营权抵押。在这四个方面中,坚持农地集体所有权是前提;稳定农村土地承包权是基础;搞活农村土地经营权是关键;允许农村土地经营权抵押是保障。

下面对这四个方面分别进行分析。

(一)坚持农村土地集体所有权

不管是农村土地承包经营权,还是将其分割的土地承包权和经营权,其基础都是农村土地的所有权。我国实行农村土地集体所有制。所谓农村集体土地所有,是指农村集体土地属于本集体成员集体所有,但集体成员并不直接行使所有权,而由农村集体经济组织或者村民委员会、村民小组代表农民集体行使。

我国实行农村土地集体所有制具有宪法基础。我国《宪法》第10条规定,"农村和城市郊区的土地,除由法律规定属于国家所有的以外,属于集体所有;宅基地和自留地、自留山,也属于集体所有"。农村土地集体所有制也具有其他法律的基础,《民法典》《农村土地承包法》《土地管理法》等法律对此都有明文规定,比如,《民法典》第260条规定,集体所有的不动产和动产包括:法律规定属于集体所有的土地和森林、山岭、草原、荒地、滩涂;集体所有的建筑物、生产设施、农田水利设施;集体所有的教育、科学、文化、卫生、体育等设施;集体所有的其他不动产和动产。

农村集体土地所有实行村级、村内和乡镇三级集体所有。集体所有权的权能主要包括发包权、使用监督权、调整权、流转管理权、收益和补偿取得权、收回权等。《民法典》第261条规定,农民集体所有的不动产和动产,属于本集体成员集体所有。下列事项应当依照法定程序经本集体成员决定:土地承包方案以及将土地发包给本集体以外的单位或者个人承包;个别土地承包经营权人之间承包地的调整;土地补偿费等费用的使用、分配办法;集体出资的企业的所有权变动等事项;法律规定的其他事项。

坚持农村土地集体所有制不仅仅是法律的规定,更是历史的选择。虽然土地私有化在一定时期内有可能可以极大地推动农业生产的发展,但到目前为止,20世纪农村土地私有改革中,真正成功的也仅有日本和韩国等少数国家。这些国家的私有化成功也存在其特殊的历史条件。要正确认识,在世界上农村土地私有化过程中遭受重大失败的国家更占多数,比如南非、越南、印度等。这些国家的私有化不但使土地集中到了少数人手中,更是对国家的整体政治经济造成了重大冲击。我国在历史上相当长的时间里保持着土地私有制和准土地私有制,但没有任何政府可以避免私有制带来的土地兼并和农民失地问题。在现代社会条件下,土地资源的稀缺性较以往更甚。如果土地私有化不能成功,则会出现更严重的经济风险,甚至政治风险。

就我国现在实际来说,虽然国力已经强大起来,但还不足以为全国所有农民提供全面的保障。农民的生活主要还是依靠土地。如果土地私有后,一部分农民因为失地而生活无着,则会引发比较严重的社会问题。有人认为,部分失地农民的生活问题并不事关全局。但从中国历史的经验来看,失地农民的数量会随着土地集中的加剧而增加。并且失地农民处于社会底层,很难再买回失去的土地。所以,失地农民是一个累积的不可逆的过程,事关全局。所以,坚持农村土地集体所有制这一点是必须的。

(二) 稳定农村土地承包权

党的十七届三中全会通过的《中共中央关于推进农村改革发展若干重大问题的决定》提出:"保持现有土地承包关系稳定并长久不变,赋予农民更加充分而有保障的土地承包经营权。"保持现有土地承包关系稳定并长久不变,首先是保持农村土地所有制不动摇,其次是坚持《宪法》第8条中所规定的,农村集体经济组织实行的以家庭承包经营为基础、统分结合的双层经营体制。

坚持农村土地集体所有权上文已作介绍,保持现有土地承包关系稳定并长久不变,具体是指,承包方在二轮承包期满后继续承包。而赋予农民更加充分、更有保障的土地承包经营权,则包含了扩大土地承包权的权能、加强登记保护、依法征收征用等多种含义。但是,要真正理解稳定农村土地承包权,还要从土地承包权的内涵说起。

根据三权分置的精神,农村土地承包权拆分为农村土地承包权和农村土地经营权。从字面上理解这是从权能上对农村土地承包经营权的分解,但政策却没有对具体的界限进行说明。综合考虑,农村土地承包权应当是,集体成员平等享有承包集体土地并获得收益的权利。所谓长久不变的权利也正是承包权。集体对农村土地行使的是所有权,具有绝对性、排他性和永续性,而农村承包人原本的土地承包经营权是物权法上的用益物权,具有市场性和财产性。但是因为历史和现实的原因,土地承包经营权被法律法规设定很多的限制。将土地承包权与经营权分离,有利于经营权成为更纯粹的市场化用益物权,而承包权也将恢复其原本承担的社会功能。所以,我们在研究农村土地承包权时,要研究四个方面的含义:农村土地承包权是成员权;其主体是集体成员;性质是经济权利;可以是既得权也可以是期待权。

农村土地承包权是成员权。取得农村土地承包权的前提是具有本集体的成员资格。不具有集体成员资格的人不能享有农村土地承包权。《民法典》第55条规定"农村集体经济组织的成员,依法取得农村土地承包经营权,从事家庭承包经营的,为农村承包经营户"。农村土地承包经营权必须是集体成员方能享有,在农村土地承包权与经营权分离后更是如此。首先,农村土地承包权是为了保障农村居民生活的重要权利,是新中国政府在革命胜利后对农民作出的政治承诺。这一点不可改变。其次,农村土地的所有权主体是农村集体,不是农村集体成员的人不具有分享集体土地的资格。

农村土地承包权的主体是集体成员。虽然,我国对于土地承包经营权的主体是农户还是集体成员个人尚有争论。《农村土地承包法》第16条规定"家庭承包的承包方是本集体经济组织的农户"。据此,有人认为农村土地承包经营权的主体是农户。但不管农村土地承包经营权的主体是农户还是自然人,农村土地承包权的主体都应当是农村集体组织成员个人。首先,农村土地承包权的分配是按人头进行的,每个集体组织成员据其成员身份承包本集体内部的一份土地,一般来说,每个人承包土地的面积是大致相当的。所以,从本质上说,权利的依据是个人,而权利产生之后,也应当由个人所有。其次,土地按农户分配是为了生产方便,这一点在农村土地经营权分离之后没有了依据。最后,权利的主体是个人是现代民法的基本理念,有助于权利的确定性和可转让性。以户为单位的权利观念来源于中国传统,已经不适应现代社会的发展。随着人口流动的增加,农户的概念很快就将被瓦解,再以此为新的农村土地承包权的主体已经不再适宜。应当注意的是,因为立法的原因,很多农户通过承包行为,从集体获得包括承包权和经营权在内的完整权利。所以,在改革过程中,要重新理顺农村土地承包权与立法上的土地承包经营权之间的关系,并且对新权利进行登记和分配上的配套改革。

农村土地承包权是经济权利。农村土地承包权享有的目的是获得经济收益,这一点是与立法上的农村土地承包经营权最大的区别。农村土地承包经营权是为了农民可以获得土地并从事农业生产,从而获得财产收入,保障其生活。而新的农村土地承包权将生产环节剥离出去,直接将农村土地承包权作为一种纯粹的经济权利看待。这是农村土地权利财产化的重要步骤,是将农民从农业生产中解放出来的根本政治决策。从功能上来看,农村土地承包权作为财产权一方面可以保障农村居民的生活,体现了党和国家对农民的保障,另一方面,也可以将土地的生产功能分离出去,实现比较充分的市场化。

农村土地承包权可以是既得权也可以是期待权。虽然农村土地承包权是从农村土地承包经营权中分离出来的权利,但不能认为它是农村土地承包经营权的分支。农村土地承包权还应当包括农村集体成员对农村尚未分配土地享有的承包期待权。在农村土地承包过程中,存在机动土地、新垦地、退包地等情况,而同时也会有因为婚姻、出生等而新成为集体经济组织成员的个人,这里就存在一个农村土地承包期待权的问题。不能将农村土地承包权完全理解为既得权,因为农村土地承包经营权之所以被认为仅可以是既得权是出于稳定农业生产的目的。而将农村土地承包权从农村土地经营中解放出来之后,它就成为一种比较单纯的经济性权利,它就更为注重公平性,而非效率。所以,农村土地承包权也应当包含期待权的部分。

在农村土地承包权与经营权分离之后,理论上农村土地承包权与经营权应当分享立法上农村土地承包经营权的权能。但是由于改革突破了农业生产、农村居民保障等对土地的限制,农村土地承包权可以更好地实现其经济价值和保障功能。在"保持现有土地承包关系稳定并长久不变,赋予农民更加充分而有保障的土地承包经营权"精神的指导下,农村土地承包权应当包含以下几项权能。

经营收益权。经营收益权是农村土地承包权中最重要的一项权能,农民生活保障的功能主要通过它来实现。它主要是指通过自己经营或他人经营的方式,从农村土地上获得经济收益的权利。经营收益可以通过传统的自己经营的方式取得,也可以通过土地流转,让他人经营土地,自己取得收益。在后一种情况下,承包权人对土地是间接占有。虽然承包权与经营权相分离,承包权人不直接占有土地,但因为他享有土地的收益权,所以承包权相对于经营权来说是主要权利。当经营权终止,承包人即可收回权利,实现直接占有,或继续流转土地。

流转收益权。流转收益权可以认为是经营收益权的一种实现形式。在"三权分置"的精神引导下,新的农村土地经营权可能会有更多的流转。承包人将经营权通过多种形式流转给需要农村土地进行经营的人手中,比如通过租赁、转包、入股等。在流转过程中,租金收益、转包收入和股权收益等可以认为是经营收益权的实现形式,也可以认为是流转的收益。经营收益权是一种比较广泛的称法,而在承包权与经营权分离后,流转收益权将是承包人享有的最为重要的财产性权利。流转收益权也不是一成不变的,现在传统的流转方式占了主流,但在未来的发展中,信托等新兴的流转手段也会增加。那么,信托受益权等新型的流转收益权也会成为流转收益权的重要组成部分。

征收补偿取得权。征收补偿取得权是经营收益权的另一种表现形式。既然土地经营的收益归承包人所有,那么,国家在征收此土地时进行的相应补偿也应当归承包人所有。我国《民法典》第117规定,为了公共利益的需要,依照法律规定的权限和程序可以征收集体所有的土地和单位、个人的房屋及其他不动产;征收集体所有的土地,应当依法足额支付土地补偿费、安置补助费、地上附着物和青苗的补偿费等费用,安排被征地农民的社会保障费用,保障被征地农民的生活,维护被征地农民的合法权益。从法律明文上看,国家征收的对象是集体土地所有权,补偿的对象也应当是集体。但第327条又规定,因不动产或者动产被征收、征用致使用益物权消灭或者影响用益物权行使的,用益物权人有权依照本法第243条、第245条的规定获得相应补偿。并且在第338条又特别指出,承包地被征收的,土地承包经营权人有权依照本法第243条的规定获得相应补偿。所以,土地承包经营权人可以根据自身的权利获得征收补偿,按此推论,土地承包权人可以获得补偿。当然,这并不意味着承包人可以获得征收的全部补偿。因为农村土地归集体所有,所以集体也应当获得一部分的补偿,而承包人则可以就承包权获得补偿,即获得用益物权的补偿。(但青苗补偿和地上附着物等是对所有权的补偿,而非用益物权的补偿。)因为在三权分置过程中,承包权已经独立于集体所有权而存在,所以在农村土地征收时,应当考虑到承包权的独立性,进行分别补偿。在征收程序上,承包人也应当作为独立的一方参与补偿谈判等,表达合理诉求,维护自身权益。目前我国按被征用土地原用途产值的倍数计算得出征地补偿额,这种计算方式没有考虑到三权分置后,承包权可能创造的更大收益,也没有考虑到承包保持权的价值,在未来的运行中,将会日渐表现出其不合理的一面。此外,因为承包人人数较多,不像与单一主体谈判一样,在农村土地的征收中,要注意征收信息、决定、补偿方案等的公告,所有征收政策应当及时公开。

有限继承权。《农村土地承包法》第 32 条规定,"承包人应得的承包收益,依照继承法的规定继承"。作为财产权,农村土地承包权应当可以继承;作为保障性权利,具有人身性,则不可以继承。农村土地承包权是否可以继承的问题应当从以下几个方面认识:首先,农村土地承包权是一种财产权,不能简单将其等同于社会保障。对于那些自己经营土地的承包人来说,如果一味地不允许继承会严重挫伤其农业劳动的积极性。即使对于那些不直接占有和经营土地的承包人来说,权利的更替也会影响土地权利的稳定。这与我国稳定农村土地承包权的政策是相违背的。其次,农村承包权虽然是一种财产权,但却是以集体土地所有权为基础的财产权。这种财产权仅可以由集体成员享有。所以,农村土地承包权是可以继承的财产权,但其范围是有限的。如果继承人也是集体组织成员,则可以继承,如不是集体组织成员,则不可继承。没有遗嘱,又没有适格法定继承人的农村土地承包权,可以由集体收回。2008 年党的十八届三中全会明确提出:"赋予农民对集体资产股份占有、收益、有偿退出及抵押、担保、继承权。"所以,在第一种情况下的继承权保护值得肯定,而对于没有集体成员资格的人不能继承的问题应当深入探讨。首先,承包权具有人身性,非集体成员不可以直接继承。其次,承包权具有财产性,其相对应的财产权益继承人可以充分继承。所以,在承包人去世后,如果继承人是非集体成员,集体可以通过回购、转让给其他集体成员、信托其他集体成员等方式,解决财产权与成员身份的矛盾。

退出权。农村集体成员有权承包集体土地,已经承包的农村居民也有权放弃这一权利。农村集体成员有权退出集体,这包括进入城市居住或转到其他集体等情况。在成员退出集体后,他就不再具有集体成员身份,相应也不再具有承包资格。农村集体土地承包权从根本上还是一种民事权利,虽然具有一定的人身性,但并不是不能放弃的。也就是说,集体成员在不退出集体的情况下,也可以放弃集体土地的承包权,退出承包关系。退出权的行使意味着承包人与集体经济组织之间的承包关系解除,承包经营合同终止。在将承包经营权区分为承包权和经营权的新条件下,经营权的流转并不等于对承包权的退出。经营权的转变与承包权没有必然联系。这更有利于承包权的稳定。我国《农村土地承包法》第 27 条规定,承包人可以自愿交回承包地并获得相应补偿,但这并非是对丧失承包地的补偿。这种补偿的理由是,与经营权可以充分流转相对,承包权相对稳定。承包权的稳定有利于保障农村居民的生活。但这种稳定也约束了农村居民的正常流动。为了使农村居民可以自由在城市与农村、农村与农村之间自由流动,鼓励个人在适合的地方发展,集体应当对成员退出进行一定的补偿。这种补偿可以认为是生活保障的一次性支付,也可以认为是承包权集体的回购。但退出权在我国现有的管理体系中存在一定的限制。比如户籍制度就限制了农村居民自由地选择居住地点。这种限制在一定程度上约束了个人流动,另一方面也避免了人口单向流动的社会问题。所以,退出权的问题要与政治管理体制的整体改革一并进行研究,才能更大程度上推进我国的城市化,减少甚至避免城市化过程中的问题。①

根据我国现行对土地承包经营权的规定,土地承包经营权的退出有三种方式:第一,自愿交回。《农村土地承包法》第 30 条规定,承包期内,承包方可以自愿交回承包地,但不得再要求承包土地。法律对这种退出没有规定补偿措施。第二,转让第三方。《土地承包法》第 34 条规定:"经发包方同意,承包方可以将全部或者部分的土地承包经营权转让给本集体经济组织的其他农户。"第 36 条规定:"承包方可以自主决定依法采取出租(转包)、入股或者其他方式向他人流转土地经营权,并

---

① 参见潘俊:《农村土地三权分置:权利内容与风险防范》,《中州学刊》2014 年第 11 期。

向发包方备案。"根据第 52 条的规定,发包方将农村土地发包给本集体经济组织以外的单位或者个人承包,应当事先经本集体经济组织成员的村民会议三分之二以上成员或者三分之二以上村民代表的同意,并报乡(镇)人民政府批准。根据现在的立法与司法实践,土地承包经营权可以在集体成员内部自由流转,在不同集体成员之间的流转也一般不会被司法机关宣告无效。但家庭联产承包责任制内的土地承包经营权一般不能流转给城市居民。当然,这些流转都要取得集体的同意。第三,集体收回。对于土地承包权来说,转让应当是不允许的,因为经营权可以充分流转,承包权就已经没有必要进行交易。而对于自愿交回,如上文所述,集体应当给予补偿。而集体强制收回,在集体成员不再具备成员身份时,应当是允许的,但也要予以合理补偿。

承包保持权。承包保持权是相对于农村土地发包而言的。不管是最初的 5 年、10 年,还是现在的 10 年不变,自动延长。农村土地承包经营权是一项有期限的权利。对于有期限的权利,是否可以扩展期限就是一个重要的问题。农民现有的土地权利 30 年不变具有法律和政策的保障,而 30 年加 30 年之后的处理,则取决于"长久不变"的政策。2008 年党的十七届三中全会通过的《中共中央关于推进农村改革发展若干重大问题的决定》明确提出:"赋予农民更加充分而有保障的土地承包经营权,现有土地承包关系要保持稳定并长久不变。"长久不变从字面意义上看,农村土地承包人在承包经营权到期后有权保持承包。理论上,农村土地承包权与经营权分离,经营分离出去,承包权将会更加稳定,更应当受到保护。只要承包人作为集体经济组织成员的资格没有发生改变,其与发包方之间的承包关系也应当保持不变。所以,承包人将经营权流转给他人时,应当设定一定期限,期限届满,承包人可以收回经营权,恢复承包经营权的完整状态。而在此过程中,承包权始终没变。

承包期待权。承包期待权是指,农村集体成员,因为没有承包土地,或承包土地不足,而对集体的机动地、新垦地、退包地等土地享有的进行承包的期待性权利。农村土地承包权的身份性和生活保障性决定了其分配具有一定的平等性。考虑到激发农村的生产积极性和对农业的投入热情,经常性的调地被证明是不科学的。所以,要稳定土地承包经营权。但是在承包权与经营权区分之后,承包权的变动与农业生产不再直接相关,可以赋予更多农村居民生存保障的内涵。所以,对于那些没有分配和分配不足的农村居民,法律应当充分保障其承包期待权。在农村集体有条件的情况下,应当满足他们的正当需求。

(三) 搞活农村土地经营权

出于保障农民生活、避免土地集中和稳定农业生产等多重目的,我国对土地承包经营权的流转,特别是转让,进行了多种限制。尤其是家庭联产承包责任制下的土地承包经营权更是受到管制。有人认为,对于农民本身来说,因为传统上存在对土地的依赖和现实中未来保障生活的需求,也不愿出让土地。而事实上,1984 年的中央一号文件首次明确"鼓励土地逐步向种田能手集中",允许承包地流转。随着我国现在因为城市化进程的加速,农村土地经营权流转已经具有很大的规模。现存的流转具有多种形式,包括物权性质的转让、互换,债权性质的转包、出租等。根据农业部统计,截至 2013 年年底,全国承包耕地流转面积 3.4 亿亩,是 2008 年年底的 3.1 倍,流转比例达到 26%,比 2008 年年底提高 17.1 个百分点。2014 年 6 月月底,全国家庭承包经营耕地流转面积 3.8 亿亩,占家庭承包耕地总面积的 28.8%,比 2008 年年底提高 20 个百分点。以出租和转包形式流转的承包地占到总流转面积的 78.6%。[①]近年来,因为国家投入,大量棚改货币化改造资金进入农村,农民与土地分离情况更为严重,土地流转情况也更多。

现实中已经存在了大规模的农地流转,但是农地流转的需求比现实更大。我国的城市化进程尚未结束,大量的农民从农村来到城市生活。农村的土地可能无人照料,也可能以比较低廉的价格转由亲属或

---

① 孙中华:《关于农村土地"三权分置"有关政策法律性问题的思考》,《农业部管理干部学院学报》2015 年第 3 期。

邻里经营。农村土地的非市场化,受到损害的更多的是农民本身。所以,在坚持农村土地集体所有权和稳定农村土地承包权的基础上,搞活农村土地经营权,使其更多地市场化,提高经营权的对价,也是我国现阶段改革的重要方面。

农村土地经营权虽然是从土地承包经营权中分离出来的权利,但它相较于农村土地承包权更接近于土地承包经营权的内容。农村土地经营权是对农村土地的占有、使用、收益的权利,经营是其基本内容,与土地承包经营权的主要区别在于没有身份的限制。农村土地经营权以农村土地承包权为基础,可以说是用益物权上的用益物权。归纳起来,它具有以下几个方面的含义:农村土地经营权的主体不受限制;农村土地经营权是市场化的权利;农村土地经营权的内容是农业经营;农村土地经营权是派生的单一权利;农村土地经营权是用益物权上的用益物权。

农村土地经营权的主体不受限制。虽然,在目前情况下,我国农村土地承包经营权的转让,包括向城市居民的转让并非不可能,但立法中还是有关于城市居民、非集体成员等多种区分与程序性限制。比如,转让需要取得集体的同意。在农村土地承包权与经营权分离之后,主体的限制应当保留在农村土地承包权的规范中,而农村土地经营权则应当是一个多元主体的权利。农村土地经营权的主体可以是集体成员,也可以是非集体成员;可以是自然人,也可以是法人;可以是农业经营者,也可以非农业经营者。对于农村土地经营权的主体不必须是集体成员很容易理解,不限制在自然人范围内是为了扩大农业经营的可能性,引入更为先进的经营和管理形式。最为重要的是,农村土地经营权的主体不能仅仅限制为农业经营者。农用土地必须经营农业,但这并不意味着农村土地经营权的主体必须是农业经营者。现代市场范围内,农业经营者不一定经营农业,非农业经营者不一定不经营农业。对农用土地的管制要通过经营行为本身进行,而不是通过对权利主体进行限制。比如,信托公司是非农经营者,但它可以很好地通过委托经营的方式,寻找到市场上能力很强的农业经营者来经营获得的农用地。

农村土地经营权是市场化的权利。所谓市场化,就是资源可以在不特定主体之间自由流动。不特定主体,就是主体不做过多限制的民事主体,这在上文已经进行了分析。所谓自由流动,是指资源的交易不能有过多的干涉。我国现在的土地承包经营权交易还存在不当限制的情况,比如必须经过集体的同意。这是出于很多历史和现实的原因。但在承包权与经营权分离之后,这些原因不能成为限制农村土地经营权的理由。所以,农村土地经营权在稳定农村土地承包权的基础上可以充分地市场化。市场化有利于更有效率地将资源配置到主体手中,对我国现有的农村土地具有积极意义。在城市化进程中,我国大量的农民工进入了城市,在农村中居住的大多是老年人和妇女儿童。这些人农业经营管理能力较弱。很多人选择直接雇农机进行播种、收割。甚至有些农地实际上是零管理或撂荒。如果这些土地可以为农民本身提供实质性的收入,很多人愿意将土地流转出去。现实的农地流转数据也说明了这一点。而现有的流转方式以出租为主。承租权是一种期限较短、保障性不强的权利,这大大挫伤了农地经营者的积极性。所以,从总体上说,我国农地经营权不是没有市场流通的需要,而是制度阻碍了供求的通道。在承包权与经营权分离之后,经营权充分市场化,农地经营者可以获得期限更长、更有保障的用益物权,就更有动力进入农业领域。社会资本在这种条件下,也会随之跟上。这有利于先进生产技术、资金和农地资源的结合,进一步推动我国农业的发展。

农村土地经营权的内容是农业经营。农村土地经营权虽然享有主体不受限制,也可以在市场上自由配置,但其用途管制不能放松。用途管制的严格与市场流动的自由是一体两面。不管保证农地数量的政策是否有不足,它都是当前农地政策和法律制定的重要根据。所以,只有保证了基本农业生产,农村土地经营权的自由流动才有实现的可能。用途管制在我国社会发展的现阶段是有必要的。因为社会经济的发展,使土地价格上升。大量企业和个人为了建造更多住房获得利益,不惜违反规定建造小产权房。这些住房在建造之后,不管是否被查处,都会造成不良后果。一方面,如果小产权房被承认,会催生更多小产权房。另一方面,如果严厉打击,则会浪费大量社会资源。还有,利用农业用地和工业用地之间的差价也可以谋取不当利益,比如用农用地建设工厂等。所以,严格的用途管制是农村土地经营权市场化的关键保障。

农村土地经营权应是派生的单一权利。派生权利是指农村土地经营权不能独立于农村承包权而存在,只是可以独立享有和转让。单一权利是指,农村土地经营权不是承租权、转包权等传统农地经营者权利的集合,它是一个新的单一权利。比如,农村土地经营权可以出租,而承租人获得的只是承租权,而不是农村土地经营权。农村土地经营权是派生权利决定它受到农村土地承包权的限制。比如,农村土地经营权的权利范围和期限都不能超出承包权的范围。而农村土地经营权是派生权利并不意味着其不具有一定的独立性。首先,经营权人可以独立地经营农地,只要合法合规,不管是集体还是承包权人都不能干涉。其次,经营权人的处分权利具有独立性。经营权人可以根据需要,在经营权期限内对土地进行出租、出让等处分,而无需得到集体或承包人的许可。这一点与转包完全不同,也是市场化的重要体现。

农村土地经营权是用益物权上的用益物权。农村土地经营权是物权。作为土地承包经营权分离的一部分,经营权与承包权一样都是物权。所不同的是,土地承包经营权是以集体土地所有权为基础的用益物权,而农村土地经营权是以承包权为基础的用益物权。用益物权是,用益物权人对他人所有的不动产或者动产,依法享有占有、使用和收益的权利。其中的不动产也可以包括用益物权本身。也就是说,农村土地经营权是权利人对承包的土地享有的占有、使用和收益(经营)的权利。

农村土地经营权不可以是债权。首先,因为它是土地承包经营权的一部分,不是债权。任何物权的分离物都只能是物权,权利不会因为拆分而改变性质。其次,农村土地经营权如果设定为债权则与农村土地的承租权没有明确界限。如果经营权与承租权等同,则改革与原本制度相比没有实质性改变,不会取得良好效果。一方面,经营权人无法获得稳定、具有对抗力的权利,则始终承担着承包人毁约的风险。即使毁约后经营权人可以获得违约金,但这不仅是一个漫长的司法过程,还面临着农民并无财产可供执行的问题。另一方面,经营权人在面对不确定风险时,潜在的经营权人和投资人就会将此风险计入成本,成本上升会改变原有的投资计划,甚至使投资计划被取消。从更广阔的视角看,整个社会对农业的投资兴趣不足,会严重地延缓农业的科技化和现代化。国家为了保持农业发展,又需要设立机构,增加人员,追加投入,农地市场吸引力减弱,可能使得整个农业从一个产业,变成一个负担。

因为农村土地经营权是用益物权上的用益物权,经营权人可以直接占有土地,也可以间接占有土地,享有收益。经营的现代概念并不要求经营者必须直接占有土地,它包括了出租在内的多种经营方式。这样也更有利于市场化的经营和多种主体(包括金融主体)的介入。

农村土地经营权是物权,所以应当得到与物权对等的保障。在三权分置的改革中,应当对农村土地经营权单独设立登记,并且登记具有与承包权等物权相同的公示公信的效力。在统一登记改革的过程中,应当注意到,新设的农村土地经营权登记应当与农村土地承包权甚至城市土地的用益物权实现统一登记。但是,统一登记如果难度过大,也可以首先实现农村土地物权的统一登记,并颁发权利证书。在登记生效主义和登记对抗主义的选择上,农村土地经营权登记采登记对抗主义,不登记的经营权仅可认定在当事人之间发生效力,不能对抗第三人。《农村土地承包法》第35条规定,"土地承包经营权互换、转让的,当事人可以向登记机构申请登记。未经登记,不得对抗善意第三人"。

农村土地经营权是多种主体的市场化的权利,是用益物权上的用益物权。那么它主要有哪些权利内容?首先,从字面意义上说,农村土地经营权应当具有经营的内容。经营权人有权占有和使用土地,并在不违反法律法规的前提下,享有自由选择经营土地方式的权利。其次,经营权本身是一项市场化权利,那么,经营权人就有权依法进行权利的流转,包括出租、出让和抵押等。再次,不管是经营还是流转,经营权人的主要目的是获得收益,所以,收益权是农村土地经营权的主要内容。最后,经营权人还依法享有登记和获得物权保护的权利。

经营权人享有经营权。经营权首先是自主经营权。自主主要体现在经营权人可以自主选择经营何种作物、由谁来经营和何时进行何种经营。自主选择经营何种作物是指,经营权可以选择种植稻米、果树或者蔬菜等,不管是集体还是承包权人都无权干涉。但是,自主经营权不能突破土地用途管制的范围,农业用地不能用于工业和居民住宅的建设等。经营权人可以选择自己经营,也可以出租、雇佣、委托他人经营。经营权人享有充分的土地支配权,可以依法利用各种经营方式对土地进行经营。经营权人也可以选择何时对土地进行何种经营。比如,经营权人可以通过改造、蓄养等方式提高地力,然后再进行经营,也可以边提高地力,边进行经营。但是,政府行政部门应当对经营权人长期闲置土地的行为进行管理。经营权人不得囤积土地不进行经营活动。经营权人享有充分的经营权,有利于土地与市场上的其他资源更好结合,有利于土地经营符合市场供求规律,减少过度生产或生产不足的情况出现。充分的市场化也有利于避免土地闲置的情况出现,只要经营权人不是有意囤积土地,以期获得土地增值,就必须进行有效经营生产才能获得收益。

经营权人享有处分权。所谓处分权,既包括了经营性的处分,也包括非经营性的处分。正如上文所说,经营权人可以经济收益为目的,将经营权出租、抵押、委托给第三人。但是,有些经营人出于各种原因,暂时不经营,或希望永久退出,则也可以通过行使处分权来达到目的。比如,经营权人通过出让经营权而退出经营。要注意的是,经营权人不管通过何种方式处分经营权,都必须在经营权的范围之内。比如,处分经营权的时期必须在原经营权的时限之内。超出部分则应当根据我国对于无权处分的规定进行处理。退出制度对农村土地市场化运作具有重要作用。没有任何一个经营主体可以保证永久地经营一片土地。市场具有一定的不可预见性,市场上主体对于自身行为的决定都是建立在不断变化的市场环境分析的基础上。如果不能有效地对市场环境改变作出反应,对于市场主体来说是重大风险。所以,充分保证经营权人的处分权,减少处分成本,是农村土地经营权制度构建重要的一部分。

但是,经营权人的处分权是依法进行处分。比如,经营权不可以在经营权上再设立用益物权。我国实行物权法定原则,在三权分置的政策指导下,经营权如果要获得物权的地位则必须得到《民法典》的承认。而在经营权上再设立经营权一方面过于复杂,不适合我国现有的市场条件,另一方面,也会使同一片土地上权利人过多,容易发生纠纷。虽然经营权上不能再设立经营权及类似的用益物权,但可以设立抵押等担保物权。这对于经营权人利用市场手段融资扩大和提升农业生产具有重要意义。

经营权人享有收益权。经营的目的是收益,收益权是经营权的核心权益。收益权是指,不管经营权人是通过农业生产,还是通过市场处分权利,或者在征收征用的过程中经营权所带来的收益,都归经营权人所有。经营所得收益归经营权人符合劳动创造价值的原则,也是市场激励劳动的根本要素。为了提高收益,经营权人会加大投入、认真经营、运用先进技术、改善农业生产条件、提高农地地力等。这样一来,农业整体就会向更快更好的方向发展。20 世纪 70—80 年代的土地改革已经证明了经营与收益结合的家庭联产承包责任制要远远优于劳动与收益无关或弱相关的合作社。通过处分获得的收益归经营权人所有也符合市场规律,虽然经营权是设立在承包权上的用益物权,但它也是一种独立的权利。在经营权设立之后,它就为经营权所独立享有,除了法定的限制之外,与其他用益物权一样可以处分。所以,经营权人对于处分其用益物权的行为享有收益权。在征收过程中,经营权人也享有征收的收益权。《最高人民法院关于审理涉及农村土地承包纠纷案件适用法律问题的解释》第 22 条第 2 款规定:"承包方已将土地承包经营权以转包、出租等方式流转给第三人的,除当事人另有约定外,青苗补偿费归实际投入人所有,地上附着物补偿费归附着物所有人所有。"在经营权从土地承包经营权中分离出去之后,不但针对青苗和其他地上物的补偿要归实际投入人所有,征收还应当专门设立对经营权的补偿。也就是说,原本对所有权和土地承包经营权的补偿,现在要分为对所有权、承包权和经营权的补偿。①虽然征收相对于农地整体比例并不高,但不能对经营权人的投入作出充分的补偿还是会严重挫伤投资者的积极性,妨碍农业生产的进一步发展。此外,经营权,特别是其中的收益权内容,应当可以继承。

经营权人享有公示公信。农村土地经营权作为一种用益物权应当具备公示公信条件,对于经营权人来说,公示公信也是一种权利。在经营权与承包权相分离之后,法律原本规定的土地承包经营权的登记规定就应当适用于两种权利。目前我国也并非所有土地承包经营权都已经登记,甚至立法上对于家庭联产承包责任制下的土地承包经营权都没有登记的强制要求。在三权分置改革的过程当中,应当将原本没有完成的登记任务完成。首先,在立法上应当要求农村土地经营权进行登记;其次,没有登记的权利不具有对抗第三人的效力。当然,进行了登记的农村土地经营权就具有了与其他物权一样的公信力。在没有其他法律规定除外的条件下,登记上的权利人就是权利的实际拥有者。任何人不得以任何形式侵犯权利人的合法权益。

搞活农村土地经营权不但有法律建构上的问题,也存在原有土地承包经营权相关法律法规的阻碍。首先,物权法定原则是近现代物权法最重要的原则之一,我国《民法典》明确规定,物权的种类和内容应当由法律直接规定,任何人不得另外创设物权。所以,将土地承包经营权分为农村土地承包权和经营权的政策,虽然已经落实在法律中,但其性质目前仍不明晰。因为农村土地承包权属用益物权,而原本的土地承包经营权也是用益物权。可以将土地承包经营权的相关规定加以修

---

① 参见潘俊:《农村土地三权分置:权利内容与风险防范》,《中州学刊》2014年第11期。

正,变为农村土地承包权的条文。而农村土地经营权是用益物权上的用益物权,则属于我国的新设物权种类,除了要进行法律规定之外,理论的研究也必不可少。

另外,要实现农村土地承包权与经营权的分离还要对《农村土地承包法》《土地管理法》等法律法规进行清理。主要就是将原本土地承包经营权的权能分拆成两个部分。如果要进行进一步改革,还要注意到拆分的两个权利因为分离而分别会发生一些改变。比如,承包权可以更加注意农民生活保障的功能,可以进一步削弱其市场化,加强其身份性,使之成为农村社会保障体系的重要部分。而另一方面,要对经营权进行比较充分的市场化,使其在法律法规规定的范围,在有利于农业生产的方向上,进一步得到改进。而这些,已经突破了原有的法律框架,需要更多的研究和法律系统调整。

土地承包经营权分离成农村土地承包权和经营权主要是为了将其相互冲突的两个权能分成两个独立的权利。2014 年中央一号文件将承包权与经营权分离,提出要稳定承包权,放活经营权,是为了适应新形势的需要。在家庭联产承包责任制的初期,土地的承包和经营是一体的。农民承包土地并经营土地,以土地收益保证自己的生活。而随着城市化的开始与加速,越来越多的农民从农村走向城市,并在城市里获得了主要收入。相当数量的农民不再依赖农村土地上的收入维持生计。与此同时,农村大量的土地开始缺乏劳动力投入,年轻力壮的农民进入城市,只有老人和孩子留在农村。因为城市的收入要远高于农村经营土地所得,农村土地上收益越来越不受到农民的重视。而老人和孩子对土地的经营能力非常有限,所以,农村的土地开始大规模的流转。农村土地流转的对象开始是同村居民,一般以亲属和邻里为主,而随着农业专业化和农产品多样性的提升,越来越多的人认识到经营农村土地可以获得较高的收益。所以,也开始有专业经营者进入农业,试图取得农村土地。

在这个过程中,一方面,城市收入已经解决了农民的生活问题,另一方面,流转土地也为农民开拓了新的"经营"方式。所以,出租农村土地成为重要的流转方式。而这种方式并没有解决土地承包经营权上的权能冲突的问题。归纳一下,农地租赁有以下几个方面的问题。

第一,承租权是一种债权,没有公示公信的效力,不能对抗第三人。虽然,我国有"买卖不破租赁"的原则。《民法典》规定,"租赁物在租赁期间发生所有权变动的,不影响租赁合同的效力"。有人认为,这两条可以适用或扩展适用于农村土地的租赁。但事实上,农村土地承租权与物权性权利存在很大差别。首先,我国土地承租权没有登记制度。虽然,《农村土地承包法》第36条规定,"承包方可以自主决定依法采取出租(转包)、入股或者其他方式向他人流转土地经营权,并向发包方备案"。但这种备案并不具备公示公信的效力。即使承租人可以通过买卖不破租赁获得继续承租的权利,新的土地承包经营权人和承租人之间也会因租赁合同的内容产生纠纷。这样纠纷的预期会使出租人和承租人都不愿一次性地签订较长的租赁合同。其次,在农村相当部分的土地承包权租赁并不存在租赁合同。这样的租赁关系根据我国《民法典》的规定属于不定期租赁。在土地承包经营权发生变动时,这样的承租权就很难得到保护。

第二,承租权期限相对较短。在实践中,一般农村对于不熟悉的人,土地承包经营权人不愿长时间地出租土地。根据调研,农村土地的出租中,相当部分的租赁关系没有约定具体的时间,只是约定一年交一次租金。也有一部分约定的时间较短,比如2年。真正可以达到5年以上的租赁比例不高。因为在农业生产中,有相当部分的作物需要较长时间投入,并且基本农业设施也是一次投放长时间使用,因为租赁时间和保护不足,承租人也仅能作一些简单的经营,利润率也难以提升。

第三,农村土地租赁还面临一个土地租金价格不断上涨的问题。据浙江调查,2008年,嘉兴市粮田租地价格在每亩500元以下。随着土地流转市场化程度提高,租金年年上涨,2013年租地价格高于每亩700元,2014年平均达到800元左右,已占整个种粮成本的八成以上。

并且这种情况在全国普遍存在。租金上涨与租期短互为助长。租金上涨快,出租人就更不愿意签订长时间的合同,合同签订的时间短,更容易使出租人获得涨租金和更换承租人的机会。农地租金上涨过快,一方面提高了农业投入的成本,另一方面也改变了农业经营的预期。原本可以获利的项目,在租金上涨的条件下,可能就不再有利润空间,或者投资人、经营人不再可以确定利润空间的大小。这大大阻碍了农业经营者和投资者的进入。

第四,我国农村土地租赁尚有一定的门槛。农业部原部长韩长赋表示,我国农村缺资金、缺人才、缺先进的管理,为发展现代农业,工商企业进入农业是必要的;但同时带来的问题则是挤占农民就业空间,容易加剧"非粮化""非农化"倾向。与此相应,深化改革领导小组第五次会议提出"对工商企业租赁农户承包地,要有严格的门槛,建立资格审查、项目审核、风险保障金制度,对准入和监管制度作出明确规定"。

搞活农村土地经营权要防止事实上的"土地兼并"。因为在土地承包经营权分离成为农村土地承包权和经营权之后,经营权事实上可以自由在市场主体之间流动。因为土地在市场上具有稀缺性、单一性的特点,不能避免有市场主体囤积土地的行为出现。习近平总书记在2013年中央城镇化工作会议上指出,在土地流转过程中,"要尊重农民意愿、保障农民权益,防止土地过度集中到少数人手中,防止土地用途发生根本变化,造成贫富差距过大"。

在既有的实践中,我国已经注意防止土地兼并的问题。江苏省出台了《关于积极引导农村土地经营权有序流转促进农业适度规模经营健康发展的实施意见》,要求江苏各地依据自然经济条件、劳动力转移、农业机械化、农村社会保障水平等因素,研究确定本地区土地规模经营的适宜标准,防止脱离实际片面追求规模的倾向。明确提出"现阶段重点扶持土地经营规模100亩至300亩的种粮农民",即省级财政实行专项扶持,每年投入土地流转补贴资金,有选择地引导土地向专业大户、家庭农场、农民合作社等以农民为主体的新型农业经营主体流转。在扶持过程中,政府综合测算粮食生产的最优规模和规模区间,重点引导发展100亩至300亩的规模经营。①

但是,这种政府测算与有重点扶持型的土地兼并防控手段并不能适应农村土地经营权的规范。首先,政府手段在市场中只能在有必要时采用。在三权分置,搞活农村土地经营权的前提下,市场是主要手段。不能因为市场化有可能导致的兼并而否认市场化。其次,政府的资金也不应当用于非市场化的补贴中,市场的问题还需要市场来解决。最后,政府的测算可能存在偏差。政府在市场的测算中,特别是对于差别化比较大的问题的测算上,没有足够的动力机制去精细化管理。政府手段的采用如果建立在错误的指导数据上,可能会导致更大的问题。

所以,对农村土地经营权的兼并管理可以遵从以下两个原则。

不出现大范围的土地兼并,影响农业产品市场,不采取行政管理手段。三权分置的制度设计与土地私有的制度有本质的区别。农村土地经营权并非对土地的直接拥有,在其之上还有农村土地承包权和集体土地所有权两项权利的制约。所以,农村土地经营权是一项有期限的权利。其期限不得超过农村土地承包权期限。农村土地经营权是一项有负担的权利,在其享有过程中,始终要对集体和承包权人承担一定的义务。这就决定了一般情况下,市场主体很难对土地进行大规模有效的垄断或囤积。

出现了土地兼并需要管理的情况,尽量采用既有法律规范,比如反垄断规范进行规制。我国市场经济经过了几十年的发展,已经形成了一整套相对成熟的市场管理制度。农业一旦出现了问题,既有制度已经可以作出比较好的反应。即使反垄断制度等难以奏效,国家还可以运用税收、借贷等市场手段进行调节。

(四)允许农村土地经营权抵押

允许农村土地经营权抵押是搞活农村土地经营权的必然推论。但是,就农村土地抵押来说,我国现行的针对土地承包经营权抵押的法律

---

① 杨天水:《三权分置 有序流转 规模适度》,《农民日报》2015年2月3日,第5版。

规定对农村土地经营权抵押会产生一些影响。我国《农村土地承包法》第 3 条规定,农村土地承包采取农村集体经济组织内部的家庭承包方式,不宜采取家庭承包方式的荒山、荒沟、荒丘、荒滩等农村土地,可以采取招标、拍卖、公开协商等方式承包。这就将土地承包经营权分为家庭承包的土地承包经营权和其他土地承包经营权两种。该法第 49 条规定,通过招标、拍卖、公开协商等方式承包农村土地,经依法登记取得土地承包经营权证或者林权证等证书的,其土地承包经营权可以依法采取转让、出租、入股、抵押或者其他方式流转。《农村土地承包法》《民法典》也承认了土地承包经营权在一定条件下可以抵押。但是,《土地承包法》第 53 条仅规定,通过招标、拍卖、公开协商等方式承包农村土地,经依法登记取得权属证书的,可以依法抵押土地经营权。对其他方式承包的农村土地(主要是指通过家庭承包取得的土地承包经营权),法律没有规定,但是,《民法典》第 399 条规定,自留地、自留山等集体所有土地的使用权不得抵押,没有明确授权,不能认为抵押包含在其他方式之中。

但是,土地承包经营权(农村土地经营权)抵押对于农业生产极为重要。农业,不管是高技术农业还是农业基础建设,对资金的需求都非常大。作为投资人和经营人,都希望以更少的钱,带动更大的产业生产。对此,金融支持必不可少。在三权分置之前,就有很多地方应市场的需求,对土地承包经营权抵押进行探索。2014 年,佳木斯市开创"金成"土地经营权融资模式。佳木斯市引进民间资本,由 2 个自然人共同出资成立了佳木斯金成农村金融服务有限责任公司。金成公司在经批准后,经营范围为农村物权抵押、质押登记、担保和流转,以及其他农村金融服务。2013 年 12 月,佳木斯市金融办与中国人民银行佳木斯市中心支行联合下发了《关于开展农村物权融资服务试点工作的通知》,将桦川县作为农村物权融资服务试点县,确定了土地经营流转保证贷款模式。具体设计是,贷款农户自愿将土地承包经营权流转给金成公司,并签订流转合同;流转合同经县农村合作经济经营管理局登记后,金成公司即为贷款农户提供担保,之后金融机构向贷款农户发放贷款(贷款额度限定在农户转让地块面积×当前土地经营权流转价格×剩余承包经营年限的50%以内)。若农户逾期未偿还贷款,金成公司在3个月内将相应的土地承包经营权转让给第三方,转让收益偿还金融机构贷款本息;若转让不成功,由金成公司代偿。经过一段时间的运行,到2014年9月末,全市累计发放贷款21.59亿元,受益农户超过2.5万户。另外,金融机构发放农贷的积极性被充分调动起来,农户综合融资成本明显下降:农村信用社一年期贷款平均利率下调至9.68%,较2013年减少了0.65个百分点;邮储银行一年期贷款利率下调至10.8%,较2013年减少了2.7个百分点。①

然而,即使这样在现有框架内的创新也存在很大问题。

第一,没有三权分置无法解决抵押权人与承包权人的利益冲突。土地承包经营权人为了扩大生产或其他经营需要,将土地承包经营权抵押给银行,获得资金。而经营总存在风险,一旦经营不善,就存在无法按时还款的情况。经过宽限期,如果抵押人还是无法还款,那么,银行就可以需要通过强制拍卖来实现抵押权。所以,在这种情况下,不管抵押人的土地可否交易,都会强制出售给其他人。而抵押人则失去了土地承包经营权。因为土地承包经营权上承载着维持农民生活的功能,如果农民失去了这一权利,其他收入又没有保障的时候,可能就会出现银行的抵押权与农民的生存权的冲突。也就是说,不管法律是否允许或鼓励土地承包经营权交易,只要事实上发生了土地承包经营权的抵押,就相当于允许这部分权利的交易。而这背后潜在的社会问题,则通过抵押或限制交易制度本身无法解决。而如果全面限制农民的土地承包经营权抵押,则面临着农业资金不足、生产无法扩大、先进技术无法应用等问题。

第二,土地承包经营权抵押的实际操作在现阶段还有困难。首先,

① 骆传刚、周贵义、刘畅:《破解三权分置法律瓶颈助推农村土地经营权融资》,《黑龙江金融》2015年第2期。

土地承包经营权的价值难以评估。本身土地承包经营权的主要价值在于每年的土地收入,而在现实条件下,粮食种植收益非常有限,甚至不能保本,要依靠国家补贴才有收益。从经济角度分析,抵押评估的价值很低。但是,土地经营权如果希望实现更高价值,又需要高额的投入。不管是高新技术的应用,还是新品种的开发和经营,或是基础设施的建设,都不比社会上其他项目投入更少。抵押价值的极低与资金需求量大,形成很大的冲突。其次,土地承包经营权抵押还存在抵押权人的实现考虑。农业借贷一方面利润率低,另一方面风险高,资金量大,所以,在市场经济的条件下,出借人一般不倾向为农业提供贷款。即使银行等为农民提供了贷款,也存在时限短、利率高、金额少的情况。

在三权分置的条件下,所有的土地承包经营权都分成了农村土地承包权和经营权,不再存在家庭承包的土地承包经营权和其他土地承包经营权的区分。当然,在农村土地经营权市场化的前提下,这一权利具有市场可充分交换的价值,当然可以自由抵押。从理论上说,之前对土地承包经营权抵押的限制不能适用在农村土地经营权上。三权分置也可以解决土地承包经营权抵押存在的现实问题。

首先,农村土地经营权从承包权分离出来,独立评估价值,独立交易,不存在抵押权人与承包权人的利益冲突问题。因为不管经营权人是否能按时清偿债务,经营权是否被拍卖,都不影响承包权人的利益。承包权人可以对任何享有经营权的人主张权利。其次,农村土地经营权一旦市场化,其价值可以得到更好的确认。在市场化的条件下,经营权的价值由市场决定,随着农业的发展,农业土地经营权的价值也会随之上升。土地价值上升和价值确定两个因素会使出借人更青睐农业项目,从而降低贷款利率,提高贷款期限,形成良性循环。

二、农地改革的功能指向

任何改革都是在特定历史条件下,为了达到特定的社会目的而进行的。农地三权分置的改革也不例外。那么,三权分置具体承担怎样的社会功能，或者说从历史上看，三权分置要达到什么样的社会目的？

中国共产党带领中国人民经过艰苦卓绝的斗争取得了抗日战争和解放战争的胜利。这从本质上说是中国共产党所领导和代表的共同体在与日本帝国主义和以国民党为代表的其他共同体斗争的结果。其中比较复杂的是，中国共产党所领导和代表的共同体与其他国内共同体在一定程度上还属于一个共同体，即中国社会。斗争的胜利是由中国共产党领导的，是由广大的工人、农民、学生等组成的共同体完成的。没有共同体里的每一个人，胜利是不可能实现的。

虽然新中国成立时的财产并非原始取得，但它可以比照原始取得财产时的共同体来理解。旧中国的共同体格局已经打破，原共同体中的个体拥有的财产处于没有共同体和共同体规则保护的状态。在此时，个体最为迫切的需要是寻求新的共同体。所以，个体选择加入了不同的共同体。共同体在最初的阶段非常繁多，层次不一，性质不同，但暂时充当了个体寻求群体生活的满足途径。然而，外来共同体日本帝国的侵略，使不同规模的共同体全都面临灭亡的可能，在面对抗日问题时，中国的共同体必须选择联合。所以，中国内部的共同体谁能胜利取决于旧中国的体制遗留下来的个体，有多少支持了这个共同体。而中国作为一个共同体是否可以抵御外来共同体的侵夺，则取决于中国共同体的实力。胜出共同体的胜出依赖个体的支持，而个体支持它的原因则构成了原始的契约。比如，农民支持是因为土地改革政策，土地改革政策构成了农民在新中国成立时的原始契约。

不管是"打土豪、分田地"，还是"人民公社运动"，再到"家庭联产承包"，都具有特定的历史社会条件，也都完成了其历史使命。三权分置是党中央根据我国现在的经济社会发展条件制定的全新战略方案，其理论指向也是与我国改革开放的基本国策一脉相承的。

从人类财产权理论的体系分析，三权分置的改革在我国经济体系中占有重要地位。首先，我国曾经以农业为立国之本，解决全国人民的吃饭问题向来是政府的头等大事。而经过了几十年的发展，我国经济情况得到了根本性的改善,农民基本上都过上了温饱线以上的生活。而在这种条件下,农业已经面临从量到质的转变的关键时期。农业是我国的核心产业,不管它占国民经济的比重是多少,其重要程度不可忽视。而农业的技术进步和产业发展也是我国综合国力的主要指标之一,是国家安全战略的关键要素。所以,农业的一切改革一定要面向发展,面向生产力。其次,我国城市化进程不断加速,农村人口不断向城市流动。我国传统的农村社会保障体系不再适应现代社会的要求。在这种条件下,农地国有化或私有化的呼声越来越大。但是,不管是农地国有化或是私有化都远不是改革的最终形态。即使完成了国有化或私有化,一系列社会问题也会随之而来。农地的私有化(国有化本质上也是权利私有化的一种形式)不但无法稳定地促进生产,更有可能破坏原有的农村居民保障安排,损害农民利益。而建立新的公平有效的社会保障又需要大量的制度成本。所以,从根本上说,三权分置的理念指向就在于站在财产权制度发展整体的高度,对我国农村土地的权利体系进行调整,一方面要促进农业生产,在现有的社会条件下,尽可能地调动农民的生产积极性,加大农业投入,提高农业生产的数量和质量,另一方面,要处理好农民的生存和发展权保障的问题。

(一) 三权分置的目的是促进农业生产

2014 年 11 月,《关于引导农村土地经营权有序流转发展农业适度规模经营的意见》指出:"全面理解、准确把握中央关于全面深化农村改革的精神,按照加快构建以农户家庭经营为基础、合作与联合为纽带、社会化服务为支撑的立体式复合型现代农业经营体系和走生产技术先进、经营规模适度、市场竞争力强、生态环境可持续的中国特色新型农业现代化道路的要求,以保障国家粮食安全、促进农业增效和农民增收为目标,坚持农村土地集体所有,实现所有权、承包权、经营权三权分置,引导土地经营权有序流转,坚持家庭经营的基础性地位,积极培育新型经营主体,发展多种形式的适度规模经营,巩固和完善农村基本经营制度。改革的方向要明,步子要稳,既要加大政策扶持力度,加强典型示范引导,鼓励创新农业经营体制机制,又要因地制宜、循序渐进,不能搞大跃进,不能搞强迫命令,不能搞行政瞎指挥,使农业适度规模经营发展与城镇化进程和农村劳动力转移规模相适应,与农业科技进步和生产手段改进程度相适应,与农业社会化服务水平提高相适应,让农民成为土地流转和规模经营的积极参与者和真正受益者,避免走弯路。"

从中共中央办公厅、国务院办公厅的这份文件中,我们可以分析得出三权分置在促进农业生产方面的三项基本原则。

1. 三权分置改革要建立在既有农村土地制度的基础上

任何改革都要建立在既有制度的基础上,脱离了现实的改革设计会导致两种可能的不良后果。一方面,改革可能会没有根基,无法实行。建立在空想基础上的改革,没有制度基础,可能从执法者到参与者都有无从执行的问题。另一方面,改革也可能引发动荡。执法者如果强行推动没有基础的改革,可能会引发大规模的利益变动,会引起利益被损害者强烈的抵制,甚至抵抗。不管哪一种情况发生,改革都不能成功。

以家庭联产承包责任制为基础的统分结合的土地承包经营制是我国农村土地制度的创新,也在过去的 30 年里,极大推动了我国农村生产力的发展。虽然在现在城市化加速、农业资金投入需求增加的情况下,需要改革,但其历史意义和改革的基础地位是值得肯定的。所以,三权分置要坚持农村土地集体所有权,稳定农户承包权,放活土地经营权,以家庭承包经营为基础,推进家庭经营、集体经营、合作经营、企业经营等多种经营方式共同发展。

首先,要坚持农村土地集体所有制,不能实行国有化。其一,在 20世纪八九十年代,有不少学者对农村土地的国有化进行过探讨。不管其优势如何,至少感觉上农民本来也不享有土地所有权,所有权从集体转向国家,并没有什么缺点。而事实并非如此。集体所有是农民的集体所有,农民还享有对土地管理和分配相当的权利。土地集体所有也是农村集体组织存在的经济基础。一旦实行国有化,所有权与农民个体的距离更远,农民可参与度更低,不利于农民接受。其二,我国幅员辽阔,农村集体情况差别巨大,农民在集体中享有的权利也有差异。有些集体可以分给农民几十甚至上百亩农地,而有些集体则只能分配几亩土地。在国有化之后,这种差异就没有了理论基础。如果平均化,则改革牵涉过广,难以执行,如果按原样处理,则农民差异在同一国家里如何解释则是个问题。其三,国有化不能推动农民的生产积极和投入积极性。国有化本质上没有给予农民更多权利。如果不能在国有化的前提下,给予农民类似于私有权的权利,则不可能调动农民更多的投入热情。而给予农民类似于私有权的权利,则难以与私有化相区分,导致不如直接实行私有制更好的理论解释上的问题。

其次,要坚持农村土地集体所有制,不能实行私有化。面对我国农村的问题,提出最多的改革方案就是土地私有化。土地私有化也是国外研究者和右翼政治团体所极为提倡的。提出农村土地私有化的主要理由可以归纳为以下几点:第一,土地私有制在世界其他国家有着广泛的应用,并且大量发达国家的农村土地都由个人私有。第二,从法律理论的角度看,私有制在相当长的历史时期都极大地调动了农民的生产积极性,促进了农业的发展。特别是,私有制可以解决我国农业当前面临的主要问题:生产投入不足,技术开发依赖国家。第三,私有制有利于保护农民的利益。私有制的基本设想是将现有的土地承包经营权直接转变成私有产权。私有制支持者认为,不管是从时限上,还是从权能上,私有权都远大于土地承包经营权,所以有利于农民利益。

然而,农村土地私有化的理由是站不住脚的。

第一,土地私有化和平均化在世界很多国家都有实践,但改革成功的并不多。虽然英美等发达国家土地实行的是私有制,但因为土地上广泛存在的信托,土地私有并非一个简单的关系。以英国为代表的土地私有国家,土地在 19 世纪前都承担着非常重要的生存保障功能。这种功能是通过信托实现的。经过现代土地法改革,英国土地权利经过了简化,土地私有制似乎得以纯粹化。然而,英国土地上负担的社会责任也随之而来。面对发达国家的土地私有制,很多后进国家(地区)也选择了学习,其中成功的范例有日本和韩国。但除了这三个国家之外,其他大量的国家,比如越南、印度等国家在实行私有制后,土地问题都使国家陷入了困境。南非在土地集中在白人的条件下,进行了土地平均化的运动,平均化的土地分配给了农民私有,但很快,土地又一次集中到了白人手中。类似的改革在世界上还在发生,但成功的少之又少。所以,我国在进行改革选择时也要慎之又慎。

第二,私有制可以调动农民的生产和投入积极性,这个观点只看到了事物的一个方面。上文梳理了西方思想家对财产权的认识,指出了私有制的本质是推动共同体生产的发展,途径是调动个体的劳动积极性。然而,不管是西方私有制理论还是私有制发展的历史都告诉我们,单纯的私有制不但不能推动共同体的生产,有时其负面效果还是致命的。对于这一点,马克思在《资本论》第 3 卷中早已作出论述,"小块土地所有制按其性质来说就排斥社会劳动生产力的发展、劳动的社会形式、资本的社会积聚、大规模的畜牧和科学的不断扩大的应用"。[①]恩格斯也在《法德农民问题》一文中提出:"企图在小农的所有权方面保护小农,这不是保护他的自由,而仅仅是保护他被奴役的特殊形式而已,这是延长他的求生不成求死不得的状况。"[②]这种分析的核心是小农在获得土地的所有权之后,并没有能力保护这种所有权。农民或因为生活所迫,或因一时选择失误,会失去土地。而关键问题在于,农民一旦失去土地,其再取回的可能性就变小。这一点中国历史上土地集中的时期提供了很好的证明。不管在什么时期,在哪一个国家,在没有特殊税收和政治安排的情况下,因为土地的稀缺性,其必定会向少数人手中集中。而如果这些土地上并不存在社会负担,那么,少数拥有土地的人就会利用其资源的优势地位进行垄断,产生极大的社会不公平。而这种不公平对共同体的利益具有很大的损害。它不但不能推动生产,反而

---

① 马克思:《资本论》(第 3 卷),人民出版社 1975 年版,第 910 页。
② 弗里德里希·恩格斯:《法德农民问题》,《新时代》1894—1895 年第 10 期。

使越来越多的财产从生产领域流出,用于加强土地垄断。对于这个分析,我国的现代社会依然适用。我国经历了长时期的小农经济时期,小农经济并未使中国在近代走上发展的道路。而在中国共产党的领导下,我们也经历了农民私有、合作社集体所有、家庭联产承包、土地承包经营等多种形式的农地经营,吸取了很多经验,也让中国亿万农民走上了富裕的道路。土地承包经营权中所包含的劳动促进和社会保障相结合的功能,在社会主义初级阶段这一特定的历史时期作出了巨大贡献。而在此基础上进行的改革也不应当回转到私有制的道路。

第三,"私有制有利于保护农民的利益"的观点也在理论上无法成立。所谓有利于农民,不但要有利于农民的短期利益,更要有利于他们的长期利益。私有权似乎在时限上和权能上都远大于土地承包经营权,农民得到了很大好处。但这种权利是没有保障的。正如恩格斯所分析的,这只是更加富有的人对农民剥夺的开始。在土地这种有限的资源面前,所有资本都非常清楚对其进行垄断的巨大利益。在我国现阶段的社会中,农民所持有的财富都不足以加大对农业的投入,更不用说保护自己的土地不被大资本收购。现代经济的基本理念是私有制和市场化,但私有制是社会化的私有制,市场化是公平的市场化。私有制和市场化不是一部分人在共同体中占有大量不正当利益的借口。共同体在自身利益的选择上,要认识到,任何一种权利都对应着义务,土地这种共同体中最重要的资源,一定对应着重大的社会义务。私有化要有大量的配套制度存在,才可能实行。而我国并不具备这些条件。我国具备的是长时间的集体所有的实践,已经有了在集体所有制下,调和劳动促进与社会保障二者的经验。

2014年9月29日,在全面深化改革领导小组第五次会议上,习近平总书记指出,农村土地制度改革要在坚持农村土地集体所有的前提下进行。这既符合马克思主义基本理论的认识,也符合中国的国情。

最后,改革要以农民家庭为基础,以个人权利为方向。家庭联产承包责任制是土地承包经营制的基础,但这种情况已经发生了转变。在现代市场经济发展的过程中,个人权利彰显是不可避免的趋势,而城市化进程也推动大量人口从农村走向市场,农民家庭组织正在逐渐破裂。但是,家庭(法律上的"户")仍然是我国农村生产的基本单位,这有两个原因。其一,我国传统文化注重家庭观念,这在一时难以改变。在分家析产之前,一个家庭还是共有财产,并不作区分,甚至分家之后,财产的界限也不十分清楚。其二,农业生产一个人难以完成,一般需要家庭经营。其三,现代民法对夫妻共同财产的保护,和对未成年子女财产的规定,给予了农村家庭财产基本的保证。所以,我国农村不管从财产上还是劳动上,家庭都还是基本单位。但是,个人权利应当获得重视。其一,即使农业生产以家庭为单位,土地分配也是与个人具有很强的关系。家庭可以获得土地的多少,与个口数量具有直接对应关系。其二,进城务工农村人口有相当比例希望或实际已经脱离了家庭关系。进城务工的劳动人口,有相当部分已经经济上独立,甚至已经在城市定居。他们对农村集体的要求是一定的生活保障或未来回归生活的可能性。这些要求与家庭也无关。所以,城市化进程打破了传统"家庭是社会基本单位"的观念,重塑了社会个人权利本位主义。顺应这种要求,农村土地制度的安排也应当注意到个人权利相对于家庭权利的独立性,在个人生活保障方面,逐步从家庭向个人转变。

2. 三权分置改革的动力来自农民的积极性

从私有制对劳动的促进中可以归纳出,只有劳动与所得(满足自身需求的可能性)成正比的时候,劳动者的劳动积极性才可得以发挥。而劳动与所得的关系越确定,劳动可以获得的所得越多,劳动者的积极性也越高。当然,正如上文所分析的,这也与劳动的性质密切相关。

而对于我国现在的农业生产来说,确定性的因素占有重要地位。根据土地承包经营权的现状,所谓确定性可以分为权利的确定性与时间的确定性。只要土地承包经营权的权能确定,时限确定,就有利于农民劳动积极性的提升。

在权能确定方面,改革要面向两个方面。第一,改革只能扩大现有的土地承包经营权的权能,不能缩小其范围。土地承包经营权在现有制度下,可以转包、出租,不可以抵押,不可以继承(此问题尚有争论)。所以,改革不管是三权分置,还是以后的改革,农民手中权利或权利的集合要大于以上所说,而不可以缩减。一旦缩减,农民对权利的预期产生不确定性,则会严重影响劳动的积极性。第二,要尽快完成确权登记,用不动产应有的公示公信的方式来保护土地承包经营权。这是稳定土地承包关系,保护农民利益,提高农业效率的重要性制度安排。不管是家庭联产承包责任制下的土地承包经营权,还是其他土地承包经营权,都应当进行登记。土地承包经营权应当登记并以物权的形式进行保护,一方面是《民法典》的要求,另一方面更是保证农民权利确定性的手段。土地承包经营权在三权分置中如果要区分为两个权利,在区分过程也不可以变相缩减农民的权利内容。并且,所区分的两项权利也应当按照原本要求进行登记。目前,农户承包地仍然存在面积不准、空间位置不明、登记簿不健全等问题。如果有可能,可以在未来实现城乡土地登记的一体化和电子化,使权利更加明确的同时,更加公开透明,方便查询。

调动农民的积极性还要尊重农民意愿。农村的任何改革都要坚持依法、自愿,以农民为主体,政府扶持引导,市场配置资源,三权分置不得违背承包农户意愿、不得损害农民权益。强调尊重农民的意愿,"不能搞强迫命令,不能搞行政瞎指挥"。从之前的农村改革来看,个别地方政府改革喜欢形式主义,喜欢行政命令,统一一致。所以,导致了农民"被上楼"等不良改革现象的发生。新改革是面向生产力的改革,是面向广大农民福利的改革,一定要防范这种现象的再次发生。

农民是土地承包经营权的主体,改革是为了生产,也是为了他们的利益(下文会有具体分析)。作为利益主体的农民有自身的考虑,凡事不能一刀切,强制命令。使用强制手段,即使是好的改革也可能有坏的效果。因为农民的抵制,改革无法进行,或进行后农民积极性不高。不强制,是因为不好的改革没有市场,就难以实行,从而可以避免更大的损害。

农民自愿原则还可以有效地提高改革决策的质量。如果农民不喜欢或不欢迎,就不能执行,改革决策者要始终将农民利益放在决策思考之中。这有利于改革的通盘考虑,严密完整。农民自愿也相当于对改革决策形成了一个市场机制,好的改革有市场,不好的改革没市场。在市场机制中,各方研究者的思考都可以进入这个领域进行竞争,优胜劣汰,有利于改革思路的扩大和良性交流。

3. 三权分置要注意有节有度

三权分置虽然总体上有利于农业生产发展,有利于农民生活,但也必须注意改革不得改变土地用途、不得破坏农业综合生产能力和农业生态环境。这些是基本原则。但是,在三权分置过程中,要鼓励土地流转到种田能手手中,流转到有能力的公司企业手中,也要有节有度。所谓"有节有度"是指入市有节,规模适度。下面将对这三个方面进行探讨。

第一,农地农用、鼓励种粮。我国农村土地改革的根本目的是促进农业生产,保证我国的农产品需求可以在不依赖外国的条件下得到满足。这一方面是市场的考虑,另一方面也是国家安全的考量。虽然农产品国际市场已经非常发达,但对于我国这样一个人口大国,基本的农业生产必须保证。随着农业的发展,耕地红线的问题可能可以重新讨论,但是,农业作为立国之本的策略不能改变。所以,促进农村生产力发展,不是要改变农地性质,全民工业,甚至全民房地产,更不是搞土地垄断,囤积居奇。在过去农村改革中,已经存在"非农化"的倾向,所以这一点应当作为首要来强调。社会资本进入农业是现代农业发展的必然走向,鼓励资本进入农业也有利于农业的技术改进和农产品的市场化。但社会资本进入农业不代表农业成为工商业,工商业可以为农业提供产后服务,可是不能取而代之。

农业生产是立国之本,粮食生产又是农业之本。与强调农业生产不同的是,对粮食生产只能采用鼓励的措施。因为农业用地一般来说,转化成粮食生产用地非常容易,而一旦土地用于商业和工业,转变回农用则成本很高,非常困难。所以,从原则上说,在国际市场开放的时代,只要保证农业生产总体水平即可,粮食生产只要保证国家储备,其他可以利用国际市场的渠道。从另一角度看,粮食生产又不能不强调。因为粮食如果没有国家支持,其利润空间很小,多数农民并不愿意从事粮食生产。所以,国家在精神鼓励的同时,还要进行补贴。

第二,即使农业用地一定范围内市场化,也要注意经营规模适度。保证农业生产,固然要依靠国家政策,更要依靠先进的技术和管理。而后者要通过规模经营才能发挥。一家一户的农业生产,不管是技术推广还是统一管理,都存在困难。这也是我国考虑改革的目的所在。但是,规模化经营并不能解决所有问题,有时还会带来新的问题。已经有研究表明,规模经营并不能有效提高粮食生产的效率。原因是多方面的,一是,小农经济、家庭生产在粮食经营中更为精细,而规模管理则会因为农业工人赚取的是工资而非收成而使精细变得更为困难。二是,规模经营很容易粗放型管理,不能对每一个经营细节做到精打细算。更为重要的是,很多技术和机械的应用本身并不能大幅度地提高农业产量。所以,从正反来看,家庭生产与规模经营各有利弊。重要的是发挥规模效益,比如大规模的蔬菜集中种植可以形成蔬菜集散市场,有利于供求管理,不致浪费。而同样重要的是,发挥农民的生产主动性与积极性,比如保持农民经营的收益比例。

农业经营规模适度的另一重要原因是土地不能大规模地集中于个人或团体手中,这不利于农产品市场的发展,也不利于国家的管理与农业安全。当前我国农产品价格水平适中,原因是家庭经营农业依然占主导地位。然而,一旦农业放开市场化运作,大量土地集中于少数人或团体手中,则可能会发生垄断者操纵市场的情况。特别对于特殊农业产品或特殊地区农业产品(比如烟台苹果),这种垄断事实上是非常容易达到的。所以,坚持经营规模适度,既要注重提升土地经营规模,又要防止土地过度集中,兼顾效率与公平,避免市场化带来的新风险。所谓"适度"也不是一个僵化的概念,农业经营规模需要根据区域特征、土地条件、作物品种以及经济社会发展水平等多种因素来确定。各地可以依据农村劳动力转移情况、农业机械化水平和农业生产条件,研究确定本地区土地规模经营的适宜标准。

第三,社会资本参与农业经营应当受到管制。有人认为,企业参与农业经营要有一定的限制,政府要对其实行市场准入。原因是,企业与农民的利益不一致,要防止企业在经营中牺牲农民利益,危害农业长远发展。而事实上,企业就是要追求利润,没有良好的约束一定会发生非农化、土地垄断等情况。但是,避免这些情况的发生并不能通过实行市场准入来实现。因为即使是良好的企业在追逐利润的过程也会发生不良事件。所以,从根本上解决这些问题,还是要掌握企业从事农业生产的目的和途径,正确引导,进行有针对性的管理。比如,企业要非农化,则加强土地用途管理;企业希望垄断,则国家可以通过税收和反垄断来防止垄断。市场准入是反市场化的手段,是对市场主体不平等的措施,没有必要则最好不要使用。一旦使用则又可能引发新一轮的权力扩张和腐败。

(二) 三权分置要保证农民的生存发展权

对三权分置改革的研究要建立在对中国土地承包经营权及其所处的权利体系正确认识的基础上。首先,土地承包经营权是以农民集体所有土地为前提的财产权,它是集体成员共同行使所有权的形式,也是成员行使承包权的结果。其次,土地承包经营权具有财产和保障双重属性,其保障功能已经得到了国家规范的认定。最后,从理论上,土地承包经营权也是我国农民生存发展权实现的根本。所以,土地承包经营权并不是一个单纯的财产权。

1. 外部结构:所有权权能、承包权到用益物权

农民是集体的成员,而集体是农地的所有权人,事实上,农民是农地所有权的间接主体。农民行使农地所有权权能的形式主要分为:承包权(在本节中使用的并非三权分置中的“承包权”,而是原本意义上的“承包权”)、集体收益分享权和集体重大事务表决权。[1]从规范上分析,

---

[1]　刘俊:《土地承包经营权性质探讨》,《现代法学》2007 年第 2 期。

它至少包括了承包方案同意权、平等获得承包经营权的权利、对外发包同意权以及狭义上的土地承包经营权。承包方案同意权是指,承包方案应当依法经本集体经济组织成员的村民会议三分之二以上成员或者三分之二以上村民代表的同意。承包权是指,农村集体经济组织成员有权依法承包由本集体经济组织发包的农村土地(当然这以按照法定程序申请为前提);本集体经济组织成员依法平等地行使承包土地的权利,任何组织和个人不得剥夺和非法限制农村集体经济组织成员承包土地的权利。对外发包同意权是指,发包方将农村土地发包给本集体经济组织以外的单位或者个人承包,应当事先经本集体经济组织成员的村民会议三分之二以上成员或者三分之二以上村民代表的同意。承包方案同意权和对外发包同意权属于集体重大事务表决权。

而承包权是个复杂的概念。从狭义上说,承包权是对应了规范中的"承包土地的权利",而承包权的实现,就是农民向集体申请农地承包经营权,并取得权利的过程。广义上说,承包权可以是"承包土地的权利"和"土地承包经营权"。为了方便理解,下文中取狭义的理解。那么,可以看出,土地承包经营权只是农民农地所有权权能实现的结果,但非全部。

在农地集体所有的视角下分析土地承包经营权可以发现,土地承包经营权并非已经获得权利的农民的单一财产权,而是他作为集体成员行使了成员权而获得的受益结果。所以,从另一个角度分析,没有获得权利的集体成员,事实上与已经获得了权利的农民同样也享有承包权,并且在同一个集体内,这一权利在每一成员间都是平等的。所以,单一地考虑土地承包经营权本身,是忽略了集体内未获得权利或未足量获得权利的农民的承包权。

2. 内部结构:财产、保障双重属性的权利

土地承包经营权首先是一个财产权。土地承包经营权人可以稳定享有承包经营权,并且根据《民法典》规定,土地承包经营权人依照法律规定,有权将土地承包经营权互换、转让。承包方有权依法自主决定土

地承包经营权是否流转和流转的方式。但是,它又不是一个单纯的财产权,它也包含了农民社会保障的功能。这种保障可以具体为三个方面:一,它保障了农民的最低就业可能;二,它为农民提供了以劳动为基础的最低收入保障;三,它为农民提供了生存风险保障,生存风险保障可以理解为遇到失去劳动力、养老等情况时的保障。[①]

我国农村现在已经形成了"外出务工和在乡务农"的二元收入体系,但是,并非所有农民都可以依此成功完成城市化。我国的法律非常清醒地认识到了这一点,所以从规范层面对农地的保障功能进行了设定。首先,土地承包经营权具有人身性,比如承包人的继承人不能继承土地承包经营权,只能继承应得的承包收益。[②]第二,土地承包经营权具有身份性,比如承包期内,承包方全家迁入设区的市,转为非农业户口时,应当将承包的耕地和草地交回发包方。第三,土地承包经营权具有生活保障性,比如债权人不得将承包地收回抵顶欠款;土地承包经营权转让时,出让方须有稳定的非农职业或者有稳定的收入来源,并应当得到发包方的同意;承包期内,妇女结婚,在新居住地未取得承包地的,发包方不得收回其原承包地;妇女离婚或者丧偶,仍在原居住地生活或者不在原居住地生活但在新居住地未取得承包地的,发包方不得收回其原承包地。

土地承包经营权的保障功能不但是规范上的设定,也是我国农村实际情况的要求。虽然很多学者呼吁建立农村的社会保障体系,但这一体系尚未建立也是不争的事实。可能在相当长的历史时期内,农村的社会保障还是需要依靠土地和农民的自身劳动实现。

3.理论结构:财产权与生存发展权

所谓基本权利,是宪法赋予公民的。作为人不可或缺的权利,基本权利可以包括生存权、发展权、财产权、平等、自由等,根据概念和解释

---

① 郑尚元:《土地上生存权之解读——农村土地承包经营权之权利性质分析》,《清华法学》2012年第6期。

② 林地承包的承包人死亡,其继承人可以在承包期内继续承包。

的不同而有不同。但是,从一般观念上说,生存权、发展权和财产权可以被确定地认为是基本权利的一部分,并且与本书讨论的土地承包经营权密切相关。

"生存权"作为一个正式的概念最早见于奥地利法学家安东·门格尔(Anton Menger)的《十足劳动收入权的历史探讨》(*Das Recht auf den vollen Arbeitsertrag in geschichtlicher Darstellung*,1886)。而生存权自提出后,就是一个变动的概念。但是,经过了百余年的发展,现代生存权至少包含了以下基本内容:生命是生存权的自然形式;财产是生存实现的物质条件生产资料;劳动是实现生存权的一般手段;社会保障是生存权的救济方式(生存障碍的社会弱者)。[①]

从现代生存权的内容可以看出,生存权不仅仅是自然生存的权利,随着现代社会的发展,它还包含了合理的更好生活的权利。更好生活的权利实现,需要物质基础的保障,所以,一定数量的财产权,是生存权的当然之意。

现代社会,个人希望更好地生活,不仅仅是身体上的享受,也有在社会上发展的要求。发展权是全体个人及其集合体有资格自由地向国内和国际社会主张参与、促进和享受经济、政治、文化和社会各方面全面发展所获利益的一项基本权利。简言之,发展权是关于发展机会均等和发展利益共享的权利。[②]这也与十八届三中全会公报指出的"让广大农民平等参与现代化进程、共同分享现代化成果"的导向相一致。而生存权与发展权是一个权利的两个方面,个人在社会中不但要以自然生命体的形式存在,还要以社会人的形式进行劳动,获取财产,参与历史进程,获得尊严,所以,在尊重个人的文明社会中,发展权是生存权的必要部分。而两种权利的实现,都要求为个人财产权提供良好的保障。

所以,财产权是生存发展权的保障,而不是全部。对于中国农民来说,集体土地承包权(包括获得此项权利的权利——承包权)是保障其

---

① 徐显明:《生存权论》,《中国社会科学》1992年第5期。
② 汪习根:《发展权含义的法哲学分析》,《现代法学》2004年第6期。

生存权和发展权的重要财产权。虽然,农村集体的宅基地分配制度保障了农民的居住权,外出务工提供了相当比例的家庭收入,但是,农民的食粮供应、财产积累、劳动机会实现、养老养病,在现阶段依然无法脱离农地经营。所以,要在生存发展权保障的高度认识这一财产权制度的设计,而不能认为,只要有了财产权就可以想当然地忽略生存发展权的保护。

关于土地承包经营权,有些人主张,将延长 30 年的承包期限进一步延长,成为无期限承包。即虽然保持集体土地所有权,但土地承包关系永远不加改变。这表面上与中央的"长久不变"的政策一脉相承,但事实上,理论上两者存在本质不同。"长久"是指对于农业生产来说,不管是投入还是经营都需要很长的时间,土地承包经营权也要满足这一需要。要通过延长承包经营权的期限来鼓励经营者的投资和经营积极性。而"永久"则是与生产经营无关,将权利扩张至无期限。考虑到土地承包经营权的权能并不充分,如果权利永久不变,有可能会使集体的所有权虚化。30 年限制还有可能通过限制继承和转让来使土地得到重新分配的机会,保证其他无土地农民的承包权。但是,"永久不变"的主张,更倾向于将土地承包经营权的权能扩充。从本质上说,"永包制"的目的是将土地承包权变为事实上的私有权。关于私有权的优劣,上文也进行了讨论,在本部分可以研究私有权对农民生存权和发展权的影响。

首先,土地承包经营权有保障农民生活的功能,并不是纯粹的财产,其来源是新中国的成立,而非劳动所得,直接私有化没有正当性。其次,保障农民生活的目的决定了土地承包经营权的分配具有平等性。虽然我国地域差距巨大,导致了各个集体成员在土地分配上的差异,但从总体上说,分配遵循了平等的原则。一次分配的平等性,随着时间的经过而变弱,一定的调整是保证平等性的必要手段。调地在过去的时间里被证明不利于农业投入,为了稳定生产,中央决定实行 30 年不变的政策。而这种为了促进生产力的政策,并不代表对原本平等性保障的否定。如果存在不影响平等性又可以促进生产发展的制度,那么,平等性的重要性又会体现出来。三权分置就是这种探索。再次,农地私有化则农地不再是保障农民的手段。一旦私有化,土地则属于具体的个人,而不管这个人是农民还是城市居民。随着城市化的加速,越来越多的农村人变成城市人,享受城市居民的生活保障。这些人从理论上就不能再继续享有国家对农民的生活保障措施。如果实行了私有化,这种调整也成为不可能。在我们这样一个农村人口占主体的国家,农民人口的稳定和公平比农业投入的促进更具有根本性。最后,永包制否定了土地承包权的生活保障功能,虽然表面上可以加强土地的市场化,带动农业投资和生产,但从长远看,它带来了更大更长远的不公平,损害了农民的长远利益。对我国社会来说,也会造成新的不稳定。①

认识到土地承包经营权的生存发展保障功能和目的,三权分置的制度设计就有了更为明确的目标。三权分置中的农村土地承包权承担了农民的生存发展保障功能,在将经营权剥离出去之后,它就不必再为生产承担制度性负担。从这个角度上说,农村土地承包权应当具有比家庭联产承包责任制下的土地承包经营权更强的身份性、平等性和持续性。所谓"身份性"是指,土地承包权与集体成员身份具有强烈的统一关系,是集体成员的个人可以享有权利,不具有成员身份的个人不可以享有权利,原来有成员身份后来退出的,必须交还权利,而原来没有成员身份后来取得成员身份的,可以按份额取得权利。所谓"平等性"是指,在一定时期内,一个集体中的成员所享有的权利理论上是平等的。虽然在事实上做到绝对的平均在现阶段是难以实现的,但就像在第二轮土地承包中一样,做到按人分配,基本公平是可以实现的。所谓"持续性"是指,农民手中的土地权利并不是可以一次变现的权利,它的目的是为了持续地为农民提供生存保障。正如城市居民不可以将社会

---

① 参见陈小方、李主其等:《农村耕地"三权分置"发展方向探究——以改革开放以来耕地权属变革为切入点》,《中国行政管理》2015年第3期。

保障权利一次性变现一样，农民的土地权利也不可以。权利的持续性一方面是为了农民生存发展权可以在长时间内得以存续，另一方面也是整个社会安全稳定的基础。

总之，我国土地承包经营权是以促进农业生产为方向，以保证农民的生存发展权为基础的权利安排，三权分置只能在这个框架内进行进一步的设计。三权分置将土地承包经营权的两个功能区分到两个权利中，可以有效地避免权利权能之间的相互掣肘。权利分置之后，应有身份性的部分加强其身份性，使农民生活更有保障，权利分配更加公平，应有流动性的权利更好地市场化，配置到更需要的人手中。

三、农地信托与三权分置改革的衔接

三权分置是我国解决三农当前问题的主要政策，作为其核心的稳定土地承包权和搞活土地经营权，从本质上就是将土地承包经营权一分为二，分别解决农民的生存保障问题和农业的进一步发展问题。

但是，土地承包经营权分离出两个权利，在实践和理论上都是重大的课题。从实践上说，出租这种最传统的方式也可以实践"权利分离"。出租人（农户）可以保留土地承包经营权，承租人则享有了土地使用权（可以视为土地经营权）。所以，实践中，很多地方尝试了以传统方式进行三权分置。比如，建立中介组织促进农地流转。农民专业合作社在农地权利分置中也起到了很大作用。《农民专业合作社法》在 2006 年就已颁布，但在很多地方的实行中，农民参与积极性不高。近期，上海金山进行了股份合作社的实践，取得了良好的效果。农民收入提高，企业积极性提升。从短期来说，合作社、租赁、转包等都可以实现农地的三权分置，是保障农民权益、提高农民收入的良好途径。

但是，传统方式在三权分置中存在很大的局限性。如果简单地通过租赁、转包和农地入股就可以解决农民保障和农业发展的问题，就没有必要通过三权分置来进行指导和优化。

租赁从目前来说，是我国农地流转的主要形式，但实践中，农地租赁大部分以短期(一年)或不定期租赁的形式存在,甚至有很多农地租赁没有书面租赁合同。农地租赁是农民在进城务工之后,为了避免农地荒置而进行的处分行为。有时,这种"出租"中只是为了解决"放着也是放着"的问题。很多农民将农地"出租"给邻居或亲戚,根本就不收取租金,或象征性地收取一定的租金。而对外出租时,农民又表现出非常谨慎的态度,出租的时限一般较短。因为各个村组织的情况不同,各农户的情况也不相同,想要在某一个农村承租大片的土地,规模化经营难度就更大。这种时间上不稳定、规模上有局限的农地租赁形式难以吸引优质的经营者,也难以吸引投资者进行投资。因为土地这种基本的生产资料在权利上无法获得保证。所以,当前农地租赁在总体上规模较大,但具体规模较小,生产经营者与出租的农户在生产经营能力上没有质的提升,双方权利都无法得到很好保障,容易出现纠纷和矛盾。从理论上说,承租权不是物权,不是与土地承包经营权对等的权利,农民出租不是权利分置,而是权利派生。派生的权利可以部分解决承租人的经营权问题,但这种经营权无法达到确定、稳定和安全的要求。也正是因为达不到这种良好经营权的要求,派生出来的经营权也无法在市场上很好地流通。

农地转包在实践中大量存在,但在理论和政策上存有争议。农地转包的一种情况是土地承包经营权的长期租赁,另一种情况是土地承包经营权的转让。长期租赁这种形式虽然较短期租赁在期限上更有保障,而本质上承租人的承租权依然是债权,无法在市场上得到有效的保护。并且,实践中,农民在期限中收回土地的情况也时常发生,虽然法律上承租人可以通过法律途径维护自身利益,但在现实中,却要付出很大成本,甚至根本无法在当地农村继承经营下去。而土地承包经营权的转让则更会引发政治忧虑。对于四荒土地等非家庭联产承包责任制下的农地,因为其并不承担农民生存保障的社会功能,权利的直接转让并没有受到法律的限制或禁止。但是,一旦涉及农民生活保障,转包这种相当于保障性权益一次性变现的行为,会导致以下几种担忧:第一,农民将土地权利变现,挥霍一空,生活无着;第二,农民将土地变现后,离开农村,滞留城市,增加城市负担;第三,受让人囤积土地,导致土地集中。

农民生活保障与农地的自由的流转的矛盾,在家庭联产承包责任制下的农地上,是的确存在的。国家对农民生活保障的政治承诺与一次性的现金赠与有着本质区别。农村土地对农民的生活保障是国家在没有对农民提供如同城市一样的社会保障制度之前,为其提供的替代制度,而这种保障的特点在于持续性和人身性。如果这种保障可以一次性变现,那么,农地所提供的利益就不再具有持续保障性,也不再具有人身保障性。对照城市中的社会保障,如果农村可以一次性变现,城市保障的是否可以变现问题也会提出。这样,社会保障体系将难以运转下去。所以,在市场上充分流转的只是"土地经营权",而需要稳定的是"土地承包权"。另外,在实践中,农地转包出于种种原因,转包费用有过低的问题。农民也难以利用转包费实现自身的生活保障。

2006 年,我国颁布《农民专业合作社法》,自此以后,我国农地入股合作社成为制度创新的重要内容。三权分置极大推动了农地改革,各地试点三权分置的过程中,农地入股是三权分置的重要方案。正如上文所说,上海金山进行的股份合作社取得了良好效果。农地入股之后,土地承包经营权分离成为土地股份合作社的经营权和入股农民或农户的"股权"。土地股份合作社的经营权就是充分的物权,土地股份合作社可以基于此权利行使充分的占有、使用、处分、收益的权利。而股权是稳定的收益权,它不是物权,农民或农户无权随时收回土地;也不是债权,因为对土地丧失了联系。

三权分置对当前农地存在的问题提出的根本解决措施是受益权的分离,即将农民对农地的生活保障权作为受益权从土地上剥离出来,留下比较纯粹的市场化权利,用于市场流转。在剥离的过程中,要"稳定土地承包权,搞活土地经营",而"稳定土地承包权"的前提是"搞活土地经营权",因为只有搞活了土地经营权,土地上可以产生更多的收益,农民的权益在国家法律和政策的保障下，才真正有了实现的基础。"搞活土地经营权"的基础是"稳定"土地经营权。"稳定土地承包权"的"稳定"是稳定收益，"稳定土地经营权"的"稳定"是稳定使用。综合起来就是稳定使用与收益相分离的权利结构。从世界法制设计的范围看，剥离受益权有很多方法，而最有效也最普遍的法律工具就是公司与信托。

土地承包经营权信托可能是一种解决农地经营现存困境，实现三权分置的有效手段。其一，信托结构可以将市场化程度高、资产管理能力强的信托公司引入农地经营。信托公司以营利为目的，在设计信托产品时就考虑了风险控制和产业导向，较农户分散经营具有明显优势。其二，土地承包经营权在传统上都是以租赁、转让和转包的方式流转的，而信托优于这些传统流传方式。信托关系比租赁稳定，比转包关系责任分配合理，相对于转让，信托可以持续地为承包户提供土地收益，免除了因转让引起的承包户生活无着的问题。最后，从理论上说，我国物权法接受的是一物一权、物权法定的权利中心主义，但随着社会的稳定发展，物权本身流转成本高的缺点日益明显，物权人怠于行使权利的现象也日益严重。信托解决方案代表的土地使用中心主义，可能会为我国农地流转提供新的思路。

从理论上说，农地信托结构与三权分置中"土地承包权与经营权相分离"的结构具有一致性。土地承包权具有对农民的生活保障性，具有一定的身份性。三权分置中所谓的"稳定"就是指土地承包经营权的改革不能有害于农民利益，不能破坏农地对农民的保障功能。另外，三权分置还要使农地的使用更为市场化。所以，土地承包经营权这种权利本身需要分解成为两项权利：一项是稳定和具有身份归属的现金收益权，以保证稳定；一项是市场化和高流动性的使用权，以保证生产效率。而信托本身就是具有权利分解功能的法律机制，它将所有权等可信托权利，分解为收益权与形式上的所有权，一方面保证了收益人的利益，另一方面也保证了受托人可以如同权利人一般使用权利。

从三权分置和农地信托对权利分离的关系上说，农地信托本身就是土地承包权与经营权相分离,而非土地承包权与经营权相分离之后,土地承包经营权的信托。土地承包权与经营权的分离在目前条件下,已经在立法实现。但是,对土地承包权和经营权的定性和定义工作也非常困难。如果土地承包权定性为物权,而土地经营权定性为债权,则土地经营权保障不足,与之前租赁中的承租权等无异。如果将两者都定性为物权,则与一物一权的物权法原则相悖,理论上挑战较大。所以,土地承包权与经营权相分离在现阶段,本身就是利用何种法律工具分离的问题。

我国农地信托已经有了一定的实践,在 2013 年之前,我国已经有很多以"土地信托为名"的交易,但它们并非法律意义上的信托。比如,浙江绍兴和湖南浏阳、沅江的"土地信托"事实上是土地承包经营权的倒包和重包,即使没有信托制度,同样可以实现。湖南益阳的做法可以构成现行规范意义上的土地信托,成效显著,但依然存在一些未能解决的问题。这些"农地信托"为真正的农地信托进行了宣传和认识上的准备。2013 年 10 月开始,中信信托、北京信托等信托公司设立执行了大量农地信托计划,我国的农地信托进入了快速发展时期。2015 年年底,上海浦东等发达地区也开始设立农地信托,试点新型三权分置。农地信托在三权分置的政策背景下进行了新的创新与发展。农地信托从本质上将土地承包经营权分离成两个独立的权利,也解决了三农融资的问题,与三权分置政策指引相契合。

农地信托和农地入股合作社分别是信托制与公司制在我国三农问题上的应用,都是三权分置的较优方案,但两者存在很大不同。

为了推进农村土地的流转,增进农业人口的收入,事实上,各国都进行过很多努力。比如,战后,日本废除了地主土地所有制,建立了农户土地所有的自耕农制度。为防止农户荒废农地,促进土地资源合理利用,从 1970 年开始,日本建立了农地保有制度,在地方政府和村町设立农地保有机构作为公益法人,承担农地改良事业,负责收购、租赁农地,再予以出售或者出租用于农业生产,所需资金由各级政府予以贴息贷款支持。1999 年当年,日本全国收购农地 8 903 公顷,出售 8 497 公顷;租赁 7 738 公顷,出租 7 483 公顷。[1]

我国自家庭联产承包责任制实行以来,农业已经有了快速的发展,但到现有状态也进入了瓶颈期。随着城市化的进程,农业人口大量进入城市,农业经营缺少人才和资金。而现代市场又因为制度原因一时难以对农业产生良好的推动作用。所以,近年来也出现了对农地制度进行改进的探索。在其中,地权入股和地票制度是比较新近和重要的两项制度,可以与信托推进进行一些比较和思考。

2014 年 6 月,上海市金山区出台了《金山区关于深化农业农村改革的若干意见》,积极推进土地承包经营权入股合作社的改革创新。2014 年以来,张堰镇、廊下镇、枫泾镇已试点组建土地股份合作社,农民反响热烈。农民签约加入土地股份合作社后,可获得两次收益:第一次,是原来的土地流转费;第二次,是年底分红。土地股份合作社种常规三麦和水稻,一年可获得每亩 500 元左右净收益,其中 25% 留作公益金,另外 75% 则将在当年年底分红给农民。[2]

上海市的改革依据的是我国 2006 年颁布的《农民专业合作社法》,该法对我国农民专业合作社的资格、成立和运营等进行了规定。上海市成立的虽名为股份合作社,但其基本法律架构还是农民专业合作社。

我国农民合作社已经有一些实践,主要分为两种模式:第一种模式是合作社再流转模式,即农民以土地承包经营权"入股"流转到农民专业合作社,农民专业合作社进行统一规划和整理后再流转给农业企业,入股农民对农民专业合作社享有"保底分红"的请求权。其突出特点在于农民专业合作社仅仅处于一个流转中介的地位,本身不从事生产经营活动。第二种模式是合作社统一经营型。在该模式中,农户以土地经营权"入股"农民专业合作社,由农民专业合作社对土地统一管理,生

---

① 孙中华:《关于农村土地"三权分置"有关政策法律性问题的思考》,《农业部管理干部学院学报》2015 年第 3 期。

② "上海市金山区率先探索农村土地承包经营权入股",http://www.gov.cn/xin-wen/2014-06/09/content_2696971.htm,2014 年 6 月 9 日。

产经营。合作社实行按土地保底收益和效益分红,社员可以根据自愿原则参加合作社劳动并领取工资收入。与第一种模式的不同之处在于,农民专业合作社对流入的土地统一进行农业生产经营活动,而非作为流转中介再流转给其他农业企业生产经营。① 上海廊下镇将土地转由农业企业经营属于第一种模式。

地权入股的关键是合作社的性质与作用。从《农民专业合作社法》来看,比较重要的制度性设计可以归纳为以下几点:

第一,与公司一样,合作社的成立要有一定的出资。但是,出资中是否包含农民的土地承包经营权并不确定。第二,参与合作社的成员以出资对外承担有限责任。第三,参与合作社有一定的身份性。具有民事行为能力的公民,以及从事与农民专业合作社业务直接有关的生产经营活动的企业、事业单位或者社会团体,能够利用农民专业合作社提供的服务,承认并遵守农民专业合作社章程,履行章程规定的入社手续的,可以成为农民专业合作社的成员。农民专业合作社的成员中,农民至少应当占成员总数的百分之八十。成员总数二十人以下的,可以有一个企业、事业单位或者社会团体成员;成员总数超过 20 人的,企业、事业单位和社会团体成员不得超过成员总数的百分之五。第四,合作社的管理具有民主性。农民专业合作社成员大会选举和表决,实行一人一票制,成员各享有一票的基本表决权。出资额或者与本社交易量(额)较大的成员按照章程规定,可以享有附加表决权。本社的附加表决权总票数,不得超过本社成员基本表决权总票数的百分之二十。享有附加表决权的成员及其享有的附加表决权数,应当在每次成员大会召开时告知出席会议的成员。第五,农民专业合作社破产适用《企业破产法》的有关规定。但是,破产财产在清偿破产费用和共益债务后,应当优先清偿破产前与农民成员已发生交易但尚未结清的款项。

所以,可以认为合作社是一种类似公司但又重视保障农民利益的

---

① 吴越、吴义茂:《农地赋权及其土地承包经营权入股范式》,《改革》2011 年第 2 期。

组织。与信托和其他整合形式一样,有助于农村土地的规模化经营,可以在规模化的基础上提高农民的收益。但是,合作社并没有摆脱目前国家对土地承包经营权的交易限制,在提高农地市场化方面贡献有限。企业事实上并不能通过合作社取得较以前更好的权利。

合作社也不能解决农民生活保障与土地市场化的矛盾。首先,如果农民并不将土地承包经营权入股到合作社中,合作社可能只享有土地的承租权。所以,合作社可以进行的只有转租。在这种情况下,农地的市场化程度还是非常低。其次,如果农民将土地经营权入股到合作社中,即转移了权利,相当于对公司的投资,那么,农民就面临在合作社破产清算时失去土地的风险。虽然,《农民专业合作社法》对农民进行了优先受偿的保护,但在经营不善的情况下,这种风险还是现实存在的。如果合作社在未来得到了大规模的发展,一定比例的农民因为经营不善而失地的情况也必然出现。从本质上说,合作社并没有分解土地承包经营权本身,农民生活保障与土地市场化的矛盾并不能得到解决。

重庆曾于2007年进行"股田制"试点。试点中,农民不仅可以以土地承包经营权出资入股设立农民专业合作社,还可以设立有限公司和合伙。但一年后,中央就叫停了这一试点,原因是,土地承包经营权一旦入股,经过股权转让,就成为公司财产。在公司这一现代组织的运营下,通过多种手段,非农村集体成员和其他公司也可以容易地获得土地承包经营权。此外,只要是企业就有可能破产。在破产中,作为公司财产的土地就成为破产财产的一部分。对于以上两点,大量的农民面临失地风险,对维护农村稳定不利。

农地入股与农地信托一样,都从权利结构上解决了土地承包权与土地经营权分离的问题。农地入股将土地承包经营权分化为合作社的土地承包经营权和入股农民(农户)的股权。这种划分使合作社有充分的经营自主权,入股农民不能随时收回土地和干涉经营,而入股农民也有稳定的收益权(股权)保障。从收益权的特点上来说,股权收益是持续性的收益,不是一次性权利变现,也与三权分置稳定土地承包权中对农民的生活保障的目的相一致。

而农地入股与农地信托的差别也很明显。第一,农地入股一般没有引入第三方主体,而农地信托引入了作为受托人的信托公司。虽然从理论上,很难说明信托公司一定比合作社有更强的管理能力,事实上,也有很多信托公司将农地交给了当地的合作社进行管理,但是,总体上,农地信托在引入新技术、市场化、下游产业配套等方面具有明显优势。第二,农地入股本身解决不了融资问题。农地入股是农民或农户将土地投入合作社的过程,而合作社在具备了土地这项生产资料之后,还是没有资金的支持。在过去农地本身无法抵押融资的时代,给农地经营造成了很大的困难。而现在各地已经开始农地抵押的试点与探索,但其中的问题也很明显。一方面,农地估价普遍较低。原因是农业本身就是收益率较低的行业,而农地也没有形成一个健康稳定和活跃的交易市场。另一方面,农业贷款没有政策的支持,比较难以获得。这也是农业收益率低本身决定的。

农地入股与农地信托都是三权分置的方式,在三农改革中都会发挥重要的作用。

第四章
信托农地产权归属与登记

一、中国农地信托财产的归属

我国《信托法》第 2 条规定，该法所称信托，是指委托人基于对受托人的信任，将其财产权委托给受托人，由受托人按委托人的意愿以自己的名义，为受益人的利益或者特定目的，进行管理或者处分的行为。其中"委托给"一词给中国农地信托财产的归属问题的解决造成了很大困扰——"委托给"是否意味着信托可以不转移权利直接设定？对于动产来说，这一问题并不难回答。因为受托人有管理动产的义务，所以他必须占有动产，而动产的所有权转移以转移占有为公示，所以，一般情况下，即使有《信托法》的模糊规定，动产信托也需要转移所有权。但是，不动产权利的公示通过登记实现，仅仅占有转移并不能达到公示效果。《信托法》第 10 条规定，设立信托，对于信托财产，有关法律、行政法规规定应当办理登记手续的，应当依法办理信托登记。看似要求不动产信托进行登记，但如果从反面理解，是否"委托给"的立法设计从根本上就没有要求不转移权利的不动产信托进行登记。

对于这一问题，笔者通过追溯信托关系在英美法上的规定，结合中国具体的立法和实际情况进行分析，认为中国农地信托财产归受托人。

（一）英美法上的信托财产归属与虚假信托

在英美法国家,信托财产必须转移给受托人才会被法院认定为具有信托的效力。如果信托财产没有转移,甚至没有实际的转移,包括委托人还对财产有一定的控制力,委托人所进行的一系列信托安排最终都会被认定为"虚假"(sham)。这是因为信托的最基本理论是财产权(普通法上的权利)由委托人转移给受托人。所以,一旦有人可以证明这种转移是"形式上"的,而不是"实质上"的,当事人的真实意图与表面上的意图不同,这种信托就可以被认为是"虚假的",从而应当被宣告无效。

英美法认为,委托人既希望将信托财产与自己财产相分离,使债权人无法向其主张权利,又不希望放弃对财产的控制权,这是法律制度安排所不能允许的。所以,在虚假信托的情况下,就会有一些人主张,信托财产实质上就是委托人的财产,而应当受到正当债权人的追诉。这种认定的请求人可能是委托人的配偶(最多的情况发生在离婚过程中),继承人(特别是他们在他们的司法管辖区享受强制继承权[forced heirship]),普通债权人(有时也包括了国家的税收机构)。一旦一项虚假信托的请求成立,那么该项信托安排在法律上就相当于不存在。其法律和理论依据在于,在虚假信托的情况下,信托财产从未脱离委托人的绝对控制,至少在利益上没有脱离这种控制。

宣布一项信托是虚假信托并不是目的,虚假信托请求的最终目的是认定"信托财产"从未与委托人相分离。事实上,各国对配偶权利、承继人权利、债权人权利和国家税收权利都有非常明确和详细的法律规定,有时可以解决由虚假信托引发的问题。但是,虚假信托法律理论和实践主要还是在英美法国家获得了快速发展,特别是在英国的一些涉及离岸信托的离婚案件中。

"虚假关系"的法律理论最早出现在合同法,特别是在分期付款购买合同(hire-purchase agreement)的法律中。这一理论扩展到信托法领域后,冲击了委托人—受托人这一对信托中的最基本关系。

虚假信托作为一个问题,有两个主要方面需要讨论:执行虚假(administrative sham)和形式虚假(formal sham)。执行虚假是指,委托人介入了信托财产的关键性管理以及日常执行事务,并影响了受托人受托义务的履行。而形式虚假,是指在信托契据中明确规定委托人保留了很多权利。形式虚假理论方面,20世纪80年代以来很多离岸司法管辖区的立法都有了新发展。这些立法明确了委托人在一项信托中可以有效保留的某些权利。

虚假信托可以分为"形式虚假信托"和"实质虚假信托"。形式虚假信托是指,在信托文件中,表面就为委托人保留了控制权,受托人只是名义上的控制人。而在实质虚假信托中,信托的形式是正确的,而交易关系的实质却是另一份协议,这些信托契据下的协议可能是明示的,也可能是暗示的,但其实质是委托人对信托财产依然享有控制权。

"虚假信托"的概念来自合同法语境中的"虚假交易",它是英国普通法的虚假交易在信托法中的延伸适用形成的。虚假信托事实上是一种信托关系的假象,它从最浅层的意义上理解就是:当事人不想设定一项信托,而却希望给别人(第三人或法官)设定了这项信托的假象。一种最典型的方式就是,表面上委托人把财产上的普通法权利转移给了受托人,并将衡平法上的受益权转移给了受益人,而本质上,委托人却在受托人的帮助下,保留了财产的所有权、所有相关权利和利益。①

在美国,与虚假信托的对应概念是至我信托(alter ego trust),即受托人可以被视为委托人另一个自我的信托。虽然在美国至我信托概念作为虚假信托的替代物使用,但在其他司法管辖区,这两个概念仍有所区分。比如,新西兰的Re Reynolds案认为,至我信托只是虚假信托的证据。②而在澳大利亚至我信托不需要有委托人的意图,而这个意图在虚假信托的构成中是必要要件。在Pack v US案中,法庭使用了至我信托的概念,使税务局可以对离岸信托中的财产行使税务置押权。法

---

① Sara Collins, Steven Kempster, etc. ed., International Trust Disputes, Oxford University Press, 2012, para 4.04.

② [2007] NZCA, 122.

庭在案件中认为,受托人只不过是税收义务人的另一自我,而信托财产的真正所有人是委托人,所以,委托人与另一自我有不可分割的法律主体性,如果将其分裂,则会导致欺诈与不公。①

虚假信托进一步解释了信托财产必须转移的原则:不但信托财产必须转移给受托人,还必须是实质性转移而非形式上转移。

(二)中国农地信托财产归受托人

关于信托财产的归属,史尚宽先生说,受托人受财产权之移转处分,该财产权归属于受托人。因为受托人之管理处分财产,非管理处分他人之财产,乃自己管理处分属于自己之财产。但受托人管理处分信托财产,非为自己利益而管理处分自己之财产,乃系依一定目的为他人利益而管理处分该财产。②还说,不动产所有权之信托,委托人不能不将该不动产之所有权移转于委托人。③但是,江平先生在《失去衡平法依托的信托法》中记述,在《信托法》通过前,信托财产归受托人的制度受到了争议。信托财产是谁的,有了不同看法。结果就用了一个模糊的用语:"委托人将其财产权委托给受托人。"有人说,"委托给"是指委托而不是指财产权转移;有人说,"委托给"既然有个给字,那就说明财产权转移,确是各取所需。但是,江平先生对日本和韩国信托法中信托财产属于受托人所有,一直深信不疑。④

关于信托财产的归属,我国学界存在三种观点。第一,信托财产为委托人所有;第二,信托财产归受托人所有;第三,信托财产可以为委托人所有,也可以为受托人所有,取决于委托人的决定。

如果考虑到信托理论,英美法作为信托最早也最为先进的法律体系,完全不允许不转移权利的信托,不管是形式上保留了权利,还是实际上保留了权利,信托都会被认定为无效。从这一点上看,我国的不动

---

① US District Court for Eastern District of California, 77 AFTR 2d, para 96—479.
② 史尚宽编:《信托法论》,商务印书馆1972年版,第8页。
③ 史尚宽编:《信托法论》,商务印书馆1972年版,第14页。
④ 于海涌:《英美信托财产双重所有权在中国的本土化》,中国政法大学出版社2011年版,第XIV页。

产信托也应当转移权利。当然,剩下的问题就是配套相关的登记制度。

从我国《信托法》的规定来看,其第14条规定,受托人因承诺信托而取得的财产是信托财产。所以,不管是"转移给"还是"委托给",只有受托人因信托取得了财产,信托财产才可以成立。从反面说,受托人如果只是承诺了信托,而没有取得财产,则无信托财产。这种理解也是最符合信托理论的理解。那么,这里的取得是取得"占有",还是取得"权利"本身,这一点立法并不明确。《信托法》第29条规定,受托人必须将信托财产与其固有财产分别管理、分别记账,并将不同委托人的信托财产分别管理、分别记账。从表面上看,"委托人的信托财产"似乎表明信托财产的所有人是委托人,但鉴于"的"字在汉语中表达的不仅仅是所有关系,也表示一般的从属关系,"不同委托人的信托财产"理解为源自"不同委托人的信托财产"也无不可。再加上第2条的模糊规定,所以,从《信托法》本身我们并不能得出不动产信托在中国必须转移权利的结论。

我国学者大多数认为信托财产应当归属受托人。于海涌将中国应该将信托财产的所有权赋予受托人的主要理由归纳为:一,信托财产的所有权尽管具有一定的特殊性,但是受托人已经实际享有信托财产的占有、使用、收益和处分权,这与大陆法中的所有权理论完全吻合。二,由受托人享有所有权,不需要打破中国固有的一元所有权观念。方便将信托财产权纳入中国固有的法律体系,减少法系融合过程中的正面冲突。三,受托人享有所有权,公示的权利状态和实际的权利状态完全一致,尤其便于办理不动产的信托登记,这有利于维护交易秩序的安全。四,如果受托人享有所有权,受托人将享有更为广泛灵活的理财手段,能够把受托人的理财功能发挥得淋漓尽致,同时,受益人不仅能够根据信托合同向受托人主张受益请求权,而且能够通过信托财产的闭锁效应、零利益规则、谨慎管理人规则等一系列配套措施防范受托人的不当行为,其防范功能同样得到了有效发挥。[1]

---

[1]　于海涌:《英美信托财产双重所有权在中国的本土化》,中国政法大学出版社2011年版,第105—106页。

　　但是,根据我国法律和政策的规定,农村土地并非都可以由城市居民和公司持有。首先,2004年《国务院关于深化改革严格土地管理的决定》第2条第10款规定:"禁止擅自通过'村改居'等方式将农民集体所有土地转为国有土地。禁止农村集体经济组织非法出让、出租集体土地用于非农业建设。……引导新办乡村工业向建制镇和规划确定的小城镇集中。在符合规划的前提下,村庄、集镇、建制镇中的农民集体所有建设用地使用权可以依法流转。"其次,《农业土地承包法》第52条规定,发包方将农村土地发包给本集体经济组织以外的单位或者个人承包,应当事先经本集体经济组织成员的村民会议三分之二以上成员或者三分之二以上村民代表的同意,并报乡(镇)人民政府批准。未履行此程序的流转中的受让人可能为无权占有。总体上说,土地承包经营权当前由信托公司持有需要经过一定程序,并且不可以改变农地用途。

　　尽管农村土地在信托财产的转移上尚有一些问题,但还是应当采用"信托财产归受托人"的原则。第一,"信托财产归受托人"是信托关系的基本理念所要求的。信托财产不进行转移的"信托"关系难以与委托关系相区别。没有财产权转移的信托,信托的基本设计比如信托财产独立于委托人财产、受托人全权管理等就很难实行。模糊的信托关系也很容易损害委托人债权人或受益人的利益。第二,在我国农村土地限制没有解除的特殊阶段,可以认为信托关系中,委托人向受托人转移财产的行为是特殊的物权行为,不受相关法律的约束。这种"权宜之计"有其理论基础。附有非出售要求的信托从本质上不损害农村土地流转限制所保护的权益。只要限制信托公司处分信托财产的权利(这一点在信托合同中非常容易做到),就可以保证农村土地不会流失。即使信托公司具有出售的权利,也会同时受到以上法律和政策的限制,无法合法处分。另外,信托的受益人在安排时应当确定为农村居民,从根本上保障农民的权益。所以,将信托中的委托人向受托人流转作为一种特殊物权行为并无不可。但要同时认识到,从制度上解决这一问题的方式一定是农村土地财产权的完全市场化以及受益权的人身化。而信托中委托人向受托人权利的转移只能是一种真实的物权行为。

二、中国农地信托的登记

江平先生在《失去衡平法依托的信托法》中记述,信托财产当然应当公示,因为它已经设有负担,就和在抵押物上设立负担一样。公示当然要和登记联系在一起,在立法过程中,怎么登记、向谁登记又是一个争论的问题。也有人认为,信托还要登记,太复杂,也没有那个必要。于是《信托法》在通过时,又作了一个修改,即修改为:"法律规定需要登记的应当登记。"这又是一个折中、模糊的规定,江平先生说,连《信托法》中都没说明哪些信托财产需要登记,我们还能指望再有什么法来规定哪些信托财产需要登记?①

所谓物权信托的登记公示,是两个问题:一个是为了物权信托生效,而进行的变更登记;一个是信托关系或受益权的登记。虽然,中国《信托法》规定,信托成立需要将财产"委托给"受托人,但一般认为,"委托给"在物权上还是应以变更登记为要件。而《信托法》第10条所谓"设立信托,对于信托财产,有关法律、行政法规规定应当办理登记手续的,应当依法办理信托登记",应当是指信托财产移转而进行的变更登记。那么这个登记只要是上述法律规定的都要进行。

前面讨论过,信托受益权具有对物性,那么法定登记的财产,对物性权利应当公示,所以,除了信托财产在移转所有权的登记之外,如果希望受益权具有对世性,还应当对信托本身(或受益权)进行公示。《信托法》第22条规定,受托人违反信托目的处分信托财产或者因违背管理职责、处理信托事务不当致使信托财产受到损失的,委托人有权申请人民法院撤销该处分行为,并有权要求受托人恢复信托财产的原状或者予以赔偿;该信托财产的受让人明知是违反信托目的而接受该财产的,应当予以返还或者予以赔偿。这里的"明知"在一般情况下,对于委

---

① 于海涌:《英美信托财产双重所有权在中国的本土化》,中国政法大学出版社2011年版,第XIV页。

托人或受益人是较难证明的事实,如果信托关系本身(或受益权)的登记有了明确的法律规定,对于委托人和受益人来说,就具备了方便的信托公示手段,未来在行使追索权时举证也非常方便,对于信托财产的潜在受让人来说,可以方便地得知受让财产的信托状况,有利于降低交易调查成本,也有利于明晰财产权利状态。

在登记范围的问题上,凡现行法律法规规定应当进行登记的财产权进行信托的,信托都应当进行登记。根据《民法典》《土地管理法》《矿产资源法》的规定,要登记的财产权有农民集体土地所有权、农民集体土地建设用地使用权、国有土地建设用地使用权、抵押权、国有土地使用权、农村四荒土地承包经营权、探矿权、采矿权;根据《民法典》《城市房地产管理法》,要登记的财产权有房屋所有权、房地产抵押权、在建建筑物抵押权;根据《民法典》《商标法实施条例》,要登记的财产权有动产浮动抵押权、注册商标专用权、注册商标专用权质权;根据《民法典》,要登记的财产权有基金份额质权、股权质权、应收账款质权;根据《民法典》《专利法》,要登记的财产权有专利申请权、专利权、著作权质权;根据《森林法实施条例》,要登记的财产权有国家森林、林木和林地的使用权,集体森林、林木和林地的使用权、林木所有权;根据《草原法》,要登记的财产权有国有草原使用权、集体草原所有权;根据《海商法》,要登记的财产权有船舶所有权、船舶抵押权;根据《民用航空法》,要登记的财产权有民用航空器所有权、民用航空器抵押权、民用航空器优先权、民用航空器承租人的占有权;根据《道路交通安全法》《道路交通安全法实施条例》,要登记的财产权有机动车所有权、机动车抵押权。理论上,这些财产的信托都应当通过变更登记完成,相对应的信托关系和受益权也可以通过登记公示。

在信托登记的客体方面,有人认为客体是信托财产,有人认为客体是信托关系。还有人认为信托财产和信托关系都要进行登记。[1]登记客体的不同有一个重大的影响,就是登记机关的选定。如果认为登记

---

[1]　孟强:《信托登记制度研究》,中国人民大学出版社 2012 年版,第 115—116 页。

的客体是信托财产,那么,信托登记应当根据财产本身登记规定的不同而不同,如同抵押登记一样。而如果认为登记的客体是信托关系,则可以单独成立机构对所有信托关系进行登记。比如上海成立的信托登记中心,就是可以对所有信托,不管是动产信托还是不动产信托进行登记的机构。但是这样的统一登记有一个问题,就是不动产交易过程中,如果再进行信托登记查询会空费成本,也会导致调查不足引发纠纷的情况。所以,基本的原则应当是法律规定应当登记的财产权,到已经规定的财产登记机构进行登记,没有登记要求的财产,在统一的信托登记处进行登记。

关于登记的内容,有人认为信托财产登记应当记载信托财产的客观状况,记明信托财产之上已存在的其他权利情况。在信托关系的登记中,登记内容应尽量呈现信托法律关系的全貌,既能方便第三人查阅又能较明确地明了受托人的权限和受益人的权利。[1]这包括委托人、受托人和受益人的身份信息,如姓名或名称、住所或营业场所等;如果受益人尚不能具体确定的,例如公益信托,则包括受益人的范围;还包括设立信托的目的;最后,包括受托人的权限。

信托登记应当根据申请人提供的身份证明材料载明是没有问题的。但详细的信托关系的记载在现有登记技术条件下是不可能实现的,也没有必要。要明确的是,现在信托登记的目的是提示信托财产的受让人,是否可以受让这份信托财产。如果信托本身就是出售信托,那么受让人根本无需知晓信托的任何内容,如果是非出售信托,那么如果受让人希望受让,则必须解除信托,或承担被追索的风险,或承受受益权负担。所以,如果要在不动产统一登记的目标实现之前建构信托登记制度的话,其现实途径是在目前仍然分散的不动产登记机构之上增设信托登记的业务。[2]我认为在现有条件下,法律已经明文规定需要登记的财产权,其信托登记只需要分为两种:出售信托和非出售信托。将

---

① 谢哲胜:《信托法》,元照出版有限公司 2009 年版,第 166 页。
② 孟强:《信托登记制度研究》,中国人民大学出版社 2012 年版,第 125 页。

此记载于登记中就可以达到目的。而其他信托则自愿登记。

（一）农村土地登记制度

农村土地承包经营权来源于"家庭联产承包责任制"。《民法通则》第80条规定："公民、集体依法对集体所有的或者国家所有由集体使用的土地的承包经营权,受法律保护。承包双方的权利和义务,依照法律由承包合同规定。"在这里土地承包经营权还被认为是一种债权,并不涉及物权登记的问题。1986年和1998年的《土地管理法》继承了债权说,并未涉及农村土地承包经营权登记制度。2002年的《农村土地承包经营法》第23条规定,"县级以上地方人民政府应当向承包方颁发土地承包经营权证或者林权证等证书,并登记造册,确认土地承包经营权。"这是我国建立的最早的正式农村土地承包经营权登记制度。这一登记制度采用了登记对抗主义,其第38条规定:"土地承包经营权采取互换、转让方式流转,当事人要求登记的,应当向县级以上地方人民政府申请登记。未经登记,不得对抗善意第三人。"但对农村土地承包经营权的登记,在此尚没有强制性的规定,登记和权利证书不是取得土地承包经营权的必要手段。最高人民法院《关于审理涉及农村土地承包纠纷案件适用法律的解释》第21条规定,"承包方未依法登记取得土地承包经营权证等证书,即以转让、出租、入股、抵押等方式流转土地承包经营权,发包方请求确认该流转无效的,应予支持"。所以,取得权利登记是土地承包经营权流转的前提。从理论上,这是逐渐推行土地承包经营权登记的方式,而事实上,土地承包经营权的流转极为不规范,这一规定并没有达到预期的目的。

2007年的《物权法》将农村土地承包经营权规定为一项用益物权,结束了农村土地承包经营权是债权还是物权的争论,也证成了土地承包经营权登记的必要性。但是,在2007年中央多次发文推进土地承包经营权确权发证的工作,到2022年为止,我国各地大部分已经进行了土地承包经营权的确权登记颁证工作,并进行了验收。虽然,各地建立的土地承包经营权登记系统不尽统一,比如,上海建立了"上海市农村土地承包经营信息管理系统",但是,随着《不动产登记暂行条例》的颁布和实施,包括土地承包经营权在内的所有不动产统一登记的工作正在有条不紊地进行。

我国土地承包经营权登记制度存在很多问题。首先,土地承包经营权主体的规定不符合市场化的要求。《民法典》《农村土地承包经营法》等法律在土地承包经营权的主体表述上使用了"当事人""家庭""集体组织成员""农户""承包经营户"等用语,使农村土地在登记过程中,对主体的认定莫衷一是。根据立法上的分析,我国立法还是倾向于"农户"是土地承包经营权的主体,但这种设计与民法一般以自然人和法人为主体的框架相悖。以户为主体很容易产生处分权难以认定、第三方交易成本增加、未来纠纷风险增大等问题。其次,农村土地登记实践中,存在大量问题。根据我国法律规定,承包经营权的登记发证机关是县级以上人民政府农业行政主管部门,而现有的城市土地登记由国土资源管理部门和房产管理部门管理,导致了登记制度的建立需要协调多个部门的利益,变得举步维艰。在登记现有实践中,国土资源管理部门基于城市土地管理经验,已经建立了一个比较完整的土地信息数据库,也积累了先进测绘技术、全面系统的土地分类体系。而农业主管部门对此却没有相关经验。而农村土地登记管理下分到各市,不利于统一的农村土地定级、测绘、确权、综合评估和登记电子系统的建立。现在,农村土地登记系统的建设农业部门也会同国土资源管理等部门一起进行,但城乡统一登记改革还没有时间表。

(二) 农地信托的登记机关

农地信托登记机关也根据登记的类型而不同。农地信托中,为了信托成立而进行的必要权利移转,根据我国现行农村土地登记规定进行。《农村土地承包经营法》第 23 条规定,"县级以上地方人民政府应当向承包方颁发农村土地承包经营权证,并登记造册,确认农村土地承包经营权"。

土地承包经营权在信托中的权利转移机关也不统一,根据法律规定,不同类型的土地由不同的机关予以登记。《农村土地承包法》第24条规定,国家对耕地、林地和草地等实行统一登记,登记机构应当向承包方颁发土地承包经营权证或者林权证等证书,并登记造册,确认土地承包经营权。实践中,是人民政府中的农业主管部门核发证书。《森林法》《草原法》和《渔业法》分别规定了林地、草原的所有权或者使用权,以及水面、滩涂的使用权登记。《森林法》第3条和《森林法实施细则》第4条、第5条及第6条规定林地由林业主管部门进行登记。《草原法》第11条规定,草原权属的登记机关为县级以上人民政府。《渔业法》第10条规定,水面使用权由渔业部门登记确权。

也就是说,农村土地的登记由各主管部门分别管理。在现行体制下,信托关系成立时,委托人向受托人的权利移转尚无法改变。如果希望达到统一登记统一管理的目标,现行体制尚需进一步改革,可能还需要技术的进步和经验的积累。

对于信托关系或信托受益权的登记,有两种方式,一种是在权利登记处进行信托登记,另一种是单独成立机构进行登记。

我国已经成立的专门信托登记机构是上海信托登记中心。该中心成立于2006年6月21日,是经中国银行业监督管理委员会批准设立的全国首家信托登记机构。上海信托登记中心对信托的登记分为两部分:信托信息的登记和信托财产的登记,其中信托信息的登记包括受托人名称、信托资金的用途、信托计划的规模、受益人的个数、信托的起止时间等,对信托信息登记的条件是受托人提交了中心规定的全部文件且文件内容符合法律、法规的要求;信托财产的登记包括有权属财产的登记和无权属财产的登记。无权属的财产即为其转移不需要进行登记的财产;有权属的财产即为其转移需要进行登记的财产。对有权属财产的登记需要受托人提供权属人为受托人的权属证明。该中心进行的信托登记,还处于试点阶段。从实践中看,上海信托登记中心作为信托登记机构存在两个主要问题:一是其登记的效力,其登记是否能够被确认为《信托法》第10条所规定的信托登记;二是对财产的登记上,没有实现与相关登记部门的对接,其对财产的信托登记没有取得相关登记部门的认可,因此,即使受托人到中心办理登记,也首先必须在相关财产登记部门办理变更手续,对信托当事人而言,意义不大,而且增加登记的环节。①三是,上海信托登记中心尚不接受不动产信托的登记。

对于第一种情况,即信托关系和受益权登记也在原权利登记处进行信托登记,那么信托登记也会面临多头管理、非专业化和地区性的缺点。但是,对于农地信托登记本身来说,还是应当和城市土地权利信托一并划归统一的登记机关管理。农地信托登记进入不动产统一登记系统有以下几个优点。第一,统一登记有利于市场上第三人方便地了解土地承包经营权状态,对于影响自身利益的信托设定,可以较低成本知晓。第二,不动产统一登记有利于节约登记成本,提高登记机关的专业化。第三,不动产统一登记有利农民和其他权利人提高法律意识,认识到权利的享有和转移的正当程序,更有利于保护农民的权益。

有学者建议,建立一个专门的具有公允性和权威性的机构,同时承担土地承包经营权登记和土地承包经营权信托登记的职能。这个机构可以设在县级土地行政管理部门,在乡镇一级设立办事处,以方便土地承包人、相关权利人及信托当事人进行登记。②事实上,不动产的登记应当是全国统一登记,主管机关是国家土地资源管理部门。因为一旦信托广泛推广,最大信托财产还是国有土地,并且国有土地的相关登记也是当前运行最为成熟的系统。这样才可以真正达到节省交易成本、提高交易安全、促进交易发展的目的。

(三) 农地信托的登记义务人

农地信托的登记义务人是指在办理信托登记时,应当实施向登记机关提交材料、申请登记的当事人。这里的信托登记依然包括两种可能:一是为信托成立而进行的自委托人向受托人的信托财产权利移转;

---

① 汤淑梅:《信托登记制度的构建》,《法学杂志》2008 年第 6 期。

② 曾玉珊、胡育荣:《论农村土地承包经营权信托登记制度》,《徐州工程学院学报(社会科学版)》2012 年第 2 期。

二是受益权登记(如果在未来制度上可能的话)。

自委托人向受托人进行的信托财产权利移转是信托成立的条件,如果权利没有移转,则信托可能并不能成立。信托不能成立的结果由委托人和受托人共同承担,这样对登记义务的履行是非常不利的。在实践中,确定登记义务人可以通过信托合同实现。在信托合同起草的过程当中,委托人和受托人双方应当意识到登记义务的履行是合同履行中一个重要的环节,并且对此环节双方应当达成合意。然而,合同是双方当事人的意思表示,法律并不能直接对合同的内容作出规定。信托行业可以对此事项通过指导合同或合同范本加以引导,但也并非强制性的。所以,在信托合同并没有对登记义务人进行约定的时候,法律就要规定农地信托登记的法定义务人。

农村土地信托登记的法定义务人应当是受托人。将受托人确定为我国现阶段的农地信托登记的法定义务人原因有以下几个:第一,效率考虑。在农地信托关系中,一般情况下,农民或农民的群体是委托人,农民在信托法律关系中,欠缺信托制度的相关专业知识,没有进行信托登记的相关经验,办理登记事务效率也较为低下。并且,在农民作为委托人的情况下,还有可能一个信托项目就涉及大量委托人,单个委托人去办理登记,也不符合效率的原则。农地信托的委托人也有可能是村委会或合作社,两者虽然较单个农民具有更高的处理登记事务的能力,但综合来说,相对于信托公司,其进行登记没有优势。而相对的,在我国受托人主要是信托公司。它们都是专业从事信托业务的机构,通过了国家严格的审批和后续监管,不论是从市场经验还是商务能力上说,都远超一般自然人和公司。并且,信托公司在从事信托业务过程中,可能会遇到大量同种类的登记事务,不但可以积累经验,合并管理,还可以应对登记事务的意外和纠纷。所以,由信托公司办理信托登记效率更高,成本更低。第二,法律后果考虑。农地信托不办理登记有可能会导致信托不能成立,信托不能成立,信托公司就无法进一步进行业务。这是一个角度。从另一个角度说,信托财产的权利没有移转到信托公司名下,信托公司在管理与处分信托财产的过程就可能会遇到障碍。为了顺利进行业务和财产管理,信托公司也应为农地信托登记的法定义务人。①

受托人确定为我国现阶段的农地信托登记的法定义务人的优势在于:第一,明确受托人有责任办理信托登记,可以有效减少相关的谈判成本。法律对义务设定的导向,可以使在具体商务谈判中减少相关主题的讨价还价,可以更快地确定义务履行方式。对于某一方式具有明显效率和合理性的设定,法律进行规定有利于合同双方的谈判和交易。第二,明确受托人有责任办理信托登记,可以避免登记拖延。如果法律没有规定登记义务人,合同中双方也没有约定,那么,有可能出现委托人不知如何申请登记,受托人则不愿申请的局面。登记拖延不但使信托关系处于不稳定的状态,也使市场上的第三人可以看到的公示信息与事实状态存在差别。这样的情况极易导致纠纷。第三,明确受托人有责任办理信托登记,有利于确定受托人责任。信托不登记,信托有可能不成立,但合同责任的确定却并不能自然消失。应负登记义务的一方如果没有履行义务,那么他就应当承担相应的合同责任。在合同没有约定的情况下,法定义务人也应当承担对对方造成的实际损失。

受益人登记在我国还是一个不确定的制度,但是对受益人登记存在两个方面的动力。第一,委托人为了受益人的受益权可以得到类似物权的对世性,希望可以进行登记。第二,受益人希望自己的权利得到类似物权的对世性,希望可以进行登记。受益权,在英美法上作为衡平法权利,不管是历史上还是现实中都没有强制登记的规定。我国现在对于受益权登记尚没有规定,委托人或受益权人希望进行登记时,也无法可依。在未来,我国建立起信托登记或受益权登记制度,也不太可能要所有的受益人全都进行登记。但是可以规定,受益权不进行登记就不具有对世效力。这是因为信托关系从本质上还是一种私人关系,如

---

① 参见曾玉珊、胡育荣:《论农村土地承包经营权信托登记制度》,《徐州工程学院学报(社会科学版)》2012年第2期。

果委托人不希望他人知晓信托的存在,可以在完全秘密的情况下进行信托。这也是信托在很多国家得到青睐的原因之一。所以,只要有登记对抗的规定为已足。

因为受益权登记与信托财产移转登记存在以上不同,所以,受益权登记的义务人可以分为以下几种情况。第一,合同中没有明确约定受益权或信托关系是否登记的,没有登记义务人,如果在合同签订后,委托人或受益人希望进行登记的,应当自行登记或请求受托人协助登记。第二,合同中明确约定受益权或信托关系进行登记,但没有约定登记义务人的,受托人是登记义务人。原因与信托财产权利移转的登记相同,只不过,在此应当认为,合同中明确约定了登记事项,则这一事项自然成为信托事项之一。第三,合同中明确约定受益权或信托关系进行登记,也约定登记义务人的,则按合同约定。

在我国现有的不动产登记中,一般登记机关都会要求转让方和受让方一同申请登记。缺少任何一方面,手续可能都无法完成。在农村土地登记制度成熟之后,可能也会出现以上情况,双方当事人都要到场。所以,对于信托登记义务人的法律规定,在实践中可以起到督促有能力完成登记的一方尽快进行登记、不至拖延的作用。

(四) 农地信托登记的内容

农地信托登记的内容包括两个问题:一是,农村土地登记申请人提交的材料应当包括的内容;二是,农村土地登记公示的内容。

《信托法》第 10 条规定,设立信托,对于信托财产,有关法律、行政法规规定应当办理登记手续的,应当依法办理信托登记。但是对于登记的具体形式和内容却没有进一步的规定,从立法用语上看,《信托法》将这些具体事项交由信托财产本身所受规范的法律文件处理。《土地登记办法》第 2 条明确:"本办法所称土地登记,是指将国有土地使用权、集体土地所有权、集体土地使用权和土地抵押权、地役权以及依照法律法规规定需要登记的其他土地权利记载于土地登记簿公示的行为。前款规定的国有土地使用权,包括国有建设用地使用权和国有农用地使用权;集体土地使用权,包括集体建设用地使用权、宅基地使用权和集体农用地使用权(不含土地承包经营权)。"而土地承包经营权的登记,法律只是作出了要求,对于登记内容却没有具体说明。

根据以上的立法与实践情况,农村土地登记申请人提交的材料应当包括以下内容:信托权利的权证及登记信息、信托合同、委托人与受托人的身份证明、受益人的身份情况。在这些文件中,至少要包含以下信息:第一,信托关系当事人及相关人的基本信息(委托人、受托人和受益人的姓名、名称、住所、法定代表人;代理人的姓名、性别、住所、地址)。第二,信托土地权利的基本情况及证明(承包土地的四至、面积、质量等级、承包合同、登记权证、权利性质等)。第三,信托关系的相关情况(信托目的,受益人或者受益人范围,受益人取得信托利益的形式、方法、计算与时间,信托存续的期间;受托人责任与报酬的计算与支付方式[如有]、信托关系消灭时信托土地之归属及交付方式、信托土地的管理与用途、地上附着物及相关设施的管理、违约责任)。信托关系的基本情况应当反映在信托合同中。

总之,农村土地登记申请人提交的材料可能要涉及信托的各个方面,是对信托的全面登记。但是,这些登记的信托信息远没有必要全部进行公示。信托公示的目的是保护市场上的第三人,使其不致在不了解信托存在的情况下进行交易而陷入纠纷。所以,保护市场第三人,只要公示财产存在影响第三人利益的信托就足够了。根据英国信托登记的经验,在公示之前可以将信托关系区分为影响第三人的信托(非出售信托)和不影响第三人的信托(出售信托)。出售信托是指在信托关系中,受托人有权处分信托财产,所以,第三人可以自由地受让信托财产,如同受让一般财产一样。而非出售信托是指在信托关系中,受托人无权处分信托财产,那么第三人受让这些财产可能就会与受益人利益发生冲突。所以,在进行出售信托和非出售信托之后,信托财产的登记公示也可以分为两种,即出售信托登记和非出售信托登记。在第三人看到一项财产上注有出售信托登记,他就了解,自己可以自由受让此财产,尽管此财产是信托财产。而看到财产上注有非出售信托登记,他就可以确定,作为交易对方的受托人不具有处分信托财产的权利,他如果真的希望受让信托财产,则必须了解信托的内容,并且取得相关人的同意。在这种情况下,受托人拒绝向潜在受让人披露信托内容,那么受让人就不能受让这一财产。

此外,信托登记也分为很多种类,比如设定登记、变更登记、注销登记等。以上介绍的是设定登记,那么变更登记与注销登记提交的材料有所不同。比如,变更登记可以是受益人变更,也可以是信托事项的变更或受托人权限变更等。在这些登记变更时,受托人要与相关人到登记机构变更登记,提交与变更事项有关的材料、身份证明等,比如变更信托内容,可能需要信托合同变更的协议、受益人的同意书等。如果是信托注销登记,那么受托人或者受益人、委托人则必须提交与注销事项有关的材料、身份证明等,比如信托财产消灭的证明、信托目的不能实现的说明或证据等。这些登记的情况不一而足,根据具体情况而有所不同。

(五)农地信托登记的效力

农地信托登记的效力也要分为两个部分来讨论,一是为信托成立而进行的自委托人向受托人的信托财产权利移转;二是受益权登记(如果在未来制度上可能的话)。

对于为信托成立而进行的自委托人向受托人的信托财产权利移转,需要综合考虑《信托法》和《民法典》的规定。《信托法》第 10 条规定:"设立信托,对于信托财产,有关法律、行政法规规定应当办理登记手续的,应当依法办理信托登记。未依照前款规定办理信托登记的,应当补办登记手续;不补办的,该信托不产生效力。"《民法典》规定:"土地承包经营权互换、转让的,当事人可以向登记机构申请登记;未经登记,不得对抗善意第三人。"《农村土地承包法》规定:"土地承包经营权互换、转让的,当事人可以向登记机构申请登记。未经登记,不得对抗善意第三人。"还规定"土地经营权流转期限为五年以上的,当事人可以向登记机构申请土地经营权登记。未经登记，不得对抗善意第三人"。从立法文意上分析，土地承包经营权的权利转移采登记对抗主义，而《信托法》援引了登记对抗主义的规定，也即土地承包经营权的权利从委托人向受托人转移依当事人意思进行登记，但不登记不得对抗第三人。①

根据以上规定，问题是土地承包经营权不进行登记权利移转，是否可以成立信托。从立法规定上分析是可以的。但是，根据信托的理论，受托人如果不能完整地取得信托财产权利，那么委托人就没有完全退出信托财产的管理，信托关系本身就是虚假关系，应当被认为是无效的。如果承认这样信托的存在，将会引发委托人的债权人和受托人的债权人纠纷。比如，财产权利没有转移，而信托又已经成立。受托人在管理财产中发生了债务，本来应当由信托财产承担，而受托人的债权人对信托财产行使请求权时，发现权利没有转移，那么他如何对抗委托人的债权人？从根本上说，不移转权利的信托关系是无法执行的信托关系，它不但使受托人完整的行使管理权现实上不可能，也会引发大量的纠纷。所以，信托的成立要求信托财产权由委托人移转给受托人。不进行登记则信托关系不能成立。

土地承包经营权信托如果成立，信托权利必须由委托人移转给受托人。

受益权登记应当采登记对抗主义。受益权在英美法上也并非必须登记的权利。原因在于，信托关系归根到底还是一种私人关系，委托人或受益人都有可能并不希望其他人了解信托关系的存在，而对于受托人来说，信托关系的非公示也并无对其财产管理的不利。但是，受益权又是对物权，仅仅债权上的保护是不足以保护受益权不受损害的。债权保护也与信托制度的基本理念相违背。受益权基于信托财产而存在，不以受托人的改变而改变，在第三人了解信托存在的前提下，也具有对抗性。所以，受益权即使没有登记也并非债权。所以，既具有对抗

---

① 参见曾玉珊、胡育荣：《论农村土地承包经营权信托登记制度》，《徐州工程学院学报（社会科学版）》2012年第2期。

性又有自愿性的登记对抗主义,最为适合受益权。

对于农地信托来说,受益权登记对抗主义有利于尊重农民的自主选择,可以使信托制度更灵活地运作和服务于现实。登记对抗主义为各方当事人提供更大的弹性空间,可以适应我国农村复杂的具体环境和广大农民的具体需求。但是,在实践中应当就此方面给予农民更多的说明与指导。

第五章
土地承包经营权信托的内部交易

一、受益人权利安排的建构

一直有人认为,英美法上的土地所有权是双重的,一是普通法上的所有权,一是衡平法上的所有权。而在经过 1925 年财产法改革之后,英国的土地所有已经简化为单一所有权,即普通法上的所有权,仅保留很有限的几种权利(与改革之前相比)可以通过衡平法登记对抗第三人。所以,从本质上说,英国土地所有权制度与我国的一物一权认识是不冲突的。这也是在我国《民法典》背景下研究土地信托受益权的基础。

从我国立法与政策制定的历史看来,农村土地承担着农民生存保障的任务,这是新中国在成立之初就实行并保持的立国之本。但是,在市场化的过程中,土地的保障性日益对土地的使用产生负面影响。在这种背景下,很多学者和社会人士就提出了农村土地的市场化改革,甚至提出了私有化方案。而这些方案很少有能够维持我国农村的土地保障功能的。

在本章,笔者希望可以通过对中国农地信托的受益权的讨论,来初步分析化解农村土地保障性和市场化冲突的可能性。

(一) 信托受益权的性质

很多学者认为,信托就代表了一个物上存在两个所有权,这与一物一权的大陆法体系相冲突。所以信托的权利结构设计也不能独立于现有法律体系存在。江平在《失去衡平法依托的信托法》中记述，在大陆法国家，失去衡平法依托的信托法只能采取单一所有权办法，而不能像衡平法那样，再搞双重所有权。而要承认单一所有权，那就要明确写明受托人是信托财产的所有人，当然要加以限制以区别于受托人自有的固有财产，这样，受益人则只能享有受益权，而不是所有权了。①

那么，信托中的受益权，即衡平法所有权，在中国究竟应当属于什么性质就成为重要的问题。有人认为，受益权是物权，有人认为，受益权是债权，也有人认为，受益权兼备物权与债权性质，还有人认为，受益权独立于中国法律现有权利分类体系，是一种独立性质的权利。

1. 物权说

物权说认为，受益人才是信托财产的真正所有权人，大陆法系的物权理论完全可以解决信托财产的所有权问题，应当把信托财产的所有权赋予受益人。②陈雪萍从信托受益权具有物性、对世性、支配性、追及性、知晓性和优先性六个方面分析，得出结论，信托受益人权利具有对物权的性质，这种权利性质决定了信托财产权之物权属性。③

英国学者也有的认为受益权属于对物权利。因为受益权在某些情况下可以针对一般人，而非仅仅针对受托合同的当事人，比如受益人追踪信托财产的规则。（我国《信托法》中也有追索权的规定，但这两种制度不完全相同。）从这种意义上说，受益人在行使的是一种对物权利，而非单纯的对人权利。④

但是，虽然受益权具有对物权利的诸多特征，但它显然不具有对物权利的全部特征。并且，受益人毕竟不是信托财产的唯一所有者，信托

---

① 于海涌：《英美信托财产双重所有权在中国的本土化》，中国政法大学出版社2011年版，第XIII—XIV页。

② 温世扬、冯兴俊：《论信托财产所有权——兼论中国相关立法的完善》，《武汉大学学报（哲学社会科学版）》2005年第2期。

③ 陈雪萍：《信托受益人权利的性质：对人权抑或对物权》，《法商研究》2011年第6期。

④ 何宝玉：《英国信托法原理与判例》，法律出版社2001年版，第45—46页。

财产所有权的某些内容被赋予了受托人。

2. 债权说

债权说的主要依据是受益人享有的对受托人请求支付信托利益的权利为债权。于海涌认为,受益权是一种复合性权利,包含了受益请求权、对信托事务的监督权和向第三人追索信托财产的撤销权。受益请求权是一种债权,而对信托事务的监督权是一种从债权,而被认为是对物权利的向第三人追索信托财产的撤销权只是对债权的保全。①

英国学者也有的认为受益权属于对人权利。梅特兰认为,一项衡平法权益针对随后给付对价且不知道信托存在而购买法定所有权的善意购买人,是无效的。这样一位购买人的抗辩,是一个绝对的、彻底的、无法辩驳的辩护理由。这种传统观点与信托发展的历史是一致的。最初,在用益制度中,受益人只能起诉原始的财产受让人(feoffee to uses);然后扩大到其他一些人;最终,受益人不需要列出他可以针对哪些人强制实施,而是可以很方便地指出,除了给付对价且不知道信托存在的善意购买人之外,受益人的权益可以针对任何人强制实施。但是,人们仍然认为这是一种对世的权利或对物权。例如,在一项土地信托中,受托人将土地出租给第三人,第三人未按期支付租金,在这种情况下,受益人不能针对承租人采取行动。针对承租人的任何行动,都只能由受托人采取,这是受托人的职责所在,也是他作为土地的法定所有人的权利。只有他违背职责,受益人才能针对受托人起诉,而不能直接对承租人起诉。这个典型的例子,倾向于支持受益权是一种对人的观点。②

而反对者则认为,受益人向受托人请求支付信托利益的权利当然属于债权,但这并不是问题的全部,因为除了受益请求权以外,受益人还享有监督受托人从事信托事务的权利、对法院的强制执行提出异议

---

① 于海涌:《英美信托财产双重所有权在中国的本土化》,中国政法大学出版社2011年版,第10—12页。
② 何宝玉:《英国信托法原理与判例》,法律出版社2001年版,第44—45页。

的权利、接受受托人辞职的权利,甚至还包括撤销受托人违反信托目的而实施的处分行为的权利,这些权利显然已经无法为债权所包容,把受益人的权利单纯地概括为债权,难以充分说明受益权的性质,因此债权说的缺陷显而易见。[①]

信托登记更增加了债权说成立的难度。一旦受益权可以登记在登记簿中,它就有了公示性,不管是登记的信托关系还是受益权,登记的内容都当然被认为是处于公众所知的范围之内。于是,想要作为善意购买人免于信托的约束就更为困难。

3. 混合说

债权说有着明显的缺陷,所以有人提出物权债权并存说试图弥补这些缺陷。他们认为受益权既是受益人向受托人主张的债权,又是受益人在信托财产上享有的物权,其兼有债权与物权的双重特性。[②]近代以来各国信托法一般都赋予了受益权以两方面的内容:一方面是受益人有权请求受托人给付信托利益并赔偿违反信托所造成损失的权利,这是一种债权性质的权利;另一方面,在受托人违反信托目的而处分信托财产时,受益人有权请求法院撤销该处分行为并从交易对方手中追索信托财产,这又是一种物权性质的权利。[③]

类似地,英国信托法权威学者之一海顿(Hayton)教授认为,受益人总是拥有对人的权利,但在某些情况下也拥有对物的权利。他认为,信托的受益权到底是属于对人权还是对物权,在很大程度上取决于对人权、对物权的含义,以及针对的是单纯信托、固定信托还是自由裁量信托。他得出的结论是,为了理解信托的实际运作,最好的办法是,把信托的受益权看成一种对人权,强迫受托人实施信托,这是一种衡平法诉讼权利。但是,如果事情出现了错误,信托财产错误地落入了第三人

---

① 何宝玉:《信托法原理研究》,中国政法大学出版社 2005 年版,第 182 页;李群星:《信托的法律性质与基本理念》,《法学研究》2000 年第 3 期。

② 谢哲胜:《信托法总论》,元照出版公司 2003 年版,第 14 页;周小明:《财产权的革新》,贵州人民出版社 1995 年版,第 110 页。

③ 周小明:《财产权的革新——信托法论》,贵州人民出版社 1995 年版,第 110 页。

手中,那么,最好还是认为,由于衡平法追踪的作用和结果,信托的受益权是一种衡平法对物权。这样,可以将信托的内部方面与外部方面加以区别。①

但是,可惜的是,在大陆法系国家,并不承认既属于物权又属于债权的中间性权利。②

4. 独立权利说

独立权利说认为受益权包含的这些权利的范围和性质,显然无法完全纳入大陆法系的物权或债权范围。因此,较为适宜的观点可能是把受益权看成一种特殊的权利,其性质、内容及产生和行使适用信托法的特别规定,而不是套用一般民法的理论,以免过分强调受益权的债权性质,产生对受益人保护不周之虞;或者过分强调其物权性质,导致对受益人的过分保护,难免带来影响第三人权利之忧。③

独立权利说回避了信托融入大陆法系的理论问题,期望两个权利体系可以并存于一部民法典中。如果在司法实践中出现了体系冲突的问题,独立权利说将束手无策。

运用特别法来确认新的权利机制,不失为一种较为合理的选择。就是在民法之外另行制定特别法——信托法,以特别法的形式明确信托构造的权利义务关系,并赋予这种权利义务关系以法律效力。④

5. 受益权的性质与公示公信相关

在对受益权性质进行分析之前,应当明确两个理论问题。

第一,英国现代信托法并不承认双重所有权。早在 1925 年《财产法》改革之后,英国就已经在立法中规定只有自由继承地产权和绝对定期地产权才是土地上的所有权。所以,从 1926 年 1 月 1 日之后,英国的土地上就只存在一个可以处分的所有权。而其他的普通法地产权以

---

① David J. Hayton: Commentary and Cases on the Law of Trusts and Equitable Remedies, 10th edition, Sweet & Maxwell, 1996, p.12.

② 周小明:《信托制度的比较法研究》,法律出版社 1996 年版,第 33 页。

③ 何宝玉:《信托法原理研究》,中国政法大学出版社 2005 年版,第 169 页。

④ 李群星:《信托的法律性质与基本理念》,《法学研究》2000 年第 3 期。

及所有的衡平法地产权都不是土地上的所有权。虽然,在英国法上一些权利也可能有"物权效力"(对抗第三人的效力),比如,受让人在完成登记处分后,有以下权利可能超越登记权利的效力:土地负担登记上记录的权利、①2002 年《土地登记法》表三中列明的更高权益、②(在非绝对地产权的情况下)登记上明确记录的瑕疵、③(在租赁保有的情况下)基础地产权上的土地权益。④而更高权益是指,"那些未记载于登记簿、但对根据本法而发生效力的登记地产权的处分产生约束的所有的土地负担、权益、权利和权力"(1925 年《土地登记法》第 3 条)。关于更高权益的内容,表三的第一项规定的是短期租赁。1925 年《土地登记法》第 70 条第 1 款 a 项规定,更高权益包含了:授予期限不长于 21 年的租赁保有。"授予"在此应当被解释为,这一租赁保有应当是普通法权利。2002 年法案表三第一项,沿用了这一条,只不过将"21 年"改为了"7年"。7 年到 21 年期的租赁保有在 2002 年法案中只能由登记的方法设定和处分,不管这些租赁保有是设定在登记土地上还是未登记土地上。⑤第二项规定的是实际占有人权益,实际占有人权益是更高权益中最为重要的一类,也是适用最多的一类。实际占有人权益规定在 1925年《土地登记法》第 70 条第 1 款 g 项和 2002 年法案的表三的第二项。这种权益与表三中规定的其他权益有所不同,它不是一个具体的权益类型,而是具备了"占有状态"的所有权益类型的集合。实际占有人权益行使的前提是权利人"实际占有土地"。表三的第三项规定的是地役权。根据 2002 年法案,普通法地役权和获益权(profits à prendre)可以

---

① Land Registration Act 2002,s.29(2)(a)(i).
② Land Registration Act 2002,s.29(2)(a)(ii).
③ Land Registration Act 2002,s.29(2)(a)(iii).绝对地产权(absolute title)规定于 2002 年法案在第 11 条第 2 款:"如果土地登记处认为,作为受让人的合格职业顾问,可以建议受让人接受这一地产权,那么就可以将地产权登记为绝对地产权。"而如果一个地产权可以被登记为绝对地产权,却存在特定的瑕疵时,那么它可以被登记为适格地产权(qualified title)。在适格地产权的登记中就有可能会出现"登记的瑕疵"。
④ Elizabeth Cooke,*The New Law of Land Registration*,p.70.
⑤ 参考 1925 年《财产法》第 1 条关于绝对定期地产权的规定。

获得更高权益的地位。而在 1925 年《土地登记法》中,第 70 条第 1 款 a
项却明确列上了衡平法地役权。如果它们登记为土地负担,则未登记
地产权的受让人要受到约束。①而现在,在英国只有普通法地役权可以
获得更高权益的地位。这一点应当这样理解,普通法地役权只能以登
记处分的形式明确地创设于登记土地上,这样创设的地役权当然存在
于登记记录中。所以,普通法地役权的优先性,实际上隐含于登记形式
和法律规定之中。所以,英国法与中国法的最大不同在于,除了登记公
示公信之外,不动产也可以通过占有实现一定的对抗效力。

第二,受益权不是所有权,并不妨碍受益权的物权性。因为物权可
以是所有权,也可以是物权属性的负担。可以认为,受益权更像是委托
人设定的,受托人同意的,设定在信托财产上的负担。这种负担与地役
权和用益物权一样,可以长时间与所有权并存,同时具有对抗效力。

受益权的对物效力主要体现在两个方面。一个是受益人对受托人
的不当处分的撤销权,以及由此引发的对信托财产的追索权;另一个是
信托目的或受益权对信托财产的约束力。前者国内已有很多讨论。而
后者是一个受益权及信托关系对物性更重要的命题。在未来不动产信
托发展之后,将成为一个重要的讨论对象。比如,甲向乙转移一个房
产,设定一个信托,受益人为其子丙,信托目的是每月向丙支付 3 500
元的生活费,信托性质为非出售型信托,信托时限为 50 年。而甲乙在
移转房产时,进行了登记公示,但因为登记制度原因,信托未能进行登
记。乙在管理房产一年后,将房产出售给丁。那么,甲乙之间的信托合
同是否对丁产生约束力? 按照《信托法》,丙可以行使追索权,但是,如
果丁支付了相应的对价,信托对丁具有约束力的理论基础是什么?

然而,如果单纯把受益权认定为债权,则在大陆法系中没有区别
于第三人受益合同的明显优势,也可能根本就没有存在的必要。如
果认为受益权是物权,进一步的问题就会接踵而至:根据大陆法系的
物权法定主义,物权的种类和内容应当由法律规定,立法者必须明确

---

① Land Charges Act 1972,s.2.

126

承认这种物权。①《信托法》规定了信托登记的问题,但在这一登记条款中没有明定登记的对象,也没有规定登记的效力,而《民法典》没有赋予信托的受益权物权的性质,更没有对此作出任何解释。

所以,在将信托应用在农地信托的问题上,最先要解决的问题是信托财产的追索权如何适用,如何对抗善意第三人;信托财产登记的对象,是信托关系还是受益权;登记与非登记信托对第三人的效力。从我国现有的立法情况看来,最有效的方法就是登记对抗。在我国现有的土地登记体系内,新增信托登记的条目。这使不动产受让人在受让不动产时可以查阅到有关不动产的信托情况。信托登记是条目式登记,并不涉及具体内容,可以分为出售信托与非出售信托。凡登记为出售信托的不动产,受让人可以安全地受让信托财产,受托人具有完全的处分权。而非出售信托的信托财产,受托人不得随意处分,受让人如果希望受让不动产,则需要进一步了解信托安排,甚至需要解除信托关系才可以受让此不动产。

在登记的条件下,受益权就取得了对抗第三人的效力,成为一种物权,或准物权。而以英美法的角度分析,即使没有登记的受益权在此时也存在潜在的成为物权的可能性。事实上,在英美法中多数人认为受益权是对物权,只要第三人了解了其存在,就应当受其约束。而在我国,可以认为受益权是一种登记对抗的物权。而知情人是否受到约束则要根据我国具体情况进一步研究。

(二) 农地信托受益权的归属

信托制度的本质就是为了受益人的利益,而除了目的信托之外,受益人的指定也是信托成立的要件。受益人在法律上所受的限制不多,不管是自然人还是法人,不管是公司还是其他组织,也不管是有行为能力人还是无行为能力人,都可以成为受益人。此外,受益人可以是一人,也可以是多人。受益人是多个人的情况下,信托文件可以确定受益

---

① 于海涌:《英美信托财产双重所有权在中国的本土化》,中国政法大学出版社2011年版,第12页。

权的分配比例和分配方法,信托文件未作规定的,各受益人平等享受信托利益。一般情况下,受托人不可以是受益人,因为按照英美法信托的观念,一旦普通法上的所有权与衡平法上的所有权归于同一主体,则信托关系消灭。而事实上,受托人也可以是受益人,但不可以是唯一的受益人,也不可以是按份受益人,只能是共同受益人。因为如果是按份受益人,并且信托财产可以分割,则受托人在其份额内,普通法上的权利与衡平法上的权利就合为一体,归于消灭。在法律上,受益人还必须是确定的人,除目的信托外,受益人不确定则信托不能成立。如果没有指定受益人,法律上推定委托人就是受益人。

信托文件没有规定的情况下,受益人自信托生效之日起享有信托受益权。当然,信托文件可以规定有期限的受益权以及受益权的起止时间。受益人有以下几项权利:第一,委托人有权了解其信托财产的管理运用、处分及收支情况,并有权要求受托人作出说明。委托人有权查阅、抄录或者复制与其信托财产有关的信托账目以及处理信托事务的其他文件。第二,因设立信托时未能预见的特别事由,致使信托财产的管理方法不利于实现信托目的或者不符合受益人的利益时,委托人有权要求受托人调整该信托财产的管理方法。第三,受托人违反信托目的处分信托财产或者因违背管理职责、处理信托事务不当致使信托财产受到损失的,委托人有权申请人民法院撤销该处分行为,并有权要求受托人恢复信托财产的原状或者予以赔偿;该信托财产的受让人明知是违反信托目的而接受该财产的,应当予以返还或者予以赔偿(除斥期间为一年)。第四,受托人违反信托目的处分信托财产或者管理运用、处分信托财产有重大过失的,委托人有权依照信托文件的规定解任受托人,或者申请人民法院解任受托人。受益人行使上述权利,与委托人意见不一致时,可以申请人民法院作出裁定。

如果信托文件没有明确禁止,受益人的受益权可以依法转让和继承,可以利用受益权清偿到期债务。受益人无需意思表示即可享受受益权,但受益人有权放弃信托受益权。受益权放弃受益权的,受益权自放弃之时起终止,没有溯及效力。在受益人是多个的情况下,全体受益人放弃信托受益权的,信托终止。部分受益人放弃信托受益权时,被放弃的信托受益权首先应当按信托文件的规定分配;如果没有规定的,则平均分配给其他受益人;其他受益人均表示不接受的,则分配给委托人或者其继承人。

信托文件可以对信托的变更与终止作出规定。如果没有规定,受托人是唯一受益人的,委托人或者其继承人可以解除信托。如果受益人对委托人有重大侵权行为,或受益人对其他共同受益人有重大侵权行为,经受益人同意,受托人可以变更受益人或者终止受益人的信托受益权。

信托文件可以对信托终止时信托财产的归属作出规定,如果没有规定,信托财产首先归属受益人或者其继承人,如果受益人或其继承人不接受,则归属委托人或者其继承人。受益人的受益权直到信托财产转移时终止,信托财产转移给权利归属人的过程中,信托视为存续,权利归属人为受益人。

虽然,在一般的信托中,受益人的身份没有太多限制,但在农地信托中,对受益人身份进行限制却是非常有必要的。上文论述过,我国土地承包经营权虽然现在已经没有太多的身份性,但依然承担着农民生活保障的功能。

农地信托是解决我国农村土地保障功能与市场化冲突的可能途径之一。首先,受益权作为一种财产权,可以为农民提供财产保障,并且这种保障具有长期性和持续性。相对于将土地变卖而得价款,受益权更有利于为农民提供可靠的生存和生活保障,却无需担心农民因处分不当而失去财产,也有利于政府在长期内对权利进行监管,如果出现损害农民权益的情况,也更容易在之后的时间进行更正和补偿。其次,受益权可以提供持续的生活保障,却不影响土地的市场流转性。传统上土地为农民提供保障,就不能自由进行交易,一旦进行交易,土地与农民分离,农民就有可能生活无着。这也是我国一直以来对农村土地流转保持谨慎态度的原因。然而随着大量农民进城务工,大量土地因等待农民归乡而长期无人管理,或闲置。然而,若受益权与使用权相分离,它一方面可以将土地的使用权流转到农业专业人士或机构手中,另一方面也在资金上保障了农民的生活。

而农地信托中受益权归属的限制取决于信托财产原限制。

(三) 土地承包经营权信托受益权限制

虽然,《农村土地承包法》规定,农民集体所有的土地由本集体经济组织以外的单位或者个人承包经营的,必须经村民会议三分之二以上成员或者三分之二以上村民代表的同意,并报乡(镇)人民政府批准。但实践中,土地承包经营权的流转限制主要来自"未经依法批准不得将承包地用于非农建设"。土地承包经营权的流转受到的限制有很多方面,主要是土地用途、抵押和期限的限制,甚至还有违法用地的情况出现。

对于土地承包经营权信托中受益权限制的问题,可以分为两种情况区别处理。

土地承包经营权因为其历史原因,可以分为家庭联产承包责任制中产生的土地承包经营权和其他土地承包经营权。之所以存在其他土地承包经营权是因为农业土地可以经过法定程序直接承包给集体成员外的自然人和组织,也可以经过法定程序由集体成员转包给集体成员外的自然人和组织。在这两种情况下,权利信托产生的受益权也会有不同。

家庭联产承包责任制下产生的土地承包经营权是由集体根据成员经营能力情况(主要依据人口因素)向集体内农户分配的土地用益权。而这种权利因为其集体内部性而具有一定的人身性、低偿性、福利性和保障性。在这种情况下,如果允许土地承包经营权信托受益权自由流转也等同于否认了其保障功能,从而引发部分农民生活无着的问题。所以,对于这部分权利信托产生的受益权仅可以由集体成员初始取得,并且取得的权利不允许流转。

而集体出于一定经济目的向外发包或同意集体成员转包的土地，其本身就为集体带来了经济利益。正常情况下，向外发包的承包对价也应高于集体成员承包的价格，集体收取了这部分费用也应当承担起集体成员(所有权主体的分子)的生存和生活保障。所以，对于这部分土地信托产生的受益权流转不应当受到限制。

从趋势上看，如果相当比例的农业用地进入信托领域，可以实现全体集体成员并不实际占有经营土地，而土地均由专业经营机构经营，而部分受益权由集体成员平均享有，部分收益由集体享有用于集体福利和留存资金。在城市化日益发达的今天，农地信托如果发展起来，这种趋势必将非常明显。这也有利于农民在有条件的情况下，考虑自身情况脱离集体土地经营，进入城市，并且在没有得到进一步保障的情况下，依然享有集体的保障。但这种保障并不会影响农业的经营，反而会推进农业的专业化和现代化。

二、受托人义务安排的建构

信托关系中的受托人，是指接受委托人的委托，为受益人的利益或者特定目的，对信托财产进行管理或者处分的人。信托关系虽然为受益人的利益而存在，但信托财产收益的实现完全靠受托人才可以实现。所以，受益人是信托的目的，而受托人则是财产管理的手段。另外，委托人设立信托关系，从根本上是基于对受托人的信任，对受托人的专业和技术等特殊能力的认可而进行的。在这里就有两个问题：第一，委托人对受托人的信任应当有法律保障，因为在信托设立后，受托人以自己名义和能力管理和处分财产，如果他违背了委托人的信任，那么可能会对信托安全造成负面影响。如果法律对此不加干预，那么不但受益人的利益无法得到保障，就连信托制度本身也没存在的必要。第二，受托人应当具有委托人所合理期望的管理和处分财产的能力和资格。受托人首先要满足民法对一般行为能力的要求，因为如果受托人没有民事行为能力，便无法管理和处分财产，完成信托中的受托义务。此外，委托人在设定信托时如果有特殊要求,受托人还应当满足这些要求,并保持这种状态。比如,如果受托人接受了委托人管理股票的信托,那么他应当具有交易股票的特殊资格和能力。

受托人因为是信托财产的实际管理人,是信托收益的实现人,所以也是这项制度是否具有生命力的关键点。为此,在我国对信托的受托人制定了较为严格的规范。在我国,未经中国银行业监督管理委员会批准,任何单位和个人不得经营信托业务,任何经营单位不得在其名称中使用"信托公司"字样。也就是说,在我国只有信托公司才可以经营信托业务。而"以信托为业",是指受托人以营业和收取报酬为目的,以受托人身份承诺信托和处理信托事务的经营行为。对于农地信托这种一般时限较长、规模较大的信托来说,专业从事信托的受托人是更为有利和更有可能的选择。从总体上说,农地信托的受托人应当是信托公司。所谓信托公司,是指依照《公司法》和《信托公司管理办法》设立的、主要经营信托业务的、受中国银行业监督管理委员会监督管理的金融机构。

下面笔者将对受托人的主体、管理权限、谨慎义务和民事责任进行研究和分析。

(一) 受托人的主体

受托人主体主要讨论在我国什么样的主体可以成为农地信托的受托人。信托的核心在于受人之托,代人理财,受托人只有具备一定的民事行为能力才能完成为受益人之利益管理财产的任务。所以,最基本的是,受托人应当具有民事行为能力。从理论上说,受托人可以是自然人也可以是法人,可以是一个人,也可以是数个人,可以是营利机构,也可以是非营利机构。信托必须有适格的受托人,而一旦信托成立,受托人失去民事行为能力或死亡,辞职或解职,并不会当然导致信托关系的终止。这一点与代理完全不同。信托存续期间,一旦发生以上情况,委托人或受益人可以根据信托合同的约定任命新的受托人,也可以申请法院任命新的受托人。当然在遗嘱设定的信托中,立遗嘱人可以设定受托人失格则信托终止。在一般情况下,如果遗嘱中没有相反意思表示,法院都可以指定受托人让遗嘱信托存续下去。这也就是在英美衡平法中的一项规则:信托并不因受托人的暂时缺乏而无效。[①]

具体来说,信托的主要功能包括两个方面:一是管理财产,二是保值增值。管理财产功能是指在委托人无力管理或死后,继续管理财产并按照自己的意志处分财产;保值增值功能是指委托人通过受托人的特殊能力和劳动提高自己财产的价值。在我国,农地信托就解决了农村在进城务工或从事其他事务时农村土地的管理经营问题,当然另外,农村土地也在信托管理中,尽可能地保值增值。所以,受托人主体方面,有两个基本要求,第一,受托人要有能力保证信托财产的安全,第二,受托人要有能力尽可能多地利用受托土地获得更多的收益。

两项基本要求为受托人主体作出了界分,并非所有的主体都可以接受这样的任务。首先,农村土地经营和管理基于受托人的判断和能力,如果受托人缺乏农村土地的管理经验,或者并不能很好地尽到信义义务,都无法保证信托受益人的利益安全,更不用说财产的增值。所以,一个适格的农村土地受托人最基本的两个条件是:第一,具有与农村土地管理和经营相关的必要知识、经验和技能;第二,具有不侵害农民利益,按照信托文件和法律履行自身义务的可信赖性(这一点与受托人本身资质和监管有关)。

就目前情况来看,在我国信托业务仅能由信托公司经营,而民事信托可以由信托公司和其他机构及自然人进行。民事信托因为在收取费用的情况下,很难与以信托为业相区分,而信托公司又很难不收取任何费用承担受托人责任,所以,实际情况中,我国农地信托绝大多数应当是通过信托给信托公司实现的。信托公司在我国不管从成立条件,还是后续监管上,都优于一般受托人。在现有条件下,更有利于上述两个条件的满足。

---

① 周小明:《财产权的革新——信托法论》,贵州人民出版社 1995 年版,第 23—24 页。

1. 信托公司

所谓信托公司,是指依照《公司法》和《信托公司管理办法》设立的、主要经营信托业务的、受中国银行业监督管理委员会监督管理的金融机构。而信托业务,是指信托公司以营业和收取报酬为目的,以受托人身份承诺信托和处理信托事务的经营行为,它主要包括了资金信托、动产信托、不动产信托、有价证券信托和其他财产或财产权信托。

信托公司应当采取有限责任公司或者股份有限公司的形式,并取得中国银行业监督管理委员的批准,并领取金融许可证。未经中国银行业监督管理委员会批准,任何单位和个人不得经营信托业务,任何经营单位不得在其名称中使用"信托公司"字样。

设立信托公司,应当具备下列条件:第一,有符合《公司法》和中国银行业监督管理委员会规定的公司章程。第二,有具备中国银行业监督管理委员会规定的入股资格的股东。第三,具有本办法规定的最低限额的注册资本,目前,信托公司注册资本最低限额为3亿元人民币或等值的可自由兑换货币,注册资本为实缴货币资本。第四,有具备中国银行业监督管理委员会规定任职资格的董事、高级管理人员和与其业务相适应的信托从业人员(目前,中国银行业监督管理委员会对信托公司的董事、高级管理人员实行任职资格审查制度,未经中国银行业监督管理委员会任职资格审查或者审查不合格的,不得任职。中国银行业监督管理委员会对信托公司的信托从业人员实行信托业务资格管理制度。符合条件的,颁发信托从业人员资格证书;未取得信托从业人员资格证书的,不得经办信托业务)。第五,具有健全的组织机构、信托业务操作规程和风险控制制度。第六,有符合要求的营业场所、安全防范措施和与业务有关的其他设施。第七,符合中国银行业监督管理委员会规定的其他条件。

信托公司是在法定条件下成立的公司充当的受托人,其目的是谨慎稳妥地保护大宗权利受益人的安全。除了成立条件之外,信托公司还承担着明确的法定义务:第一,信托公司管理运用或处分信托财产时,可以依照信托文件的约定,采取投资、出售、存放同业、买入返售、租赁、贷款等方式进行。第二,信托公司管理运用或者处分信托财产,必须恪尽职守,履行诚实、信用、谨慎、有效管理的义务,维护受益人的最大利益。第三,信托公司应当亲自处理信托事务。信托文件另有约定或有不得已事由时,可委托他人代为处理,但信托公司应尽足够的监督义务,并对他人处理信托事务的行为承担责任。第四,信托公司对委托人、受益人以及所处理信托事务的情况和资料负有依法保密的义务。第五,信托公司应当妥善保存处理信托事务的完整记录,定期向委托人、受益人报告信托财产及其管理运用、处分及收支的情况。

当然,作为信托受益权最重要保证的是信托财产独立性。这一点,信托公司更应当遵从。信托公司应当将信托财产与其固有财产分别管理、分别记账,并将不同委托人的信托财产分别管理、分别记账。信托公司因处理信托事务而支出的费用、负担的债务,以信托财产承担,但应在信托合同中列明或明确告知受益人。而信托公司也享有信托财产的优先受偿权,即信托公司以其固有财产先行支付因处理信托事务而支出的费用、负担的债的,信托公司对信托财产可以优先受偿。而因信托公司违背管理职责或者管理信托事务不当所负债务及所受到的损害,以其固有财产承担。

除了财产独立,在信托公司,业务也应当独立。信托公司的信托业务部门应当独立于公司的其他部门,其人员不得与公司其他部门的人员相互兼职,业务信息不得与公司的其他部门共享。

信托公司开展信托业务,不得有下列行为:利用受托人地位谋取不当利益;将信托财产挪用于非信托目的的用途;承诺信托财产不受损失或者保证最低收益;以信托财产提供担保等。

信托公司经营信托业务,其权利是依照信托文件的约定收取报酬。但信托公司收取报酬,应当向受益人公开,并向受益人说明收费的具体标准。

还是出于保障受益人权益的目的,信托公司还有信托赔偿准备金制度。即信托公司每年应当从税后利润中提取5%作为信托赔偿准备金,作为一旦信托业务失败对受益赔偿的保障。赔偿准备金可以累计总额达到公司注册资本的20%。信托公司的赔偿准备金应存放于经营稳健、具有一定实力的境内商业银行,或者用于购买国债等低风险高流动性证券品种。在农地信托中,为了保障农民的权益,信托公司还应当设计更为严格的特殊准备金制度,比如提高准备金比例或设定更严格的投资范围。

在我国现有的农村土地流转(信托)实践中,有一种机构自称为"农地信托机构"。但这种机构并非都是适格的农地信托受托人。首先,农地信托的机构受托人应当满足《信托公司管理办法》第7条第1款和第8条规定的条件,经中国行业监督管理委员会批准,领取金融许可证。其次,农地信托的机构受托人应当全程接受中国人民银行、中国证券监督管理委员会的监督管理。

"农地信托机构"在很多案例中都不收取费用,但免费性与不以信托为业要做一个区分。"农地信托机构"作为一个机构,仅服务于农地信托,虽然不收取费用,也不能认为其不以信托为业。对这种机构如果不加监管,可能存在其他机构流入此行业,陷入监管不利的境地。根据目前的立法,信托公司成立的基本要求是具有"三亿元人民币"的注册资本。表面上看是将大量的普通公司排除在信托业务之外,实质上是监管部门在信托公司的可信赖性上提出了较高要求。上文提到,在自然人与自然人之间受托人两个可信赖性条件之一可以体现在亲属关系、熟悉程度等方面。而对于法人或其他机构来看,其可信赖性的唯一体现就是净资产。净资产代表一个公司的责任能力(这是由有限责任制决定的),也代表了其在执行信托义务时的可信赖性(违约成本高,易于追究)。所以,在农地信托的初始时期,将受托人有意识地限制在信托公司范围内是有必要的制度选择。此外,农地信托过程中,受托人还可能要为农地的开发和利用募集资金,寻求第三方经营者。这些工作并非非专业的所谓"信托机构"可以完成的。

有些"农地信托机构"使用了"信托"和"公司"的名称,这是明显的违法行为,而更多的"农地信托机构"认为自身只是服务机构,起到一个农地流转中介的作用,并不承担受托人的义务。在这种情况下,信托关系并不存在,"农地信托机构"也并非以信托为业。唯一不合适的是他们将自身命名为"信托机构"。当然,他们必须去除名称中的"信托",并且取得其从事相关业务的相应资质和许可。

2. 一般受托人

一般受托人在这里指信托公司之外的,依照《信托法》规定接受信托的人。事实上,对一般受托人的规定,全部适用于信托公司,而正如上文所说,信托公司是要求更为严格的受托人。

《信托法》第 24 条规定:"受托人应当是具有完全民事行为能力的自然人、法人。"第 39 条规定:"被依法宣告为无民事行为能力人或者限制民事行为能力人;被依法撤销或者被宣告破产;依法解散或者法定资格丧失等情形的,应当终止其职务,不得为信托之受托人。"也就是说,受托人因为要依照信托合同的要求,为受益人利益管理财产,所以应当是具有完全民事行为能力的自然人、法人。

除此以外,《农村土地经营权流转管理办法》第 9 条规定:"土地经营权流转的受让方应当为具有农业经营能力或者资质的组织和个人。"第 11 条规定:"受让方应当依照有关法律、法规的规定保护土地,禁止改变土地的农业用途。"这是说,农地信托的受托人应当具备一定的经营能力或者资质,并且承担一定的法定义务。这是高于一般民事主体义务的要求。在信托公司作为受托人的情况下,这一点可以理解为,受托人本身并没有从事农业生产的资质,但其委托经营的第三方,应当具有这种能力和技能。

在信托关系内部主体上,受托人可以是受益人,但不得是同一信托的唯一受益人。而受托人的一般性义务就是在信托文件设定的信托目的下,为受益人的最大利益处理信托事务。受托人在管理信托财产时,必须恪尽职守,履行诚实、信用、谨慎、有效管理的义务。这高于一般人进行民事行为的义务标准,也高于善良管理人的标准。因为信托受托人一般被认为是具有一定管理财产能力的,可以托付财产并产生收益的人。

受托人还有义务保持信托财产的独立性。受托人不得将信托财产转为其固有财产。受托人将信托财产转为其固有财产的,必须恢复该信托财产的原状;造成信托财产损失的,应当承担赔偿责任。受托人因处理信托事务所支出的费用、对第三人所负债务,以信托财产承担。受托人以其固有财产先行支付的,对信托财产享有优先受偿的权利。受托人违背管理职责或者处理信托事务不当对第三人所负债务或者自己所受到的损失,以其固有财产承担。受托人还必须将信托财产与其固有财产分别管理、分别记账,并将不同委托人的信托财产分别管理、分别记账。

此外,受托人还要避免利益冲突,不得将其固有财产与信托财产进行交易或者将不同委托人的信托财产进行相互交易。但是,如果信托文件明确赋予了受托人此项权利,或者在事先受托人取得了委托人或者受益人的同意,并且交易也以公平的市场价格进行,可以允许。否则,因为此类交易造成信托财产损失的,受托人应当承担赔偿责任。

受托人有义务保存处理信托事务的完整记录。受托人应当每年定期将信托财产的管理运用、处分及收支情况,报告委托人和受益人。受托人对委托人、受益人以及处理信托事务的情况和资料负有依法保密的义务。受托人在正常处理信托事务的情况下,以信托财产为限向受益人承担支付信托利益的义务。如其违反了信托义务,则依法以固有财产承担赔偿责任。

而相对应的,受托人的权利是依法律及信托文件的约定取得报酬,如果信托文件没有约定报酬数额,则由委托人或受益人与受托人补充约定。补充约定不能达成,则受托人不得收取报酬。受托人违反信托目的处分信托财产或者因违背管理职责、处理信托事务不当致使信托财产受到损失的,在未恢复信托财产的原状或者未予赔偿前,不得请求给付报酬。除正当报酬以外,受托人不得利用信托财产为自己谋取利益。如果受托人利用信托财产为自己谋取利益,所得利益应当归入信托财产。

信托具有一定人身性,委托人是基于对受托人的信任才设定了信托,所以在信托期间,受托人应当自己处理信托事务,但信托文件另有规定或者有不得已事由的,可以委托他人代为处理。信托公司尤为如此,信托公司本身只是专业从事信托业务的公司,其具有管理财产的能力和技能。但是具体到农业管理上,信托公司并不具有这方面的资质和能力。所以,它只能通过委托第三方管理的方式进行管理。受托人依法将信托事务委托他人代理的,应当对他人处理信托事务的行为承担责任。

同一信托的委托人可以同时委托两个或以上受托人,这些受托人为共同受托人。共同受托人应当共同处理信托事务,但信托文件规定对某些具体事务由受托人分别处理的,可以分别处理。共同受托人共同处理信托事务,意见不一致时,应当按信托文件的规定处理;信托文件没有规定的,由委托人、受益人或者其利害关系人决定。共同受托人处理信托事务对第三人所负债务,应当以信托财产承担连带清偿责任。第三人对共同受托人之一所作的意思表示,对其他受托人同样有效。共同受托人之一违反信托目的处分信托财产或者因违背管理职责、处理信托事务不当致使信托财产受到损失的,其他受托人应当承担连带赔偿责任。

受托人退出信托关系有以下几种情况。第一,辞任。信托关系存续期间,受托人可以辞任。辞任应当取得委托人和受益人同意,否则不能免除信托责任。辞任行为自委托人和受益人同意时生效,而信托义务却要新受托人到任时终止。这也是为了保护信托财产的安全和受益人利益。第二,受托人是自然人时,死亡或者被依法宣告死亡,或被依法宣告为无民事行为能力人或者限制民事行为能力人。第三,受托人是法人时,被依法撤销或者被宣告破产,或依法解散或者法定资格丧失。第四,解任。信托关系存续期间,委托人和受益人可以解任受托人。职责终止时,受托人应当作出处理信托事务的报告,并向新受托人办理信托财产和信托事务的移交手续。信托不因委托人或者受托人的死亡、丧失民事行为能力、依法解散、被依法撤销或者被宣告破产而终止,也不因受托人的辞任而终止。

共同受托人之一职责终止的,信托财产由其他受托人管理和处分。唯一受托人或全部共同受托人职责终止时,其继承人或者遗产管理人、监护人、清算人应当妥善保管信托财产,协助新受托人接管信托事务。受托人职责终止的,依照信托文件规定选任新受托人;信托文件未规定的,由委托人选任;委托人不指定或者无能力指定的,由受益人选任;受益人为无民事行为能力人或者限制民事行为能力人的,依法由其监护人代行选任。原受托人处理信托事务的权利和义务,由新受托人承继。

信托终止后,受托人依照《信托法》规定行使请求给付报酬、从信托财产中获得补偿的权利时,可以留置信托财产或者对信托财产的权利归属人提出请求。

(二) 受托人的管理权限

从英美法信托的基础理论看来,受托人对财产的管理权限是一个伪概念,因为受托人享有信托财产的普通法所有权。只要在登记上没有相反记载,并且受让人或其他相对方不是明确知晓信托存在的话,受托人对财产的管理和处分权与所有人没有区别。在我国信托法上,虽然因为《信托法》第2条的原因,这种理解可能会有折扣,但一般说来,在我国受托人在信托关系成立后,因信托财产权利的转移而成为信托财产形式上的所有权人,并且享有对信托财产进行管理与处分的权利。

在信托合同没有任何限制的条件下,受托人的管理应当是没有权限之说的。但是,受托人的管理权依然受到两种限制。第一,受托人的管理权受信托协议,即委托人的委托的制约;第二,受托人的管理既是权利也是义务。

英美法对信托中受托人的权利非常重视。因为一旦委托人过多地介入到信托财产的管理事务中，那么信托关系中财产转移的安排就难以达到实际效果。所以，在信托关系设定时，委托人不应当对受托人的管理设定过于详细的限制和要求，特别是不能要求受托人在管理和处分财产时听从或寻求委托人或委托人指定人的意见。在受托人自主管理信托财产的大前提下，委托人可以对管理行为设定一定的范围（比如仅得用以经营农业或用于慈善），禁止一些行为（比如不得对信托财产进行售卖），或课以受托人义务（比如必须达到一定的收益）。

虽然，受托人的管理与处分权理论是与所有人相当的，仅受信托协议的约束。但是，受托人与所有权人之间最大的区别是，受托人是为受益人的利益而管理，所有权人则是为自己利益而管理。为受益人利益而管理就导致了受托人承担了保障他人利益的义务。这种义务可以分为很多可能层次：包括如管理自己财产般的义务、谨慎管理人义务、信义义务。每一种义务都有所不同，法律结果也不一样，这一点在下文会有研究。在此，要说明的是，一般情况下，受托人的义务是高于管理自己财产般的义务。其原因在于，委托人将财产委托给受托人，多是出于对受托人和受托人能力的信任。在我国现有的条件下，有偿信托也占了主流。所以，一般来说，受托人的义务是高于管理自己财产般的义务。

受托人权利的性质是我国《民法典》规定的物权。在英美法上，曾经存在过双重所有权，即普通法上的所有权和衡平法上的所有权，两种所有权同时可以对抗第三人。但是经过改革这种情况已经不再存在。比如，在英国只有登记的普通法所有权才可以对抗第三人。而受托人享有的正是普通法上的所有权。在我国，如果委托人按法律要求转移了信托财产的权利，那么形式上，受托人也合法地享有这一权利。根据公示公信原则，如果受益人没有将受益权登记（目前这一点尚难以做到），那么在权利外观上，受托人的权利与委托人的原有权利无异。当然，如果委托人并没有转移权利，那么委托人则依然享有权利本身，受托人的权利也仅仅是受托管理，情况与上述情况有本质不同。但这样的安排与信托理论相悖。如果在未来的法制发展中，我国接受了受益权登记的制度安排,那么也有可能受益权在登记的条件下可以对抗第三人,那么,受托人的权利则相当于负有负担的物权,与设定了抵押的物权相类。

具体到农地信托的受托人,其管理权限在一般理解上可以包括利用土地进行农业生产、改善土地质量提高生产效率、收取土地受益并加以分配等。但事实上,农地信托的受托人管理权是非常广泛的,它包括了一切不违反法律制定的利用土地获利的方式和手段。但在此,有三点应当说明:

第一,受托人的管理权可以在信托文件中以明示的方式授予。虽然,理论上,如果委托人在信托文件中没有任何表示,则是授予了受托人与自身权利一般的权利。但是,法律并不禁止委托人在信托之前明确允许受托人从事何种管理行为。这种授权可以是一般性的,比如委托人在信托文件中表示,受托人具有管理信托财产的所有必要权利。授权也可以是具体事项的,比如委托人在信托文件中表示,受托人可以利用信托项下的土地进行农业生产。授权还可以是保障性的,比如委托人明确表示委托人的继承人、受益人和受益人的继承人不得干涉信托财产的管理和运用。只要这些授权与信托关系的本质不相冲突,不违反法律的规定,都是有效的。

第二,信托文件对受托人管理权限制与禁止的界限。除了对受托人授予权利之外,委托人也可以对受托人的管理权进行一定的禁止和限制。最通常的禁止条款是,委托人在信托文件禁止受托人出售信托财产。而限制则可能体现在很多方面,比如委托人可以利用信托文件限制受托人管理经营的范围,比如受托人仅可以在农业和林业范围经营土地;再比如,委托人可以限制受托人管理的时间,比如 10 年。但是,并非所有的禁止与限制都是合法有效的。比如,委托人不得通过信托文件约束受托人仅得在其同意的情况下才可以作出某种决定。事实上,委托人不得以任何方式自己或通过别人,或允许受益人参与到受托人管理行为之中。这种约束与信托关系的本质相互冲突。另外,委托人不得禁止或限制受托人完成信托事务所必要的权利。因为信托关系一般都会持续一段时间,任何人在信托协议订立之时都不可能预见到受托人在受托管理过程中遇到的所有情况。所以,委托人也不可能在信托文件中对未来的事项一一进行安排。过于细致的管理安排,一方面可能在实际中难以实现,有损受益人的利益,另一方面,指定路径会剥夺受托人的自由裁量权,从而使信托财产从来都如同在委托人控制中一般,信托关系也因此会从根本上受到动摇。所以,在信托文件中,委托人有授予与受托人完成信托事务所必需的概括权限的必要。

第三,农地信托的受托人在管理中,受到如同原权利人一般的法律约束。比如,农村土地承包经营权人在经营耕地,仅可以利用耕地从事农业生产,不得进行建设。在这些土地进行信托之后,其受托人也受到同样的约束。

总之,在农地信托中,受托人的管理权应当如同委托人在信托设立之前一般,受托人享有如委托人一般的权利,应尽委托人一般的义务。但是,委托人可以在信托文件中对受托人作出一些禁止或限制,但这些禁止或限制不得超出不干涉受托人自由裁量管理的权利限度。在合法和合乎信托文件正当约束的前提下,受托人可以为受益人利益自主地行使信托财产的管理权。

(三) 谨慎管理义务

农地信托与其他信托关系一样,是建立在委托人对受托人的信任的基础上。法律为了使受托人可以充分行使受托权,使信托财产脱离委托人的控制,严禁委托人干涉信托财产的管理。这样,受托人在信托关系中享有极为充分的自由裁量权。受托人不但可以自由管理和处分信托财产,其还具有自身利益。所以,为了保证受托人真正地为受益人利益行事,不在信托关系中为自身谋取不正当利益,法律必须进行一定的义务设计。

首先,农地信托的受托人应当为受益人的利益进行行为,而非为自身谋求不正当利益。为受益人的利益管理,这是农地信托根本目的,为达到此目的，受托人应当承担以下法定义务：第一，独立管理信托财产，尽力为受益人谋求利益。第二，不得以信托财产谋求自身利益（除信托文件明确记载之外），包括不得获取信托财产经营的收益和不得与从事针对信托财产的交易以获得利益。第三，不得在信托财产管理过程中，对财产管理事项信息做虚假表示，导致受益人陷入误解。第四，不得向受益人掩饰或隐匿信托财产管理的信息。第五，不得从事违反法律规定的经营行为。第六，不得以信托财产及其管理的信息获取不正当利益。第七，受托人的任何成员与雇员均应当受到以上规则的约束。[①]

在满足这些基本要求之外，受托人还应当承担一些更严格的义务。这些义务应当高于"受托人在信托管理中负有运用通常的人在处理自己的财产时所应有的谨慎和技巧"。[②]因为受托人，特别是以信托为业的受托人在法律上就应当被期待为更为谨慎、专业和成熟的管理人，这也是委托人进行信托的原因。所以，基于委托人高于一般管理者的期待产生的信托关系，就应当对受托人提出更高的要求。其次，谨慎管理义务是一种法定义务。[③]一方面它不需要当事人的特别约定。只要信托关系成立，这一义务就自行生效。另一方面，它不是一项纯粹的经济操守，它具有强制性。

美国信托法将这一义务概括为"谨慎管理义务"，这是高于我国《信托法》中对受托人的义务要求的。农地信托关乎大量农民的生活保障，所以这种较高标准的受托人义务应当受到关注。

所谓谨慎义务，是指受托人在管理信托中负有运用通常谨慎的人在处理自己财产时所应有的谨慎和技巧的义务。受托人应该"按照谨慎的、有判断力的和理性的人在管理他们自己的事务行事，不以投机为

---

① 参见曾玉珊、吕斯达：《农村土地承包经营权信托之信托关系的建立》，《山东农业大学学报（社会科学版）》2011年第1期。
② 刘正锋：《美国信托法受托人谨慎义务研究》，《当代法学》2003年第9期。
③ 黄素萍：《论信托受托人的谨慎管理义务——以美国〈统一谨慎管理人法〉为视角》，《政治与法律》2008年第9期。

目的,而注意基金的永久运用,考虑可能的收益以及用于投资的资金的可能安全"。①这是美国在 1959 年《信托法重述(二)》中确立的标准。

这种义务标准具有以下几个特点:第一,它是一种客观的评价标准。对于受托人行为控制,既要尊重其自由裁量权,又要保证其为了受益人的利益行事,本身就非常困难。加之,为受益人利益行事是一个主观标准,如果不进行客观化,那么司法过程很难对受托人进行追究。信托关系的发展也会受到很大损害。而谨慎人的一般评判标准为司法提供了尺度,信托受托人义务理论的研究才具有了基础。第二,谨慎义务是对过程的判断,而非结果的判断。所以,即使受托人在管理财产中受到损失,只要其尽到了应尽的义务,则可以以信托财产承担损失。

而正如上文所述,仅有谨慎义务是不够的。1992 年美国《信托法重述(三)》发展出了"谨慎投资人规则"。其第 227 条要求受托人如同一个谨慎管理人那样,考量信托目的、条款、分配需求及其他情况,而履行投资及管理信托财产的义务。对于农地信托来说,谨慎管理人应当考量农业生产和农民生活的具体情况,履行其义务。也就是说,谨慎管理人义务是随着信托关系的不同而改变的。但是,谨慎管理人义务有所不同,其内核可以归纳为:勤勉义务、使用技能的要求和风险控制义务。

勤勉义务是指受托人必须付出合理的努力和勤勉,管理信托财产。具体来说,受托人必须对农地管理的相关讯息进行及时搜集,整理农村土地承包经营权的政策法律、关注农业生产经营的市场信息,更新农业经营的相关技术知识,培养和引进农业生产有关的人才等。

使用技能的要求是指受托人在经营农地时,应当运用一个通常农业经营者所具有的技能。如果勤勉义务是从工作的量上来评价,那么使用技能的要求是从质上来衡量受托人的工作。《农村土地经营权流转管理办法》第 9 条规定:"土地经营权流转的受让方应当为具有农业

---

① 曾玉珊、吕斯达:《论农村土地承包经营权信托财产的管理》,《广西青年干部学院学报》2011 年第 12 期。

经营能力或者资质的组织和个人。""具有农业经营能力"具体到各种不同土地也有不同的要求,比如林地有林业经营的能力要求,耕地有粮食或蔬菜瓜果种植的技术要求等。这些经营能力可以细分为选种、播种、施肥、除虫等各种具体技术,但总体上,受托人在这些方面体现出来的能力不应当低于一般经营此类农业的理性人的技术和能力。如果受托人未能运用这样的技能,那么受托人就会构成信托义务的违反。

风险控制义务是指受托人在处理信托财产时,必须如同一个谨慎管理人一般控制信托财产在管理和处分中的风险。这一点在农地信托的管理中尤为重要。信托财产的管理虽然兼有财产保值和增值的功能,但两者在不同的信托中有很大不同。比如在证券投资信托中,对财产安全的要求,就明显要低于在土地承包经营权信托中的安全要求。任何财产的管理都要有安全性的考虑,也即要有风险控制意识,这也是对一般财产管理人的要求。对于农地管理来说,农业风险存在于各个方面,比如自然风险(包括大规模的自然灾害等)、市场风险(如同其他市场产品生产领域一样)和人为风险(包括所购生产资料具有出乎受托人预见的瑕疵等)。在农地管理中,风险控制包括以下几个方面:首先,在自然风险控制上,要积极了解农业经营的自然条件,尽早预见和防范自然灾害;在自然灾害发生后,积极减少损失;采用抗自然灾害的品种等。其次,在市场风险的控制上,要尽可能多地了解市场信息,预计市场供求关系,调整种植结构,采取多样化生产的策略,抵抗单一品种的风险等。最后,在人为风险的控制上,应当积极寻求更专业和可靠的合作伙伴,全面获取市场供货信息等。当然,风险控制体现在农业经营的各个方面,很难全面列举。但是,如果风险出现,而受托人没有对风险进行合理的控制,那么他就应当依法承担责任。

(四) 受托人的民事责任

信托关系在成立之后,形成了较为复杂的民事法律关系。委托人与受托人之间形成了合同关系,委托人与受益人之间形成了类赠与关系,受托人与受益人之间形成了债权或物权请求权关系(基于不同的信托),受托人在管理信托财产时,可能与市场第三人形成合同关系或其他关系。在这些关系中,受托人有任何行为不当,都有可能承担民事责任。

1. 受托人对委托人的民事责任

信托关系在形成之时,委托人与受托人形成合意,这是受托人对委托人责任的基础。如果受托人在处理信托事务时违反了信托文件中明定的义务,那么就构成简单的一般违约关系。但是,在信托合同的履行上,除了信托合同明定的义务之外,受托人还应当承担法定的义务。对这些义务的违反也构成违约。法定义务从根本上说就包括两点,一是受托人必须为受益人利益行事,二是必须如约将收益分配给受益人。

根据我国《信托法》与《民法典》的规定,受托人在信托关系中可能承担的民事责任包括以下几种。

第一,恢复原状。因为受托人是为他人利益管理财产,如有管理与处分不当,如果可能,应当对管理的财产承担恢复原状的责任。《信托法》第22条第一款规定,受托人违反信托目的处分信托财产或者因违背管理职责、处理信托事务不当致使信托财产受到损失的,委托人有权申请人民法院撤销该处分行为,并有权要求受托人恢复信托财产的原状或者予以赔偿;该信托财产的受让人明知是违反信托目的而接受该财产的,应当予以返还或者予以赔偿。恢复原状是民事责任中的一种基本责任形式,它的依据是民事责任的补偿性原则。受托人恢复原状责任的产生与代理人、保管人相应责任的产生原理相同,不同之处在于信托中受托人义务源于信托合同及信托相关法律的规定,它们主要包括按信托文件处理信托事务,谨慎义务、忠实义务、分别管理义务、亲自管理义务、保密义务等。虽然恢复原状责任能够最好地体现补偿性原则,但其实现的条件比较苛刻,比如财产在处分之后,向第三人追回存在现实的障碍和法律障碍。现实障碍在于取得权利的第三人是否容易找到、追回的成本是否过高等。而法律障碍在于,第三人在公开市场上通过登记或法定形式取得信托财产的权利,根据公示公信原则,他不应当受到追究。如果在这种情况下，通过作为私人关系的信托关系来干涉公示公信，不利于稳定市场关系的建立。所以，在信托中受益权登记的制度建立之前，恢复原状有法律上的困难。在财产管理中，受托人管理不善也可能导致恢复原状责任的产生，但有时成本过高，或实际上不可执行。

第二，赔偿损失。因为恢复原状的种种条件限制，《信托法》也同时规定了损失责任方式。《信托法》第 22 条第一款的规定，如果信托财产已无恢复原状之可能，或虽有可能性但在经济上很不合理，委托人或受益人要求受托人赔偿信托财产损失的，受托人应承担赔偿损失之责任。赔偿损失也体现了民法里的补偿原则，只是这里的补偿是经济补偿而非实物复原。赔偿损失的依据与恢复原状相同，不同是赔偿损失有一个计算的过程。赔偿损失的计算是考虑到，财产权利请求人可以获得如同没有失去财产时的状态一样的经济利益。所以，赔偿损失的范围应当包括直接损失和间接损失。直接损失与间接损失的计算与其他民事责任关系中的一致。

第三，解任。根据我国《民法典》的规定，如果一方重大违约，另一方面可以解除合同。与此相应，信托合同关系也可以解除。只不过，信托合同关系的解除与信托关系终止不相等同。信托关系在委托人与受托人之间的信托合同生效之时起生效，但并不因两者之间合同关系的终止而终止，因为信托关系生效后，受益人即享有了信托关系中的受益权。委托人与受托人终止信托关系，则有损于受益人利益，所以两者不能自行终止信托关系。《信托法》第 23 条规定，受托人违反信托目的处分信托财产或者管理运用、处分信托财产有重大过失时，委托人或者受益人有权依照信托文件的规定解任受托人，或者申请人民法院解任受托人。这里的"重大过失"对应了一般合同关系中"重大违约"，与"处理信托事务不当"存在程度上的不同。恢复原状与赔偿损失，是在任何情况下，只要合同双方有一方违约，受损失方就可以要求如约履行与赔偿损失。但是，一方违约行为没有达到一定程度，受损失方也同样可以解除合同,这是为了保护合同的稳定性设计的制度。在信托关系中,何为受托人"重大过失",法律并没有明确给出标准,但上述违约行为一旦达到重大的程度,即可成为重大过失,比如自我交易、挪用信托财产达到一定数额,管理财产时不负责任,导致重大损失等。但是,受托人履行义务应当以委托人的信托为基础,所以,很多信托文件中都规定了委托人可以一定条件的补偿,单方更换受托人。这种规定在英美法上存在重大瑕疵,因为一旦委托人有这种权利,那么受托人则更可能听从委托人后续的财产管理和处分意见,难以行使自由裁量权,信托关系可能直接被认定无效。

第四,支付违约金。支付违约金是基于《民法典》的规定,受托人可能向委托人承担的责任。信托合同与一般合同一样,委托人与受托人都可以在合同中约定违约金,在违约金条款生效时,违约一方应当向守约方支付一定的金钱作为赔偿。

第五,信息披露。因为在信托关系中,受托人为他人利益管理财产,信托财产独立于受托人,所以,受托人必须将信托财产与其固有财产分别管理、分别记账。如果有多个委托人,受托人还应当将不同委托人的信托财产分别管理、分别记账。对于信托公司来说,不管是从公司治理还是法律规定的角度,信托公司都应当保持完整的财务记录,而对于一般受托人来说,由于信托财产管理的信息与其是否遵从了法律有关信托财产独立和非自我交易等的规定有证明的关系,作为受托人他也有义务保存这些信息。在信托关系中,受益人享有受益权,也享有查阅这些信息以保证自身权利不受损害的权利(知情权)。而委托人是否也享有这种权利则应当由信托文件约定。委托人了解信托财产的管理情况,与干涉管理不同,对受托人的自由裁量权没有影响,所以并不应在法律禁止之列。

2. 受托人对受益人的责任

受托人对受益人的责任,从责任形式看,与对委托人的责任形式差别不大,但是,受托人对受益人的责任有一个责任性质的问题。受托人与委托人之间存在直接的合同,有债权债务关系,所以可以依据民法债权的原则和规范处理。而受托人与受益人之间有时并不存在直接合同关系(如果受益人不是委托人的话),那么他有什么法律基础向受托人行使请求权?

受益人对受托人请求权的性质存在三种可能。第一种是债权请求权。因为在大陆法系的新近理论中,第三人利益合同的受益人也可以向债务人直接主张权利。如果第三人利益合同的受益人可以这样做,那么信托合同的受益人也可以依据委托人对受托人的债权向受托人行使请求权。在这种情况下,受益人相当于代为行使了委托人的权利。第二种是物权请求权。在英美法上,衡平法上的权利是一种独立于普通法上权利的权利,可以独立处分和登记。虽然在现代财产法的规定上,衡平法上的权利很少具有对抗性,但这却并不影响其在对内关系中的对物性。"对人权"与"对物权"虽然在有些情况可以与"债权"与"物权"相对应,但在这一点上却有明显区别。对物权是附着于物上的权利,对物行使,与物权不同的是,它即使没有对世性,也可以存在。在信托关系中,如果受益权没有登记的话,它不具有对抗其他人的效力,但它依然可以对抗受托人。受益权不基于合同关系行使,它附着于信托财产之上,对信托财产及相关权益的损害,直接导致权利人的相应请求权。第三种是债权与物权的复合性权利。复合权利说是为了解决以上两者之间的理论冲突。一方面它希望说明受益人可以完整行使委托人在合同中约定权利的原因,并且不想承认信托是一种特殊的第三人利益合同;另一方面它希望为受益人独立行使权利找到依据,又不希望在法律体系中创设新的物权(物权法定原则的要求)。

一般认为,在信托关系中,受托人承担以下义务:(1)按照信托目的或者信托行为的要求管理信托财产的义务;(2)忠实于受益人的义务,其主要内容是禁止受托人在管理信托财产过程中为自己谋取利益和禁止受托人将信托财产变为其固有财产;(3)谨慎义务,其要求受托人以符合法律要求的谨慎即注意态度来管理信托财产;(4)分别管理信托财产的义务,其要求受托人将信托财产与其固有财产以及其他信托财产分别管理;(5)建立信托账簿的义务;(6)亲自管理信托财产的义务。①

基于这些义务的违反而产生的请求权,看似是对人权,比如忠实义务与谨慎义务等,而事实上,它们是一种对物权。原因在于:第一,对人权的行使是对人的财产和行为的请求权,是以债务人为标的的。而受益人的受益权与受托人本身无关,不管是受托人更换还是去世,都不影响受益权的行使。第二,受益权的唯一基础是信托财产,而非信托合同。信托文件是委托人在设定信托时,对财产管理而设定的规则,规则对财产管理有基础性的作用,但它并不是受益权产生的根本。受益权要有信托财产方可实现,当受托人按照信托文件对财产进行管理,信托财产的正常损失使其归于消灭时,受益权本身也就消灭,受托人的各种义务也归于消灭。所以,受托人对受益人的忠实,从本质讲是对信托财产保值和增值的承诺,而非对受益人的承诺。第三,受益权在一般情况下具有自由处分的可能。在债的关系中,债权虽然也可以自由处分,但这涉及合同的主体的变更。而对物权的处分只是权利的转移而非合同变更。这一区别在债权流转自由,即使在证券化的今天已经不再明显,但在一般信托中,受益权的流转应当比第三人受益合同中的受益权流转更为方便。

虽然信托受益权是对物权,但只在登记公示后方可以产生对世效力。这是我国物权法定和物权公示公信的原则要求的。在配套制度没有建立之前,受益权的对世效力尚不能保证。

受托人对受益人的责任是侵权责任而非违约责任。那么,受托人对受益人的责任与受托人对委托人责任的区别在于基于合同违约而产生的责任,受益人不可以请求,比如违约金。但是,基于对信托财产管理而产生的责任的归责原则应当是过错责任、过失责任还是无过错责任?信托法确认受托人负有义务的实质。如谨慎管理义务,即以适当

① 张淳:《试论受托人违反信托的赔偿责任——来自信托法适用角度的审视》,《华东政法学院学报》2005 年第 5 期。

的注意来履行信托管理行为。这些义务本身是对受托人主观努力和行为的评价，但却具有客观标准，是客观义务。违背这些义务无需受托人主观上有故事或过错，比如为自己谋求利益，只要是达不到法定的勤勉标准、没有尽到法定的注意义务、没有达到法定的技术资质，都可以触发侵权责任。所以，受托人对受益人责任的归责原则是过失责任。

3. 受托人对第三人的责任

受托人在管理信托财产期间，可能会与市场上的第三人发生交易。在发生这些交易时，受托人以自己的名义进行，第三人不一定知晓信托关系的存在。那么，在交易中，对第三人的责任应当由受托人承担，还是由信托财产承担？

信托的基本理论要求受托人财产不能与信托财产混同，那么，受托人在管理信托财产进行交易时，事实上是信托财产在进行交易，受托人只是管理人。与作为财团的公司不同，信托财产进行交易，第三人并不知晓信托财产本身的情况，因为它不会进行类似于公司章程的公示和公司治理的要求。所以，受托人是否需要对信托财产进行交易进行一般性担保？笔者认为，受托人的一般性担保是应当存在的。第一，受托人以自己名义进行交易，如果第三人不知晓信托的情况，就受到信托财产的限制，不利于市场稳定和信赖的建立。第二，信托财产交易由受托人进行，其风险控制等行为由受托人掌握，并且受托人有对信托财产进行保值增值的义务。即使受托人没有违反法定的义务，而信托财产的交易出现了超出信托财产本身价值的风险，其也应当承担一般性的担保义务。

《信托法》第37条明确规定："受托人因处理信托事务所支出的费用、对第三人所负债务，以信托财产承担。受托人以其固有财产先行支付的，对信托财产享有优先受偿的权利。受托人违背管理职责或者处理信托事务不当对第三人所负债务或者自己所受到的损失，以其固有财产承担。"所以，如果在信托财产正常管理时出现损失，应当以信托财产承担责任。但前提是，不存在受托人"违背管理职责或者处理信托事务不当"的情况。

　　所以,受托人向第三人承担的民事责任,在正常履行义务的情况下,先以信托财产承担,信托财产不足时,由受托人以固有财产承担。如有不正常履行义务的情况出现,按照法定责任划分,受托人以信托财产和固有财产按比例承担。如果第三人明知受托人以信托财产进行交易,第三人仅可就信托财产部分请求承担责任。

第六章
土地承包经营权信托中的
利益相关方保护

农地信托在我国虽然是新生事物,但自从 2013 年 10 月诞生,从安徽宿州、山东青州到上海浦东,已经有了很多实践。根据各地情况不同,我国的农地信托也呈现出多样的结构与形态,在实际的尝试中,也暴露出了很多问题,亟待理论上的解答。

为此,我们对农地信托进行了实地调研。在山东青州市南小王村调研时发现,村组织在将农地信托之前就已经成立专业土地股份合作社,即"晟丰土地股份专业合作社"。这也是与信托公司签约的主体。而在信托成立之后,村组织又成立了"青州市南小王融合种植专业合作社",在引入新的合作服务商"拜耳·德国"之前,融合种植专业合作社一直是该项农地信托唯一的土地承租方和唯一的服务商。

根据信托合同,信托公司所委托的服务商职责具体包括:收集和发布信托计划相关的土地信息,初审集中管理人加入信托计划的申请,提供 A 类基本收益的增信保障,帮助与金融部门对接,提供融资建议,帮助土地承租方项目开发的可行性论证,组织农户培训和就业介绍等。而承租人则实际承担着对土地的经营责任。

从表面上看,晟丰土地股份专业合作社和南小王融合种植专业合作社并非同一法律主体,但在实际操作中,这极有可能引起实际控制人重合的法律风险。假定在农地信托中出现信托人与受托人委托的管理人是同一人,或实际控制人是同一人,那么就会引发以下几个理论问题:

第一,在此种情况下,信托人的债权人是否可能受到侵害;第二,信托计划中的其他投资人是否可能受到侵害;第三,信托财产在此情况下是否还可以保持独立性;第四,信托关系在此情况下是否还有效。

从这个问题引申下去,可以提出如下问题,信托关系的持续是否要求:第一,信托人与受托人不可是同一人;第二,信托人与受托人的实际控制人不可是同一人;第三,信托人与受托人委托的管理人不可以是同一人;第四,信托人与受托人委托的管理人的实际控制人不可是同一人。

事实上,将以上问题归纳起来可以提出一个理论问题:信托人在信托成立后是否还可以非明示地保留管理权。

关于信托人管理权保留的问题,鄢斌在《中国农地信托中的权利失衡与制度重构》一文中进行过讨论。他认为,中国农地信托制度对农地所有人实行偏向性保护,所以弱化了流转农地作为信托财产的独立性,抑制了受托人的自主管理权,这样不利于农地信托制度优势的实现。在此基础上,鄢斌提出要强化信托财产独立性和受托人管理权,明确信托人的监察地位和受托人的忠实义务。[①]

在该文中,鄢斌提出了建立农地信托流转中的信托刺破制度,途径就是"虚假信托"。虚假信托是英美法上,债权人为了对抗信托财产的独立性,而采用的一种宣告信托无效的手段。用贾林青在早些时间里的解释就是,信托财产处于受托人的直接控制之下,受托人需要拥有法律所赋予的依法独立管理和支配信托财产并且免受他人非法干涉的权利,而受益人的受益权只是用以保障受益人的财产归属,而非具体管理

---

① 鄢斌:《中国农地信托中的权利失衡与制度重构》,《中国土地科学》2016 年第 1 期。

财产。①如果突破了这种结构，信托关系中的两权（普通法上的所有权和衡平法上的所有权）就重合为一，于是信托就不存在了。

所以，要对信托关系的管理权进行讨论，就要深入分析虚假信托的判例与法律演进。可惜对此问题国内的研究尚少。

一、核心制度价值两权分离

要切入"虚假信托"的分析，首先要历史地看待信托关系。在最初和后来相当长的一段时期内，信托的主要目的集中于家产处分、避税和避债。在家产处分中，信托主要担当了一种剥离管理权与受益权的工具，它通过将普通法上的所有权保留在受信任人的手中，以保证受益人可以持续稳定地获得收益，以保证生活。而避税和避债本质上就是利用了形式所有权的转移和信托财产的独立性来对抗债权人。所以，两权分离是信托关系的核心制度价值。

避税和避债在某种程度上是不被允许的。比如，在赫曼诉蔡斯银行案（Abdel Rahman v. Chase Bank［CI］Trust Limited）中，1977年卡迈勒·阿卜杜勒拉·赫曼（Kamel Abdel Rahman），一位穆斯林商人，创设了一项信托。那时《泽西信托法》（Trust［Jersey］Law 1984）还没有生效。信托指示，受托人持有信托财产及信托财产的收益，但在赫曼先生的有生之年要得到赫曼的同意才可以处分。并且信托契据中还约定，每12个月赫曼先生可以处分信托财产的三分之一。事实上，赫曼先生有一次取走了大约1 000 000美元，并且没有通知受托人。信托契据还约定，如果没有信托人的指示或信托已经去世，信托投资的决定也是由信托人的一个顾问作出，而不是受托人。信托人也是信托的受益人，受托人只能为信托人利益行事，并且仅为信托人的利益行事。很多受托人的信托执行事项都需要信托人的事前书面授权。事实上，信托人在信托管理中依然行使决定权，受托人只是执行他的意愿。②在赫

① 贾林青：《信托财产权的法律性质和结构之我见》，《法学家》2005年第5期。
② Abdel Rahman v. Chase Bank(CI) Trust Limited，［1991］JLR 103.

曼先生死后,他的妻子提起诉讼,要求宣告信托无效,遗产则根据穆斯林法的强制继承规则进行继承。

泽西皇家法院受理了此案,并在1991年作出了判决。事实证据表明,赫曼先生习惯于称他的信托为"他的遗嘱",称他的受托人为"经理"。在信托文件中,他保留了任命受托人的权利,除此之外,他还处分信托财产,有时还告诉受托人如何合理地记账,并且控制了所有信托财产投资的决定。在此基础上,法庭得出结论:赫曼先生像自己的财产一样处分信托财产,把受托人当作是代理人。赫曼先生保留了权利,我们一致认为,此项信托是虚假交易。①赫曼案的判决是:第一,在泽西法上,信托完全无效,因为信托违反了"送人之物勿收回"(donner et retenir ne vaut)的原则。第二,信托只是一个虚假交易,因为信托人保留着对信托财产完全的控制权,并没有使信托生效的意图。②赫曼案创立了关于虚假信托的两项原则:第一,信托人从未意图创设这项信托(从未意图遵守信托法和信托信念);第二,信托人依然主导和控制受托人,并且达到了信托财产如同信托人财产、受托人如同代理人的程度。

赫曼案件为虚假交易理论在信托中构建了框架,而虚假交易理论最早应用在合同法领域。在英国有记录的最早涉及"虚假"的案件可能就是Peach v. Bath案。③在这一案件中,被告是一名爱尔兰商人,他声称自己在境内服务于巴伐利亚政府,具体说就是巴伐利亚大使,于是,他也享受外交特权。而法官认为,这种描述只是一种虚假关系,目的是保护这名商人免受债权人的正当请求。

一个多世纪之后,Yorkshire Railway Wagon Company v. Maclure案④对虚假理论进行了具体化。该案是关于铁路公司的出售回租协议的争议,在案中法官讨论了两个虚假理论的问题:当事人的共同意图;区别于显在交易的真实安排。对于共同意图,杰塞尔法官(Lord Jessel

---

① [1991] JLR 146—147.
② [1991] JLR 168—169.
③ (1764) KB 3 Burr 1478; 97 ER 936.
④ [1882] 21 Ch D 309.

MR)在判决中描述道：即使被告将其理解为一个借贷关系，但要想排除这一协议的效力，还要表明原告的理解也是一致的。①关于虚假交易与正当交易之间的区别，林德利（Lindley LJ）概括道："我理解，法官这样认为，分期付款购买关系只是借贷关系的手段和外罩。如果我也如此审查了案件事实，我也会得出这样的结论。我应该揭去外罩，只关心真实的交易。"②

虚假交易被引入信托之后，判例为这一理论的适用进行了具体化。关于信托人的对管理权的干预，在 Private Trust Corporation v. Grupo Torras 案中，表现在以下几个方面。首先且最重要的方面是，信托人也是受益人，信托人也可以随时支取信托财产及财产的收益，直到信托财产为零。其次，受托人行使自由裁量的时候，需要主要受益人（即信托人）的书面同意。另外，信托人有权替换和任命受托人。法院由此认定作为受托人的银行只是信托人的"玩偶"，信托为信托人保留了重要权利，所以，信托也是虚假信托。法院判定："1.2 条明确约定，因为这种处分行为信托财产归零时，信托关系终止，这样一来，要受托人独立行使自由裁量权是不现实的。受托人很容易受到受益人自益处分行为的支配……"③

干预行为的证据还有很多情况。比如，在瑞士的一个判例中，法院认定信托是虚假交易的证据是一份代理受托人出席股东大会的授权书。在不止一个判例中，只要受托人进行代理授权，并且信托人也在授权书上附署"我同意"，法院就会考虑这一证据，因为附署被认为是一种影响行为。④

除此以外，其他因素也会受到重视。比如，一个信托中，信托人也是受益人，并且根据信托协议受托人是职业受托人。并且信托人不间

---

① ［1882］21 Ch D 314.

② ［1882］21 Ch D 317.

③ ［1997—1998］1 OFLR 443，CA，at 451.

④ Rose-Marie Belle Antoine，*Offshore Financial Law：Trusts and Related Tax Issues*，Oxford University Press，2013，p.179.

断地试图直接控制信托,甚至在审计中宣称信托财产是自己的财产;信托人还积极参与信托财产处分和管理的会议,并提出议程。虽然这些行为并不一定可以等同于对信托关系的放弃,但它们违反了信托法的基本原则,于是也会使信托关系无效。

有些虚假信托认定的基础是瑞士法律的原则——"法律滥用"。这一原则在瑞士法里关注的更多的是实质,而非内容。只要交易的安排违反了公共政策,它就会被宣告终止。①事实上,信托人任何行为,只要可能导致信托人享有对信托财产的控制的假定,都有可能导致信托被认定为虚假信托。

在美国,与虚假信托的对应概念是至我信托(alter ego trust),即受托人可以被视为委托人另一个自我的信托。虽然在美国至我信托概念作为虚假信托的替代品使用,但在其他司法管辖区,这两个概念仍有所区分。比如,新西兰的 Re Reynolds 案认为,至我信托只是虚假信托的证据。②而在澳大利亚至我信托不需要有委托人的意图,而这个意图在虚假信托的构成中是必要要件。在 Pack v. US 案中,法庭使用了至我信托的概念,使税务局可以对离岸信托中的财产行使税务质押权。法庭在案件中认为,受托人只不过是税收义务人的另一自我,而信托财产的真正所有人是委托人,所以,委托人与另一自我有不可分割的法律主体性,如果将其分裂,则会促成欺诈与不公。③

二、管理保留行为的立法分析

两权分离的基本理论在我国的《信托法》中没有得到充分承认,其原因贾林青在《信托财产权的法律性质和结构之我见》一文中有过比较详尽的论述,主要是因为大陆法系一物一权的原则与两权分离相互冲

---

① Re WKR Trust〔OD Bank(in liquidation) v. Estate of Rey(a bankrupt)〕(1999) 4 ITELR 487, 519.

② [2007] NZCA, 122.

③ US District Court for Eastern District of California, 77 AFTR 2d, para 96—479.

突。①陈敦认为,在英美信托法中,信托人的控制权弱、地位消极,是因为信托通常运用于遗产事务安排和避税目的,如果信托人保留了过多的权利,则信托可能被认为仅仅是受信托人控制的工具,从而可能被认为信托无效,并将财产的税收归于信托人。而家产处分中的信托人,通常在信托生效时已经死亡,因此,赋予委托人相应的权利并无实际的意义。所以,我国《信托法》赋予了信托人(委托人)以积极的地位和干预信托运行的权利。②

而事实上,家产处分行为除在遗嘱中存在,还大量地被运用在离婚财产安排、风险投资前保障、子女教育保障等广阔领域。更为重要的是,信托人仅仅是保留了信托里的某些权利,或将自己设定为受益人本身,并不能成为信托虚假的决定性证据。这些安排在一般的信托中非常常见,并且也得到了《关于信托的准据法与承认信托的海牙公约》的认可。比如,委托人仅仅保留了请求分配的权利,而没有其他破坏信托关系的行为,则可以被认为是信托中的合理安排。

在英美信托法上,只要受托人的行为是正当的,信托关系就不会被轻易宣告无效。受托人的正当行为的观点得到了 Wilson LJ 在 Charman v. Charman 案中的确认:受托人在认真考虑了所有情况之后,可以善意地接受委托人关于其执行信托、提升财产价值的建议,这通常被认为是完全适当的。③这一判决得到了 Munby J 在 A v. A and St George Trustees Limited 案的援引,但 Munby J 在判决中作了更为广泛的阐释:换句话说,仅仅证明受托人在某一行为上遵从了委托人或受益人(比如向子公司贷款、向特定人支付预付款,在本案中是放弃股息),不能直接得出受托人没有独立行使自由裁量权的结论。④

Deputy Bailiff Birt 在 Re Esteem Settlement 案中提供了更为清楚

---

① 贾林青:《信托财产权的法律性质和结构之我见》,《法学家》2005 年第 5 期。

② 陈敦:《土地信托与农地"三权分置"改革》,《东方法学》2017 年第 1 期。

③ Charman v. Charman[2007] EWCA Civ 503, affirming Charman v. Charman [2006] EWHC 1879(Fam).

④ [2007] EWHC 99(Fam), para 72.

的解释。Deputy Bailiff Birt 首先分析了 sheikh al Sabah 是信托的委托人和受益人（还包括了他的妻子和子女），而受托人则系统地遵从了他的要求。该案判决认为：受托人对受益人承担受托人义务，他们必须仅为受益人利益行使其自由裁量权。在行使这一权利时，受托人首先要意识到这一权利，其次还要将这一意识应用到信托执行中去。在这一过程中，受托人还应是善意的，他们应当在委托人的要求是错误的时候予以拒绝，也当然应当在要求正确时予以接受。①

我国《信托法》对信托人的干预管理权也有规定，当然与英美判例法相比，其规范相对抽象与粗略。在授权条款方面，包括了财产权保留权、知情权、管理方法变更权等多项权利。

第一，信托财产财产权保留权。信托要求委托人将其财产权委托给受托人，未明确要求财产转移。第二，知情权。委托人有权了解其信托财产的管理运用、处分及收支情况，并有权要求受托人作出说明。委托人有权查阅、抄录或者复制与其信托财产有关的信托账目以及处理信托事务的其他文件。第三，管理方法变更权。因设立信托时未能预见的特别事由，致使信托财产的管理方法不利于实现信托目的或者不符合受益人的利益时，委托人有权要求受托人调整该信托财产的管理方法。第四，处分行为撤销权。受托人违反信托目的处分信托财产或者因违背管理职责、处理信托事务不当致使信托财产受到损失的，委托人有权申请人民法院撤销该处分行为，并有权要求受托人恢复信托财产的原状或者予以赔偿；该信托财产的受让人明知是违反信托目的而接受该财产的，应当予以返还或者予以赔偿。第五，重大过失追责权。受托人违反信托目的处分信托财产或者管理运用、处分信托财产有重大过失的，委托人有权依照信托文件的规定解任受托人，或者申请人民法院解任受托人。第六，信托解除权。委托人是唯一受益人的，委托人或者其继承人可以解除信托。信托文件另有规定的，从其规定。

关于《信托法》第 2 条"委托给"的立法措辞颇受争议。但结合《信

---

① ［2003］JLR 188.

托法》第 14 条的规定，"受托人因承诺信托而取得的财产是信托财产"，财产转移才可以使信托关系成立。①在英美法上，财产不转移，信托目的也会落空。在 Milroyd v. Lord 案中，信托人因为没有转移股权（未变更登记），大法官在上诉法院中认为该家产处分信托无效。②但从文义上解释，委托人依然可以不转移财产权而设定有效信托。大陆法系国家立法一般赋予信托人知情权，管理方法的调整请求权，对信托财产非法强制执行的异议申诉权，托任、解任、辞任与重新选任的权利，要求受托人承担不当行为责任的权利与解除自益信托的权利六项权利。③而英美法信托人一旦将财产转移给受托人，信托内部关系基本就成为受托人与受益人之间的关系，信托人除非明示保留部分权利，否则无法干预受托人的管理行为。而明示保留部分权利，又面临着被宣告信托虚假的风险。我国《信托法》继承了大陆法系对信托制度建构的传统，特别是对管理方法变更权过于宽泛的授权，和当委托人是唯一受益人时几乎毫无限制的解除权，都赋予了信托人干预受托人管理的便利。

在限制条款方面主要是债权人的撤销权。《信托法》第 12 条规定，委托人设立信托损害其债权人利益的，债权人有权申请人民法院撤销该信托。这一条的设定是为了平衡债权人和信托人的利益，既不能单纯因为信托人对外负债而否定信托财产的独立性，使信托难以发展，也不能为了保护信托，而让信托人不合理地逃避债务。这从功能上，与虚假信托是一致的。但是，从范围上，有所不同。英美法上的虚假信托（shams），不但保护债权，同样重要的是，它也保护继承权。在英美法国家，很多信托人制定信托主要目的就是规避法定继承。所以，保护法定继承也是虚假信托的一个重要制度功能。就此延伸开去，只要信托人通过设定信托，达到财产独立，是为了逃避正常债务或法律安排，相关

---

① 参见盛学军：《中国信托立法缺陷及其对信托功能的消解》，《现代法学》2003 年第 6 期。

② (1862) 4 De G F & J 264.

③ 鄢斌：《中国农地信托中的权利失衡与制度重构》，《中国土地科学》2016 年第 1 期。

利益就相当于在此框架中得到顾及。

三、财产社会化与信托

所以,两权分离是英美信托关系的原则,但信托关系有效性本身还是对信托各方及其他利害关系方的利益平衡。一方面,信托关系的成立不能损害债权人和其他利害关系的利益,另一方面,也要保证信托人的自由处分权和财产的社会化。

信托利用其主体转换和财产独立,可以逃避债务、避税甚至规避法律强制规定,那么,国家和社会为什么还要从制度上肯定甚至鼓励信托? 原因是信托是财产社会化的一种形式。

财产社会化是建立在财产私有化(或私有制)基础上的一种社会趋势。亚里士多德就认为,财产应当充分私有。至于原因,概括起来他的观点是,凡是属于最多数人的公共事物常常受到最少的关照,人们关心的是自己所有的东西,而绝不是公共的东西;人可以在财产私有中获得幸福与快乐。[①]这种观点逐渐发展成为"财产私有促进劳动"。洛克认为,既然劳动是劳动者无可争议的所有物,具有排他性,那么对这一所有物增加的东西,除他之外也没有人可以享有权利。[②]把这个话反过来说,就是布莱克斯通所说的,私人财产权的必要性在于,使附加了劳动的财产属于制造他的人,那么就使付出的劳动比如建造房屋、种植庄稼成为对个体有价值的事情。个人对自己附加了劳动的财产拥有永久的财产权,排他地享有之后的收益,比仅仅享有世界上所有物的潜在用益权更能激发人的劳动和创造积极性。[③]

财产私有极大地促进了生产,产权明晰、权责明确、保障充分已经成为现代社会产权制度的基础。而财产私有理论的前提却不总能得到

---

① 参见【古希腊】亚里士多德:《政治学》,吴寿彭译,商务印书馆1965年版,第48页。

② 参见【英】洛克:《政府论》(下篇),叶启芳等译,商务印书馆1964年版,第18页。

③ 参见王铁雄:《布莱克斯通与美国财产法的个人绝对财产权观》,《河北法学》2008年第10期。

满足:生产资料极大丰富——现实中,可欲的生产资料总是稀缺的;①
生产者与财产所有者一致——现实中,两者往往不一致。更为重要的
是,财产的积累并不当然地可以促进再生产,比如,生产者积累的财产
由其子女继承,而其子女可能并没有相应的再生产能力或兴趣。这与
"财产私有促进劳动"产生了直接的冲突。所以,积累财产要从私有领
域实现社会化,重新回归生产。

　　财产社会化的一个制度代表是有限公司。股东出于各种原因,将
财产权交给公司,由公司的管理人员进行管理。公司的收益,通过股息
分配给股东。公司财产和责任独立于股东,公司的管理股东也只能在
法律和股东协议明示的基础上进行。

　　财产社会化的本质是管理权与受益权的剥离。这种剥离一方面可
以促进管理权在市场上流转,配置到理论上可以最大发挥其价值的人
手中;另一方面也可以保证"积累财富"的渴望对劳动的促进作用。这
种剥离保持了私有权促进生产的基本理论推演,也从一定程度上缓和
了生产者与生产资料的错位。

　　信托也是财产社会化的一种形式。信托是信托人出于一定目的将
财产信托给受托人,由受托人进行管理,由受益人受益的交易。信托人
的目的可以是家产安排,也可以是合理合法的避税,但其效果是在很大
程度上使财产转移到了更具管理能力的人手中。这一点在现代社会更
为加强。因为商事信托的发展,从规模上说,信托公司承担了主要的受
托人角色,在我国甚至绝大多数的信托都是商事信托。在这种条件下,
信托的设定事实上实现了财产从一般主体向商事主体的转换,也实现
了从一般管理能力甚至无管理能力主体,向专业管理主体的转换。

　　管理权的转换是以管理权的不保留或明示或法定保留为基础的。
比如,公司的股东只能依法和股东协议行使权利。比如根据《公司法》
第 37 条的规定,有限责任股东会的职权包括决定公司的经营方针和投

---

　　① 诺齐克曾对洛克的劳动理论提出过批评。参见【美】诺齐克:《无政府、国家与乌
托邦》,何怀宏等译,中国社会科学出版社 1991 年版,第 179 页。

资计划;选举和更换非由职工代表担任的董事、监事,决定有关董事、监事的报酬事项;审议批准董事会的报告、监事会或者监事的报告、公司的年度财务预算方案和决算方案、公司的利润分配方案和弥补亏损方案;对公司增加或者减少注册资本作出决议;对发行公司债券作出决议;对公司合并、分立、解散、清算或者变更公司形式作出决议;修改公司章程;公司章程规定的其他职权。在此,股东会的实际决定事项是公司的经营方针和投资计划,增加或者减少注册资本,发行公司债券,公司合并、分立、解散、清算或者变更公司形式,修改公司章程等,这些事项,除第一项外,并非实际经营管理,而第一项所规定的"方针"与"计划",也只是原则性的管理指导,并非实际运营。根据《公司法》第46条的规定,真正关系公司管理权的"经营计划和投资方案"由董事会决定。

随着股份有限公司股权的分散化与证券化,小股东对公司经营管理干预的成本过高,积极性不强。现代公司法又发展出了刺破公司面纱的机制,《公司法》第20条第3款规定,公司股东滥用公司法人独立地位和股东有限责任,逃避债务,严重损害公司债权人利益的,应当对公司债务承担连带责任。最高人民法院在2013年1月31日发布的指导案例15号"徐工集团工程机械股份有限公司诉成都川交工贸有限责任公司等买卖合同纠纷案"中,法院判断是否应当适用有限责任的标准是"公司是否丧失独立人格,构成人格混同"。法院认为,该案被告三公司相互间财务、人员交叉,账户不加区分,无法指明其独立财产,进而可以被认定为不具有独立法人地位,构成人格混同。而其中的关键在于股东与公司之间资产不分、人事交叉、业务相同,股东在股权投资之后,并没有明晰公司的管理权。

因为财产社会化的制度安排有利于促进生产,缓解私有制对社会的消极作用,这些安排受到了法律的保护——法律设定了股东的有限责任,将信托财产隔离于信托人和受益人的财产之外。当然,财产社会化的形式不仅限于股权投资和设定信托,债券投资、加入有限合伙等也是财产社会化的形态。但这些财产社会化法定的优势与利益取得的前提是,财产权人应当真正地将管理权让渡出来,交由社会化的主体来运营管理。

那么,"管理权已让渡"的标准是什么? 管理权人(公司或受托人等)具有事实上的自由管理裁量权,并且管理干涉权是明确的(法定或约定)。所谓"事实上的自由管理裁量权"不是形式上的或表面上的自由管理裁量权。比如,一个信托设定后,财产转移给了受托人,受托人表面上可以依自由裁量对财产对进行管理和处分。而事实上,信托契据的条款却要求受托人在某些特定情况下必须进行某种处分,或者受托人的处分受到严格的限制,那么可以认为,受托人并没有真实的控制权,而委托人也是真正的控制人。[①]

但是,并非只要受托人接受了信托人的指示就丧失了管理权。Wilson LJ 法官在 Charman v. Charman 案中认为:受托人在认真考虑了所有情况之后,可以善意地接受委托人关于其执行信托、提升财产价值的建议,这通常被认为是完全适当的。[②]这一判决得到了 Munby J 在 A v. A and St George Trustees Limited 案的援引,但 Munby J 在判决中作了更为宽泛的阐释:换句话说,仅仅证明受托人在某一行为上遵从了委托人或受益人(比如向子公司贷款、向特定人支付预付款,在本案中是放弃股息),不能直接得出受托人没有独立行使自由裁量权的结论。[③]

Deputy Bailiff Birt 在 Re Esteem Settlement 案中认为,受托人享有自由裁量权的条件有三个:受托人首先要意识到这一权利,其次还要将这一意识应用到信托执行中去。在这一过程中,受托人还应是善意的,他们应当在委托人的要求是错误的时候予以拒绝,也当然应当在要求正确时予以接受。他还认为,委托人是否可以达到目的,取决于受托

---

① Rose-Marie Belle Antoine, Offshore Financial Law: Trusts and Related Tax Issues, Oxford University Press, 2013, p.176.

② Charman v. Charman[2007] EWCA Civ 503, affirming Charman v. Charman [2006] EWHC 1879(Fam).

③ [2007] EWHC 99(Fam), para 72.

人在履行受托人义务过程中的决定。决定权属于受托人。如果受托人决定不接受委托人的要求,委托人没有任何办法。相反,如果受托人受到了委托人的控制,他们没有善意地履行义务,仅仅因为是委托人的要求而遵从,那么判决应当是他违反了受托人义务,并应当承担责任(被辞退)。在实践中,仅仅证明受托人遵从了委托人的意志是不足够的。这样的事实当然是受托人怠于履行义务或受委托人控制的证据。但它也可能不违背受托人的义务,因为受托人善意地认为委托人的每一个要求都是合理的,并且符合受益人(一位或多位)的利益,应当得到接受。①

"管理干预权是明确的"意指如果没有特别的法定或约定,受托人为受益人权益享有充分的财产权。保留管理权或管理干预权的主体可以是信托人,也可以是受益人。但无论主体为谁,其边界必须是清楚的,并且不能实质地影响受托人的自由裁量权。

管理权自由和管理权明确是财产社会化的必要条件。只有满足了管理权真实转移的条件,法律才有赋予其财产独立和责任独立的理论基础和实践动力。

四、农地信托的利益相关方

既然法律制度将社会化的财产虚拟成了独立的财产,或赋予了社会化主体以虚拟的财产权,那么必然会有一部分因此而受到"损害"。在英美信托制度的设计中,贯穿着对以信托人的债权人和法定继承人为代表的利益相关人的探讨。那么,在我国农地信托的过程中,利益相关人是哪些人? 他们在"以信托方式的财产社会化"过程中,承担着怎样的平衡角色?

综合看来,农地信托涉及的利益主体不但包括了传统的信托人的债权人和法定继承人,还包括了共同信托人以及受托人的债权人。

(一) 债权人

信托人的债权人是最为明显的信托设定利益相关方,一旦信托成

---

① ［2003］JLR 188.

立,信托财产转移,这部分财产将独立于信托人的财产,不再是其一般担保的组成部分。但是,土地承包经营权在我国本来就是有限制或有争议的"一般担保品"。韩红俊、宫建军认为,对于土地承包经营权的可执行性应当进行分类讨论,家庭联产承包责任制下的土地承包经营权应当限制执行。这可以分为两点:其一,这部分土地承包经营权应限于集体经济组织内部流转;其二,权利只能在一定范围内变通执行。所谓变通执行,即执行只能采取执行和解形式进行,并且要以转包费或出租费而折抵债务,而避免使用转让的方式。①这种分类讨论的思路与《土地承包法》中关于"通过招标、拍卖、公开协商等方式承包农村土地,经依法登记取得权属证书的,可以依法抵押土地经营权"的思路一致。也就是说,家庭联产承包责任制下的土地承包经营权因为承担着家庭生活保障的功能,不能作为担保物,所以,也不能作为一般担保财产的一部分。

但是,韩红俊、宫建军还是认为,这部分土地承包经营权可以变通执行。那么,如果具有保障功能属性的权利本身不可以作为一般担保财产,权利的收益是否可以作为一般担保财产? 答案如果是肯定的,那么这部分土地承包权设定信托后,是否具有独立性,对债权人也具有实质影响。债权人在这种情况下,主张信托人或受益人不当干预管理,受托人丧失管理权,信托关系无效,法院应当予以审查。

事实上,中国农村土地承包经营权因为政策的原因是非常分散的。土地承包经营权承担着一定的生活保障功能,所以与农民经营户直接关联。权利分散并且具一定人身性,权利的流通性受到限制,农用土地难以大规模集聚起来。所以,单一信托人通过信托手段逃避债务或者规避法定继承的情况并没有出现。今后,出现的可能性也比较小。但是,农地集中组织,主要是合作社,却享有或管理着大量农地的承包经营权。这些组织的实际控制人利用信托关系,也可能损害相关人的利益。

---

① 韩红俊、宫建军:《土地承包经营权的执行问题研究》,《兰州学刊》2010年第5期。

实际控制人可能损害的利益主体是土地承包经营权人。如果土地承包经营权人通过入股合作社的方式聚集土地,那么损害的是土地承包经营权人的收益分配请求权。也可能会损害合作社的债权人权益。

(二) 继承人

信托的法定继承人之所以会成为利害关系人是因为,如果信托人将土地承包权设定他益信托,信托财产的独立性就可能干扰法定继承。但是,土地承包权在权利人死亡后的处理,在我国现有的规范体系中,是一个复杂而富有争议的问题。

汪洋总结了相关法律规定之后,认为在土地承包经营权的继承问题上,我国法律规范区分三种土地类型分别进行规制。这三种类型是家庭承包方式承包的农地、家庭承包方式承包的林地以及其他方式承包的四荒土地。其他方式承包的四荒土地因为在立法上本身就不具有人身性,可以充分在市场上流通。所以,这部分土地权利在承包人死亡后的承包收益,可以依《继承法》规定继承,继承人可以在承包期内继续承包。而对于家庭承包的林地来说,因为林地的生产经营周期长、收益慢、风险大等特殊性因素,承包人死亡后,继承人也可以在承包期内继续承包。

家庭承包方式设立的土地承包经营权的承包,情况比较复杂。立法区分了承包收益与承包经营权的继承两个问题。首先,立法肯定了承包收益可以继承。而对于承包经营权的继承却没有明确而统一的规定。虽然,地方法规、立法释义与司法裁判对此问题都作出了阐释,但其间也存在矛盾冲突。[1]

《农村土地承包法》起草领导小组组长柳随年将这些阐释总结为:以户为单位取得的土地承包经营权,承包期内家庭的某个或部分成员死亡的不发生承包经营权的继承问题,承包收益属于遗产按照《继承法》规定继承。家庭成员全部死亡的,土地承包经营权消灭,由发包方

---

[1] 汪洋:《土地承包经营权继承问题研究——对现行规范的法构造阐释与法政策考量》,《清华法学》2014 年第 4 期。

收回承包地,最后一个死亡的成员应获得的承包收益按照《继承法》规定继承。继承人不是集体经济组织成员,就不应当享有土地承包经营权的继承权,否则就会损害其他成员的权益。①

所以,英美法传统中的"继承人"在中国土地承包经营权问题上可以分为三种情况:法定继承人、户内其他成员以及集体经济组织。在土地承包权人设定了他益信托,在信托终止前死亡的情况下,有以下三个问题需要讨论。第一,法定继承人可否以受托人不具有或丧失管理权为由,提出信托无效(在家庭承包方式承包的林地以及其他方式承包的四荒土地的情况下);第二,户内其他成员可否以受托人不具有或丧失管理权为由,提出信托无效(在家庭承包方式承包的农地,承包户内还存留其他成员的情况下);第三,集体经济组织可否以受托人不具有或丧失管理权为由,提出信托无效(在家庭承包方式承包的农地,承包户内已无其他成员的情况下)。

《信托法》规定了委托人设立信托损害其债权人利益的,债权人对信托关系有撤销权。但对法定继承人的利益却没有规定。在英美法上,法定继承人与债权人具有同等地位,在利益因虚假信托关系而受到损害时,可以请求法院宣告信托无效。而如果按照我国关于赠予的规定,法定继承人则无权以受托人不具有或丧失管理权而请求信托关系无效。

同样,"户内其他成员"也面临着虚假信托救济没有依据的问题。但是,集体经济组织的问题则更为复杂。因为土地承包经营权作为《民法典》上的用益物权是固定期限的物权,是确定的财产权,所以才可以设定信托。而一旦信托人的生命终止,用益物权即会灭失,所以土地承包经营权应当属于《信托法》第11条第2款规定的"信托财产不能确定,信托无效"的情形。因为这一用益物权从一开始就是期限不能确定的物权。

---

① 何宝玉主编:《〈中华人民共和国农村土地承包法〉释义及实用指南》,中国民主法制出版社2012年版,第35页。

因为任何一种家庭土地承包权都有被集体在承包期内收回的可能,理论上,这一类土地承包经营权(不包括其收益)不可以设定信托。面对这个矛盾,解决的方式只有立法承认土地承包经营权作为物权,可以继承,而并非区分成承包权与收益。或者宣告所有土地承包经营权信托无效。但是,2014 年《关于全面深化农村改革加快推进农业现代化的若干意见》指出,要"在落实农村土地集体所有权的基础上,稳定农户承包权、放活土地经营权,允许承包土地的经营权向金融机构抵押融资"。2014 年,《关于引导农村土地承包经营权有序流转发展农业适度规模经营的意见》提出在坚持农村土地集体所有的前提下,促使承包权和经营权分离,形成所有权、承包权和经营权"三权分置",经营权流转的格局。从政策导向上,土地承包经营权中的经营权应当实现充分的市场化,成为有保障的自由流转物权。所以,解决理论冲突的方向还是在三权分置基础上,对土地经营权进行包括信托在内的市场化运营。

(三) 同一信托项下的其他信托人

农地信托在制度选择上,其优势并非可以为农民提供税收便利或财产安排的渠道,而是它可以为农地提供规模化管理和资金支持。规模化管理促进农业生产,并非没有前提。普罗斯特曼曾专门撰文论述,农业规模经营并不一定可以提高生产效率。[①]而前提之一就是规模化经营有利于获得资金支持。

以山东青州市南小王村信托为代表的很多信托计划,都是包含融资目的的集合信托计划。南小王村信托合同将委托人分为三类,A 类委托人、B 类委托人和 T 类委托人。A 类委托人是土地委托人,具体就是将土地集中起来的专业合作社。合同约定,受托人有权根据土地的整理投资需求、承租方和农户日常经营融资需求,发行 B 类信托单位募集所需资金。以现金认购 B 类信托单位的为 B 类委托人。当信托计

---

① 罗伊·普罗斯特曼、蒂姆·汉斯达德、李平:《中国农业的规模经营:政策适当吗?》,《中国农村观察》1996 年第 6 期。这一点也得到了国内学者研究的印证,参见刘凤芹:《农业土地规模经营的条件与效果研究:以东北农村为例》,《管理世界》2006 年第 9 期。

划因出现临时资金短缺而无法足额支付 A 类基本受益、B 类预期收益或 B 类投资本金时,受托人可开放发行相应规模的 T 类信托单位募集资金提供流动性支持,其中以现金认购 T 类信托单位的为 T 类委托人。

根据信托人的类型不同,合同将收益也进行了区分。收益的主要类型为 A 类基本收益和 A 类超额收益、B 类投资本金及预期收益、T 类投资本金及预期收益、信托费用、固定信托报酬和浮动信托报酬。收益支付顺序为 A 类基本收益、信托费用、固定信托报酬、B 类投资本金及预期收益、T 类投资本金及预期收益、A 类超额收益和浮动信托报酬。

在此类集合信托中,一般都会有土地信托人的优先受益安排,这固然是出于土地保障功能的政策的需要,更主要的是,土地是此类信托项目的核心资产。因此,信托项目的实际运营收益,直接影响着其他受益人(主要是资金信托的受益人)的权益。在这种结构中,土地信托人利用资产优势,形成对受托人的影响力,从而干预受托人管理行为,比如取得信托项目的运营受托权(信托项目也包含了其他信托人的资产)。虚假信托的理论难以充分说明和解决信托人干预受托人管理,影响共同信托人利益的问题。因为在这种条件下,单纯的宣告信托无效并不能充分保护共同信托人。

保护共同信托人有两种途径:第一,基于受托人不当行使受托权,没有尽到谨慎管理的义务,造成了受益人或信托人损失,应当给予赔偿;第二,基于信托人不当影响受托人,违反了信托关系中的实质转移财产的义务,信托关系无效,其基于信托合同的优先受益权也无效,成为劣后受益权。

在南小王村农地信托这个例子里,如果晟丰土地股份专业合作社和南小王融合种植专业合作社的实际控制人是同一人,会涉及以下几个问题:

第一,作为合作社成员的土地经营权人和合作社的债权人利益可能受到损害;第二,共同信托人的利益可能受到损害。

对于此类损害的控制,根据我国《信托法》、英美信托法虚假信托理论及我们的论证,可以作以下分析。

作为信托人的合作社和作为经营管理人(委托关系中的受托人)的合作社不可以是同一人。如果信托人与实际经营管理为同一人,则管理权没有实质转移,达不到信托关系成立、两权分离的要求。在这种情况下,如果信托关系的存在,使利害关系人(特别是信托人的债权人)的利益受到损害,利害关系人可以根据《信托法》的规定请求撤销信托关系。对于尚未受到《信托法》明文保护的利害关系人,比如共同信托人,则可以通过《民法典》的公平原则寻求基于受益权的救济(自益信托)或基于信托财产本身的救济(他益信托)。

作为信托人的合作社和作为经营管理人的合作社实际控制人如果是同一人,则应当审查信托受托人是否享有并行使了自由裁量管理权和对管理人的监督权。

第七章
农地信托中的集合信托

一、集合信托是农地信托的一种重要形式

集合信托主要是指受托人把两个或以上委托人交付的信托财产（动产或不动产或知识产权等）加以集合，以受托人自己的名义对所接受委托的财产进行管理、运用或处分的信托。

《信托公司集合资金信托计划管理办法》将"信托公司集合资金信托计划"定义为"由信托公司担任受托人，按照委托人的意愿，为受益人的利益，将两个以上（包含两个）委托人交付的资金进行了集中管理、运用或处分的资金信托业务"。这种定义是从商事业务的角度对集合信托进行的界定。美国学者认为集合投资信托是"由多数投资者共同出资成立，并设立管理者，从事比个人投资有更高安全性和收益性的投资，再由投资者分享其投资收益的制度"。[①]这种定义虽然指明了集合信托最重要的两个特征：多数投资者（信托人）以及单一的管理人，但从文字表述上还是倾向于股票、债券和其他有价证券的投资管理，而对资产管理类的信托，没有充分的概括。

集合信托的主要特征包括了以下几个方面。

集合信托的信托人超过一人。单一信托人的信托不是集合信托，

---

① 文杰：《投资信托法律关系研究》，中国社会科学出版社 2006 年版，第 30 页。

因为集合信托,顾名思义,是集合了信托人和信托财产的信托,单一信托人无法构成集合性。即使单一信托人的财产有复杂的构成,也不能称为集合信托。多个信托人也不一定可以构成集合信托。比如,共同共有人或按份共有人将共有财产设定信托,也不是集合信托。再比如,多个股东将同一公司的股份设定信托,也不构成集合信托。集合信托有人数上的集合性,即将非同一财产关联体的信托人,通过信托结合起来。从广义上也可以认为,只要具有两个或以上的信托人的信托就是集合信托。但这样的定义对于信托的研究帮助较小。

集合信托存在的价值在于,它可以体现出信托集合财产的功能。这与信托可以变换所有权主体、财产独立等功能一样,是信托极为重要的功能。所以,应当认为,集合信托的信托人应当不止一人,甚至要达到一定数量,比如 10 人。数量现在学界并没有达成一致,但在未来的立法中,可以在商事业务领域进行规范,比如规定 50 人以上信托进行某种特定的集合信托监管,而非集合信托,则从当事人意思自治。也可以将集合信托设定为商业信托,而其他为民事信托。因为集合信托涉及了多数非关联性市场主体,而一般信托则是自有关联主体,可以从其自治。这种区别与股份有限公司和有限责任公司的区分相似。

信托财产具有融合性。集合信托是集合了复数信托人的财产的信托,但其本质是复数信托人持有的财产本身是分散管理的。并且这种分散管理与集合之后的统一管理具有社会意义上的进步。这就要求集合信托财产具有两方面的特征:第一,集合信托财产在信托之前,具有实质上的分散性;第二,集合信托财产在信托之后,具有实质性的集合性。所谓具有实质上的分散性是指,信托财产在信托之前,无法达到与信托之后对等的功能。比如,10 个信托人共同设定一项信托计划,其中一人出资 100 万人民币,其他人出资共一万人民币。虽然这种信托也可以称为集合信托,因为它的确集合了多数的信托人,并且信托财产在信托后可以很好地融合在一起,但这种集合信托无法达到其应具有的集合财产的作用,实现不了单一信托人财产原本无法实现的功能。

即使信托财产在信托前具有实质的分散性，如果不能通过信托而达到实质的集合，也无法实现集合信托的目的。如上例中的单纯资金信托，信托财产可以很好地融合。但是，资金外的资产信托，情况可能就比较复杂。一般来说，如果资产（包括资金）可以有效结合，发挥更大效益，则认为资产可以有实质融合。而如果资产信托后依然只能独立运营，没有相互结合产生效益的可能，那么也与信托财产分别成立信托计划无异。从实践中看，资产没有融合的潜在可能，信托人一般也不会将资产设定在同一个信托计划中。

受托人是单一受托人，信托财产集合管理。信托财产具有融合性，就要求受托人对信托财产进行集合管理。集合管理并不以单一受托人为前提，如果多个受托人在一致的管理目标下，协调行为，也可以达到集合管理信托财产的目的。这样的共同信托也可以成为集合信托。而在实践中，多个信托受托人共同管理一项信托计划比较少见。共同受托人在管理上也容易出现分歧。所以，一般认为，在信托财产集合管理的时候，受托人原则上应当是单一受托人。

集合管理是指信托财产被视为一个整体进行管理。集合管理的意义在于充分发挥信托财产的融合性。但是，信托财产的融合性与集合管理又是一个问题的两个方面。两者都是为了使信托财产由散集聚，发挥更大效能，创造更多收益，更有利于受益人。而两者也有侧重。财产的融合性是财产在性质上可以融合，信托人在设立信托时，有使信托财产融合的意图。集合管理则是受托人在领会了信托人的意图之后，有能力也有意识地将财产融合管理，并尽其谨慎管理人的义务，使财产获得更好管理，创造更多收益。

集合信托没有必要是自益信托。叶朋认为，在农地信托或农地集合信托实践中的常态是委托人农户即为自己利益设立信托，委托人兼任受益人的自益信托是农地信托的最大特点。这一特点使得信托的三方法律关系被简化为两方法律关系，即委托人兼任受益人的农户与农地信托公司之间的关系，农户同时负担信托委托人的权利义务与受益人的权利义务。①但是，所谓"农地信托"的常态是"自益信托"，是因为农地信托还处于刚刚起步的阶段，信托人对于信托的功能与作用的认识还处于"比出租赚钱"的表层阶段，对于信托的家产安排功能、财富管理功能、所有权主体转变功能等没有充分的认识。

中央对于农村土地经营权的市场化已经有了明确的政策安排，土地经营权肯定会在更广泛和更市场化的条件下流转，权利的主体也不再主要是农民，可能会是多种复合主体。那么，作为充分市场化的财产权，其权利安排也会趋于复杂化。所以，包括农地集合信托在内的集合信托不必然是自益信托。甚至，在充分的市场化和商业化发展之后，农地信托的受益权还可能会出现证券化的趋势。

农地信托本质上要求集合信托。首先，农地分散在农民手中。这很大程度上是政策的原因，因为土地承包经营权承担着一定的生活保障功能，所以，权利具有一定的人身性。既然具有人身性，就受制于保障性而分散在被保障人手中。我国土地权利体系尚未发展出成熟的使用权与收益权分离的制度。所以，农村土地整体上还是分散的。不仅如此，直到十八届三中全会前，农村土地还无法充分流转。虽然部分立法并未禁止部分土地承包经营权的流转，但因为登记和立法上的不一致性，土地承包经营权流转的风险对于成熟市场主体来说还是过高。这也进一步地维持了土地的分散性。

分散的土地需要集合，这是农地信托的一个功能。虽然，规模化经营是否可以提高农业生产率是一个不确定的问题，还需要更多的附加条件才能判断。但我国农村现在的情况是，大量农地闲置。所以，从总体上说，将农村土地集中起来，进行市场化的管理，将会有助于提高农地的利用率，促进生产。

将农地集合起来的另一价值在于融资。我国土地承包经营权部分不可以抵押，虽然，《土地承包法》规定"通过招标、拍卖、公开协商等方

---

①　叶朋:《农地承包经营权集合信托的法律问题分析》,《金融理论与实践》2015 年第 8 期。

式承包农村土地,经依法登记取得权属证书的,可以依法抵押土地经营权"。但大量存在的家庭联产承包责任制下的土地承包经营权因为承担着家庭生活保障的功能,不能作为担保物,所以,这部分土地承包经营权融资比较困难。

我国农村土地的投入主要有基础设施投入和发展性投入。基础设施投入,比如农田水利等,因为投资量大,范围广,一般由政府进行。而发展性投入,政府一般只作提倡,而不会直接进行。农民自有资本量小,又因为上述农地不能抵押等问题,在农地发展上的投入极为不足。而政府补贴与提倡的投入又有市场化缺乏和行政性强等缺憾。

农地集合信托具有融资功能。集合信托可以集合同类资产,但更为重要的功能是集合不同资产并融合起来。农地集合信托不但可以将分散的农地集合起来,还可以使本来没有融资能力的农地,获得资金的支持。

一方面,农地集合在信托公司手中,具有了一般担保的意义,可以向银行取得贷款。单一分散的农地难以在法律上成为担保物,融合起来的农地也无法突破法律的限制,但因为融合后农地的产出收益达到了一定规模,收益本身可以成为担保。

另一方面,农地集合信托可以采用"农地+资金"集合信托模式,直接引入共同信托投资人。土地经营权人转移土地权利,资金信托人转移资金,农地与资金移至同一信托计划。这样就解决了农地缺少投入的问题。

二、农地集合信托的结构

"农地+资金"集合信托对解决我国当前农业发展的问题有重要意义。我国现有的农地信托也多采这种集合信托的模式。山东省青州南小王村在十八大之后的农地信托中走在了前面,继安徽宿州信托之后,也在2013年12月13日签订了信托协议,开始了农地集合信托。为了研究农地集合信托,我们对南小王村农地信托进行了实地调研。

山东省青州南小王村人口 309 人耕地 638 亩，种植品种主要是小麦和玉米，按照每亩地年均生产小麦 450 公斤、玉米 550 公斤计算，毛收入在 2 000 元左右，如果扣除种子、化肥、农药、水电等投入，即使人力成本不计算在内，每亩净收入也只有 1 000 元左右。南小王村人均拥有农地 2 亩多，按照以上计算，人均农地收入在 2 000 元左右。这样的收入水平很难维持家庭支出。加之，近年离乡打工已经成为农民的谋生方式，大量劳动力外出，留守的多为老人孩子，劳动力和经营管理能力不足。也是因为农地收入逐渐被外出务工收入所取代，农村经营户对农地的投入热情进一步减少。

为了解决分散经营在新条件下的不足，解决投入不足、经营乏力、土地收益日益减少的问题，2008 年 9 月，南小王村村委会发起设立了"南小王村土地股份合作社"。合作社集合了村上绝大部分的农地，总量达到 508 亩。合作社对集合的土地进行统一管理，统一经营，部分解决了农地无人管问的问题。合作社依法成立，对成员采用了"保底分红加浮动红利"的分配方式。这种分配方式构成简单，其前提是农地集合经营可以获得更高收益。

可是，单纯的农地集合并不能从根本上解决资金和技术的问题，管理能力也不会比农民自身的管理提高很多。合作社很快就遇到了规模化经营悖论。也就是说，本来规模化经营是希望提高生产率，但因为规模化经营没有分散经营人认真负责、人力成本高、损耗大等原因，单纯的规模化，很有可能不及分散小农经营效率高。所以，农地规模化只是有助于提高农业生产力，而确实达到提高生产力的目的，还需要资金投入、技术支持、管理专业化等因素的配合。①而在南小王村村委会主办合作社这个模式下，在资金投入、技术支持、管理专业化等方面没有本质的提升，无法从根本上提高生产，增加收益，从而吸引农地入股，增加农民参与的积极性。

---

① 参见陈海青、庆建奎：《基于信托制度的农村土地流转制度创新：青州南小王村案例剖析》，《金融发展研究》2014 年第 2 期。

所以,在农地信托起步之时,南小王村就积极参与尝试。虽然,合作社本身并没有取得完全的成功,但也为农地信托提供了良好的基础。首先,合作社为农地信托节省了谈判成本。如果农地分散在农民手中,信托公司可能需要分散谈判并签订合同。这样的谈判成本较高,原因在于信托公司人员与农民并不熟悉,农民对其接受度不高。并且一家一户地谈判,人力和物力成本都会相应提高。其次,合作社为信托完成了土地集合。一般来说,集合信托可以完成土地集合的功能,然后可以在此基础上再行信托。但我国已经有立法保证了农业合作社的法律地位,通过合作社集合土地也是有效的。并且,在村委会主导下的合作社更容易完成协调利益、解决纠纷的任务。

南小王村农地信托在合作社的基础上成立,通过对《信托合同》和《服务合同》的研究,对此信托的基本结构可作如下梳理。

为进行农地信托南小王村专门成立了"晟丰土地股份专业合作社"。合作社从农户处获得土地承包经营权,农户将其土地承包经营权以股份形式加入到该土地股份专业合作社,农户或农民由此从合作社取得了成员或股东地位。农民或农户根据《专业合作社法》及相关约定享受收益权。

农地集合到合作社之后,专业合作社作为信托人设立信托,与信托公司签订《中信民生·山东青州农村土地承包经营权集合信托计划1301 期信托合同》。根据合同约定,信托人将农地权利转移给信托公司,形成信托财产。信托人,在本案中也是受益人,根据信托合同享受受益权。此部分信托成立之后,信托计划具有了核心资产,即农用土地。农地的信托人,在本案例中被称为 A 类信托人。

如前所述,农地信托的重要功能在于融资。所以,在农地集合信托计划中,还包括资金投资者,即 B 类和 T 类信托人。他们信托的财产是资金,信托的目的就是支持农地的经营和管理,并在整体财产的运营中获得收益。

在信托财产转移之后,受托人,即信托公司,开始对财产的集合进行经营管理。这是一个资财融合的过程,也是超越传统经营的关键。信托公司可以自行管理,也可以委托专业公司进行。信托公司与专业管理公司之间的关系是,信托公司委托专业管理公司管理土地和部分资金,专业管理公司进行管理,并将收益扣除管理费用交付信托公司。根据南小王村的协议,专业管理公司承租了农地,并向信托公司支付租金。

在此之外,信托公司还可以聘请服务商为整个信托计划提供服务,服务商有权收取服务费。服务商的服务不涉及土地的实际经营服务,土地实际经营是土地承租方在进行,根据服务合同,服务商主要有以下职责:发布信托计划的相关信息,初步审核加入人申请,提供增信保障,帮助与金融部分对接,提供投融资建议,帮助开发项目的可行性论证,组织农户技能培训和就业帮助等。

三、农地集合信托的利益分配

在南小王村信托中,信托人(委托人)分为三类,A类委托人、B类委托人和T类委托人。A类委托人即为从农户手中将土地承包经营权集中起来的合作社,在该项目中具体为"晟丰土地股份专业合作社"。受托人信托公司有权根据土地的整理投资需求、承租方和农户日常经营融资需求,发行B类信托单位募集所需资金,其中以现金认购B类信托单位的为B类委托人。当信托计划因出现临时资金短缺而无法足额支付A类基本受益、B类预期收益或B类投资本金时,受托人可开放发行相应规模的T类信托单位募集资金提供流动性支持,其中以现金认购T类信托单位的一方即为T类委托人。

受托人为信托计划中财产管理和运用而设立的专用账户,即为信托计划专户或称信托财产专户,在该账户下分别设立A、B、T类信托财产子账户,子账户之间相互独立,财产分别管理、运作及核算,分别用于存放对应类别财产项下的租金收入。

信托计划收益主要来自承租方支付的土地承包经营权租金,用于分配三类委托人的收益、受托人的信托报酬以及返还受托人为信托计划正常运营的成本支出而垫付的资金。具体分配方式如下：

A类账户收入。此类收益包括两部分，A类基本收益和A类超额收益。基本收益为信托合同约定的A类收益人享受的最基本收益；A类超额收益是指，租金收入扣除A类基本收益、B类资金用于土地整理投资而需计提的土地整理投资本金和土地整理收益（若此前发行T类信托单位，还应扣除T类投资本金及收益），所剩余的资金称为A类信托财产超额收益，该A类信托财产超额收益的70%即为A类超额收益，其余30%作为浮动信托报酬归受托人享有。

B类账户收入。该类投资资金的用途分为两部分，即用于土地整理投资，为承租方和农户提供资金流动，因而该类收入也包括两部分，一部分为土地整理投资本金以及合同约定的土地整理收益，一部分为提供资金流动的本金和收益（融资收益）。

T类账户收入。如果发生合同约定的事由，受托人发行了一定规模的T类信托单位，T类委托人的收入即为认购本金及约定的本金收益。

受托人收益。包括固定信托报酬和浮动信托报酬。固定信托报酬为因管理B类及T类信托资金而收取的报酬，具体收益计算为每年B类信托资金本金的1%和每年T类信托资金本金的1%；浮动信托报酬前面已提及，由租金收入扣除A类基本收益、需计提的B类土地整理投资本金和土地整理收益以及T类垫付资金，所剩余的A类信托财产超额收益的30%，即为浮动信托报酬。如果在日常运营过程中，受托人为信托计划垫付了必要成本支出，也需要在租金中解决，此部分资金称为信托费用。

各类账户的收入并非按照平均分配的方式进行，而有一定的分配顺序，只有满足了上一层级的分配要求之后，后顺位的收益人才能获得约定的收益分配。在南小王村信托中，分配按照以下顺序进行：A类基本收益、信托费用、固定信托报酬、B类投资本金及预期收益、T类投资本金及预期收益、A类超额收益、浮动信托报酬。

在分配顺序中,南小王村信托注意了对农民基本权利的保护,也照顾到了超额收益的分配,提高管理者的工作积极性。但与此同时,资金受益人的利益受到了一定的压制。在经营管理良好的情况下,并不会出现问题,一旦出现经营不善的情况,资金信托人的利益可能会受到损害。

四、农地集合信托受益人大会

集合信托是由复数,甚至多数信托人设立的信托,受益人在多数情况下不止一人。受益人是多数人的情况下,受益人对受托人的监督就成为一个问题。一般情况下,受益人可以按照信托协议和其他相关文件的约定,应受托人的要求或者自发地召开会议,来讨论和决定与信托有关的重大事项。

农地集合信托在受益人保护方面具有特殊性。首先,农地集合信托中的农地信托受益人需要特殊保护。其次,农地集合信托各方受益人需要利益协调。

农地集合信托中的农地信托受益人需要特殊保护。这是基于政策的需要。我国农地政策认为,农地具有一定保障属性,需要基于农民人身的保护。所以,即使农地流转到了市场领域,也需要一定的保护。

叶朋认为,即使在农地信托中,委托人兼任受益人,受益人可以利用委托人的身份依法对信托实施监督与控制,但相对于专业的信托公司而言,受益人仍处于弱势。关于农地信托受益人弱势的原因,叶朋认为有两个方面。一方面,信托公司具有专业技能,而农地信托人则多是农民,不具有知识与经验的优势。农地信托人对信托公司的管理行为很难进行准确的判断,甚至,他们不会对信托公司的任何行为进行监督。另一方面,信托公司在成为受托人之后,也可能会为了自身利益,利用知识与专业优势而回避监督,排斥合法干预(依我国《信托法》),甚至从事违反忠实义务和审慎管理义务的行为。①

---

① 参见叶朋:《农地集合信托与农户利益的法律保障》,《华南农业大学学报》2015年第4期。

在实践中,受托人利用优势,损害信托人和受益人权益的因素主要有以下几点。第一,受托人制定信托文件。实践中,因为信托公司高度专业化,并具有较强的谈判能力,以信托转协议为代表的信托文件都是由信托公司起草。虽然,这种"格式条款"并没有达到银行业务和保险业务那种或签或走的程度,但其修改也是非常困难的。第二,信托文件中使用大量专业化语言,非专业人士难以理解并提出意见。受托人利用制定信托文件的优势,在文件中大量使用非专业人士难以理解的语言,从而达到减少谈判可能,增加对方成本,迫使对方接受的目的。第三,在信托文件中使用法律陷阱。因为受托人起草信托文件,并且可以利用艰涩的专业语言,这些就便于其在文件中加入对己方有利的内容,甚至排除在正常商业条件下,受益人和信托人可以享受的利益。并且,这些条款也可以使受托人免于诉讼中的不利地位。

这些不利地位,对于农地信托人和资金信托人是一致的,只不过,农地信托人多为农民,受到侵害的可能性,因为受教育和社会经验等因素,相比资金信托人可能会更大。

自《信托法》制定以来,我国信托业有了迅速发展,在十几年的时间里,信托公司已经形成成熟的业务模式,组织专业的业务团队。但也正因此,受托人的能力也在不停增长,以上谈到的受托人对信托人和受益人侵害的可能性不是减少了,而是增加了。

在这种情况下,信托业想要有新的发展,或者想在既有的条件下健康发展,都需要信托法律对这种不平衡关系的调整。通常来说,法律在平等市场关系中,一般要遵循平等自愿的民事交易原则,而在一方过于强大时,要利用规范手段进行弥补与平衡,也就是取有余而补不足。所以,在受托人强势的条件下,首先要强调《信托法》中规定的受益人的五项权利:信托知情权(第20条)、信托财产管理方法变更权(第21条)、对受托人不当处分财产的撤销权以及损害赔偿请求权(第22条)、受托人解任权(第23条)、享有信托利益的权利(第43条)。

在农地信托中,以上五项权利可以具体为以下权利:在知情权方面,受益人应当有农地经营情况知情权、农地租赁情况知情权、农地收益知情权、农地投入知情权,并可以查阅、复印以上信息相关的账目与相关文件。为了保证以上知情权,信托文件中应当设立相应制度。因为立法仅能概括提供权利框架,而权利的保证还要具体设计。比如,信托受托人应当以月报或季报的方式向受益人大会提供关键信息、基础信息可供备查。

在信托财产管理方法变更权方面,如果出现了农地实际管理人,不管是承租人还是承包人或经营人,变更农地用途,不按约定使用农地,过分使用农地,导致地力下降等情况,受益人可以行使信托财产管理方法变更权。当然,如果出现了其他导致信托目的不能实现的事由,受益人也可以行使此权利。受益人行使此权利,应当依法行使,满足设立信托时无法预见等前提条件。

在对受托人不当处分财产的撤销权以及相应的损害赔偿请求权方面,主要是由于受托人在处理受托事务时,违反信托目的,未能尽到忠实义务或审慎管理义务,损害了受益人利益。在出现了这些事由,造成受益人的损失时,受益人可以行使对受托人不当处分财产的撤销权以及相应的损害赔偿请求权。

在受托人解任权方面,如果受托人违反信托目的或者在行使农地承包经营权经营有关土地的过程中出现重大过失,受益人可以将其解任。

在享有信托利益的权利方面,受益人有权依照信托协议,请求分配利益。这也是受益人的核心权利。

虽然,立法明确了受益人的这些权利,但这些权利的行使会遇到很大困难。一方面,这些权利的具体化要通过信托文件来实现,如果没有具体的约定安排,权利的行使也很难操作。另一方面,在农地集合信托中,受益人数量众多,构成复杂,利益诉求不一,在各种权利的行使与保障上,难度加大。

在农地集合信托中,多重因素导致了受益人弱势,而现有的立法并无法保证特殊条件下受益人利益的实现。为了使多数受益人可以形成合力,在谈判与经营管理的监督中,足以对抗受托人,受益人大会的形式是有必要的。

关于农地集合信托中的受益人,我国法律法规没有明确的规定,但2006年通过、2007年3月1日实施的《信托公司集合资金信托计划管理办法》规定了集合资金信托受益人大会的组织情况。

《信托公司集合资金信托计划管理办法》第7章对受益人大会进行了规定。受益人大会由信托计划的全体受益人组成,依法行使职权。受益人大会是受益人的自治组织,目的是协调受益人行动,调和受益人之间的矛盾,形成受益人决策机制。从本质上说,受益人大会是受益人一方的代表机构。所以,受益人大会也要遵从受益人的权利义务安排,以信托合同的约定为基础进行活动。

在信托计划文件未有事先约定的情况下,该管理办法对受益人大会的权利范围进行了规定。其第42条规定,出现以下事项而无约定的情况下,应当召开受益人大会审议决定:提前终止信托合同或者延长信托期限;改变信托财产运用方式;更换受托人;提高受托人的报酬标准;信托计划文件约定需要召开受益人大会的其他事项。重要事项由受益人大会决定,有利于维护受益人的整体权益,也有利于在重大事项上,促使受益人协商。这是集合信托受益人复数性的要求。

在受益人大会的召集方面,管理办法规定受益人大会由受托人负责召集,受托人未按规定召集或不能召集时,代表信托单位百分之十以上的受益人有权自行召集。办法规定的双召集制度,一方面可以保证受益人大会的效率,因为受托人实际管理效率通常情况下会高于分散的受益人。另一方面,在受益人对抗受托人的事项上,如果受托人拒不召集,或故意拖延,该管理办法也规定了受益人自行召集的程序。关于召集受托人大会的受益人比例,该管理办法的规定也与《公司法》中对股东大会召集所需要的股东的比例相协调。《公司法》第100条规定,单独或者合计持有公司百分之十以上股份的股东请求时,应当在两个月内召开临时股东大会。至于是以资本的百分之十以上,而非人数的百分之十以上,也是由其资合性,而非人合性决定的。

在受益人大会的程序方面,该管理办法规定,召集受益人大会,召集人应当至少提前十个工作日公告受益人大会的召开时间、会议形式、审议事项、议事程序和表决方式等事项。受益人大会应当有代表百分之五十以上信托单位的受益人参加,方可召开。受益人大会可以采取现场方式召开,也可以采取通信等方式召开。受益人大会决定的事项,应当及时通知相关当事人,并向中国银行业监督管理委员会报告。这些程序规定为受益人大会的顺利合理进行提供了保障。

在受益人大会的决议方面,该管理办法规定,受益人大会不得就未经公告的事项进行表决。每一信托单位具有一票表决权,受益人可以委托代理人出席受益人大会并行使表决权。大会就审议事项作出决定,应当经参加大会的受益人所持表决权的三分之二以上通过;但更换受托人、改变信托财产运用方式、提前终止信托合同,应当经参加大会的受益人全体通过。受益人大会的决议也采取了资本决的方法,同样,这也是由信托的资合性决定的。在决议比例的规定上,为了保护受益人的权益,管理办法规定了比较严格的决议条件,一般事项需要三分之二表决权以上通过,而特定重大事项应当由全体通过。

农地信托是复合型的信托,信托财产不仅包含了资金,也包含了农地,甚至机械等。所以,其情况与资金信托有所不同。但是,在总体设计上,农地信托受益人大会应当与资金信托是一致的。但农地信托中,农民权益的保护也是一个重要事项,需要立法体现。所以,可以在资金信托受益人大会的设计基础上,规定:第一,一定比例的农民受益人可以召集受益人大会;第二,必须有一定比例的农民受益人,大会方可召开;第三,决议通过必须有一定比例的农民受益人。

第八章
农地信托中的监察人

农地信托在我国虽然是新生事物,但自从 2013 年 10 月诞生,发展迅速,从安徽宿州、山东青州到上海浦东,已经有很多实践。随着实践的发展农地信托也逐渐受到学界的重视,但相关的具体制度的研究还很欠缺。

2014 年中央颁布《关于全面深化农村改革加快推进农业现代化的若干意见》指出,要"在落实农村土地集体所有权的基础上,稳定农户承包权、放活土地经营权,允许承包土地的经营权向金融机构抵押融资"。三权分置是我国当前农村土地改革的核心政策,而农地信托是三权分置的重要手段。

但在现有条件下,农民对于信托等现代融资和财产管理手段认识较浅,知识和技术水平处于劣势地位,利益容易受到侵害。加之,土地承包经营权在我国现阶段还具有生活保障性质,对土地承包经营权以及所派生受益权的特别保护依然是一个制度设计所面临的课题。

一、农地信托设立监察人必要可行

(一) 农地信托中农民主体处于弱势地位

农地信托是以农村土地承包经营权为信托财产的信托,信托人和受益人主要是农民。农地信托主要目的是加强农地流转,提高农地利用效率,增进农民福利。然而实践中,农民权益常有受损的情况。

首先,农民自主权受损。随着城市化进程的加快,农民入城打工已经成为普遍现象,农村土地利用率日益下降。增进土地流转,提高利用效率的农地信托本来是提高农民收入的手段,却在实践中出现了大量违背农民意愿强迫交易、损害农民利益的现象。一项调查显示,在信托流转有决定权问题上,选择"能够自行决定"的占比 30%,选择"只能由村委会统一决定"的占比 57.28%,选择"只能由上级政府统一决定"的占比 12.72%。①农民自主权受损主要有两个原因:其一,信托农地需要连片开发,对于片内不希望流转土地的农民,可能存在"做工作"或其他强迫的情况。其二,政府为了推广新制度,工作方式不当,也会存在变相强迫的情况。

其次,农民在信托中无足够能力维护法定权益。在信托关系中,农民是弱者。不管是作为信托人还是受益人,农民在信托关系中都处于劣势地位。其一,受托人作为专业的信托公司,在实践中比较容易利用自己的专业技术和独享信息,来消解和排斥来自农民信托人和受益人的知情权和其他法定权利的行使。具体来说,信托公司可以利用起草信托合同的优势,使用冗长晦涩的语言,排除信托人和受益人权利,增加自身权利,回避自身义务,增加追究自身责任的困难等,也可以通过回避法定义务,对重要信息不进行必要和及时的公开和通知。②信息不对称,一方面是农民弱势引起的,另一方面,也加深了农民的弱势。

最后,实际信托人削弱了农民对受托人的监督能力。在实践中,农地信托大都不是由农民直接设立的。为了减少谈判成本,加快推进速度,也为了维护农民权益,农民会先将农地集中起来,比如在山东青州南小王庄农地信托中,农地首先集中在合作社。再由合作社作为信托人与信托公司签订合同,设立信托。这样的操作表面上可以弥补农民

---

① 汪莉、彭婷婷:《土地信托流转中的农民权益保障》,《河南工业大学学报(社会科学版)》2016 年第 3 期。

② 叶朋:《农地集合信托与农户利益的法律保障》,《华南农业大学学报(社会科学版)》2015 年第 4 期。

在信托中的弱势,但在实践中,也直接将农民与信托隔离开来,更难直接了解信托财产管理的信息,行使自己的法定权利。

(二)国际上信托保护人得到了广泛的使用和承认

信托中设立监察人(保护人)是保护弱势受益人或信托人的有效手段。随着信托业的发展,为了平衡受托人自由裁量权,国际上越来越多的信托中设置了保护人。在英美法上,早期的受托人一般都是信托人家庭的亲戚朋友,或长期服务于这个家庭的专业人员。而现在,典型的信托都由专业信托公司管理,管理也高度商业化。于是,信托人希望通过设置保护人,在商业信托中加入更多的个人因素,而保护人的人选与一百年前受托人的人选非常相似,即信托人家庭的亲戚朋友和长期服务的顾问。

保护人在信托关系中承担的功能主要有三点:为信托人提供安全保障(因为他们可以撤换受托人,可以否决或限制受托人的自由裁量权);保护人有助于受托人与受益人的交流,并增进两者关系(因为他们一般对信托人的家庭比较熟悉);保护人可以限制职业受托人在处理非常规财产和应用特别技术时的能力(比如从事制造业或商业,或高度投机金融业)。

现在国际上将承担这些功能的角色称为保护人(protector),但在具体环境下,也会被称为监护人(guardian)、指定人(appointor)、顾问(advisor)或者管理委员会(management committee,如果承担这一职能的不止一人)。

保护人是信托关系中三角关系的第四方,他与受托人地位相似,但却与其功能不同。保护人是信托发展到专业化和商业化,达到长期化之后的必要设置,也是信托制度的优化。世界上主要的英美法国家都承认了信托中保护人的设定。

美国《统一信托法典》第 808 条规定,(a)在可撤销信托中,受托人可以遵从信托人与信托文件相反的指示;(b)如果可撤销信托的文件将信托人指示受托人的权利赋予了其他人,那么,受托人应遵从权利人的指示行动，除非权利人表明违反了信托文件的规定，或受托人明确知道遵从指示的行为将会构成严重的对权利人、对受益人信义义务的违反。①在可撤销信托中，因为信托人明确为自己保留了撤销信托以及控制信托的权利，其所设立的保护人的权利也更为广泛，甚至可以与信托人的保留权利相同。而在不可撤销信托中，信托人也可以设立保护人。

各国判例也承认设立保护人的效力。在澳大利亚哈里斯婚姻案（In the Marriage of Harris）中，受益人同时拥有指定人和监护人办公室，他可以通过两个办公室控制和替换受托人。家事法院的合议庭支持了这一信托关系，它认为，这一信托是"为了取得合法所得税优势，并可能具有其他商业动机的真实交易"。②

甚至在极端案件中，法院也会尊重信托人设立保护人的意思。在安德森案（Anderson Case，Federal Trade Commission v. Affordable Media LLC）中，迈克尔·安德森和德尼斯·安德森为一个公司提供投资项目的电话推销服务，这家公司声称要在60—90天内提供15%的回报。这种高额回报明显就是庞氏骗局，但是安德森一家还是从此业务中获取了6百万美元的佣金。当庞氏结构崩溃，联邦贸易委员会（Federal Trade Commission）代表数千投资者提起了诉讼。而安德森一家那时已经将获得的佣金在库克群岛设立了财产保护信托。信托结构中，他们和一家库克群岛信托公司是共同受托人，他们还是信托的保护人。内华达州地区法院判决安德森一家移交离岸信托的控制权，而与此同时，信托合同中的"反胁迫条款"（anti-duress）却立即生效。"反胁迫条款"这样约定：胁迫事件是指"在世界任何地区的任何法院或法庭做出的任何命令、指令与判决直接或间接地剥夺、征收、扣留或以任何方式控制或限制受托人对金钱或投资或财产的自由处分……"而条款生效后，安德森一家立即自动地被解除受托人地位。结果，法院承认了安德森一家在信托中的保护人地位，却以蔑视法庭罪对他们进行

---

① Uniform Trust Code，§808.

② （1991）104 FLR 458.

了处罚。①

(三) 农地信托存在设立监察人的必要性

而在大陆法上,保护人一般被称为监察人。信托一般也可以设立监察人,而特定信托应当设立监察。比如,日本《信托法》第8条规定,受益者不特定或尚不存在时,法院可根据利害关系人的请求或依职权选任信托管理人,但依信托行为另有指定的信托管理人时,不在此限。韩国《信托法》第18条规定,无特定或尚没有受益人时,法院须根据有关利害关系人的请求,或依职权,选任信托管理人。我国《信托法》第64条规定,公益信托应当设置信托监察人。

根据国际上立法规定,应当设立信托监察人的信托主要有三个特点:第一,受益人不特定;第二,受益人尚不存在;第三,信托具有公益性质。虽然,我国农地信托的受益人多数是特定的(农地信托多为自益信托),在一般情况下也是存在的,但是,我国农地信托具有两个特点,也应当设立监察人。从"应当设立监察人"的信托中,可以看出,监察人是在受益人不能或难以行使自身权利时,为受益人利益行使特定权利的除受托人之外的人。那么,不管是"受益人不特定"还是"受益人尚不存在",或"信托具有公益性质",都具有"受益人不能或难以行使自身权利"的共同特点。而据上面的分析,农地因为农民在现阶段,尚不具备与受托人同等的对信托财产管理事项理解的能力,存在难以行使自身权利的问题,所以,农地信托具有与"受益人不特定"和"受益人尚不存在"一样的,设立信托监察人的必要性。

我国在信托监察人的立法上,只对公益信托作了强制规定,对于其他信托则由当事人自治。从立法上来说,农地信托可以设立监察人。而现在实践中的农地信托,对农民受益人的保护主要通过受益人大会等方式完成,设定监察人的尚少。这也与政府或受托人为主导的信托现实有关。受托人主导的信托不希望设定对其监督的机制,而政府主

---

① 179 F3d 1228(9ᵗʰ Cir 1999).

导的信托,农民也寄希望于政府担当监察人的角色。

二、农地信托监察人义务具有信义性

(一) 监察人的权利具有信义权与对人权双重属性

信义权与对人权是英美法对权利的划分。所谓对人权利(personal power),是指权利人不必考虑是否有必要去行使权利,他甚至可以放置权利,永不行使。如果他决定行使权利,那么他就有权出于任何动机行使此权利。只要他没有欺诈或在授权之外为自己或第三人谋取利益,法院就会支持他的行为。对人权可以被认为是一项"好处",权利人可以为自己利益行使权利。而对于信义权利(fiduciary power),信托人希望权利人负责任地利用自由裁量权增进受益人的利益或有助于某一目标的实现。这就要求权利人,不时地或在受托人请求同意时,考虑是否行使自由裁量权。这种自由裁量权不能放弃,也不能限制,除非在信托文件中明确规定。在行使权利时,权利人要考虑到行使权利会导致的各种情况,必须善意、理智,不能刚愎自用,并且不能与信托人的主要预期相违背。权利人不得从自由裁量权中受益,除非有信托的明示或必要的暗示授权。①保护人的信义权具有人身性。在伯顿案(Re Burton)中,澳大利亚联邦法院认为,在自由裁量家庭信托中,如果指定人破产,其任命和解任受托人的权利不应当被认为是指定人的财产。所以,这一权利还是由指定人享有,并由其自由行使,而非移转给他的破产受托人。②

一般说来,如果受益人同时也是保护人,那么他的权利可能就是对人权,而相反,如果是外部专业公司来担任这一职位,那么他享有的可能就是信义权,并对受益人承担义务。对于信义权利人,法院对其履行职务的行为也享有管辖权。但是在理论上,可以利用三个标准来区分

---

① DJ Hayton, Hayton and Marshall, Commentary and Cases on The Law of Trusts and Equitable Remedies, (11th edn, London: Sweet & Maxwell, 2001), 172—173.

② [1994] FCA 557.

对人权和信义权:第一,受益人担任保护人,为自身利益行使权利,是对人权;第二,受益人担任保护人,为自身利益以及其他所有受益人行使权利,是对人权;第三,保护人对信托财产没有受益权,只能为受益人的利益行使信义权。比如,《统一信托法典》第 808 条规定,(d)除受益人的其他人,如果享有指示的权利,那么法律假定他享有的是信义权,他应当在信托的目的下,为受益人的利益,善意地行使权利。指示权利人如果违反了信义义务,应当承担赔偿责任。[①]

(二) 保护人的信义义务排除受托人的信义义务

在信托中,受托人对受益人也承担信义义务。而在信托财产的管理上,保护人与受托人的义务有时会发生冲突。所以,如果保护人的义务具有信义性,那么,其履行信义义务导致受托人不能履行相应义务时,受托人应当免除责任。

1991 年《佐治亚州法典》(Georgia Code)规定:当信托文件为信托人保留,或赋予顾问或投资委员会或其他人以排除受托人进行投资的权利,那么被排除权利的受托人仅在执行代理人义务的范围内负责,仅对执行指示行为本身承担责任,而不承担受托人或共同受托人责任。[②] 而且还规定,被排除的信义义务人个人不对以下承担责任:(a)遵从信托顾问指示导致任何损失;(b)因为需要事前取得信托顾问的同意,而在及时征询后未能得到同意而不能进行的行为而导致的损失。如果信托顾问有权指示收购、处分或保留投资,那么信义义务人也免于履行投资审查和推荐的义务。[③]

《爱达荷州法典》(Idaho Code)将"信义排除"定义为"因为信托人或信托顾问或信托保护人根据信托文件行使权利,而被排除的信义义务"。[④]《爱达荷州法典》所谓的"投资顾问"是指:"除非另有规定,投资信托顾问具有以下权利:(a)指示受托人买卖、保留信托财产,对信托财

---

① Uniform Trust Code, §808.
② Georgia Code, §52-12-194(c).
③ Idaho Code Ann, §15-7-501(2); South Dakota Codified Laws, §55-1B-2.
④ Idaho Code Ann, §15-7-501(1)(b).

产本金和收益进行投资和再投资;(b)行使信托中证券的表决代理权;
(c)选择一个或多个投资顾问、管理人或顾问,包括受托人,并且对他们
进行授权。"①南达科他州对此进行了补充:指示、同意或驳回受托人或
共同受托人关于投资信托财产投资的行为或不行为;指示并购、转移或
保留信托投资。②《爱达荷州法典》将分配顾问定义为:"除非信托文件
另有规定,信托分配顾问应当就所有对受益人的自由裁量分配给予
指示。"③

关于信托保护人,爱达荷州的立法定义是"任何信托文件中指定的
非利害第三方"。④将保护人定义为"非利害第三方",这种立法与广义
的保护人相比,将保护人行使权利的范围限定在为自身、自身财产和自
身债权人的利益之外。

爱达荷州和南达科他州规定,信托保护人的权利和自由裁量应当
在信托文件中明确规定,并为信托的最大利益,不管行使或不行使都由
信托保护人独立完全自由决定,并对其他人有约束力。⑤

怀俄明州则强调了,信托保护人的权利和自由裁量不但可能来源
于信托文件,也可能来自法院,或由法院修改。⑥信托保护人是信义义
务人。信托保护人在信托文件授予的权利、义务和自由裁量的范围内
是信义义务人。⑦

(三) 非信义保护人与受托人完全责任

在保护人与受托人义务履行冲突上,还有另外一种处理方法,就是
保护人不享有信义义务,不可以干涉受托人的管理行为,而相应的,受
托人要对自身的所有行为承担完全责任。

2003 年,阿拉斯加州也出台法规,将顾问定义为行使与信托财产

---

① Idaho Code Ann, § 15-7-501(10).
② South Dakota Codified Laws, § 55-1B-10.
③ Idaho Code Ann, § 15-7-501(11).
④ Idaho Code Ann, § 15-7-501(1)(g).
⑤ Idaho Code Ann, § 15-7-501(6); South Dakota Codified Laws, § 55-1B-6.
⑥ Wyoming Statutes, § 4-10-710(a).
⑦ Wyoming Statutes, § 4-10-711.

有关事项权利的指定人。①阿拉斯加州对于保护人的安排与爱达荷州、南达科他州以及怀俄明州不同,差异主要有两点:它的保护人不是指定受托人,不具有与受托相同的信义义务。同时,受托人在行使权利的自由裁量上也是不受限制的,当然,他们也不能免除责任。"除非信托文件另有规定,即使指定了顾问,受托人对信托财产的处分权、对信托的管理权以及其他所有权利和自由裁量行为都是完全和有效的,如同没有指定顾问一样。受托人不必遵从顾问的建议,顾问不对建议负责,也不被认为是受托人或信义义务人。"②同样的,如果信托文件没有相反规定,信托保护人也不因为行为或不行为,而承担受托人的责任或信义义务。③

三、农地信托监察人可以多元选任

监察人可以由不同身份的人担任。在信托关系中,信托人、受托人和受益人,除了受托人本身不可以担任保护人之外,信托人和受益人都可以担任保护人。在实践中,信托人在设立信托时,有时希望为自己保留一部分信托财产管理权,而在信托设立之后,除信托约定条件(比如,在可撤销的信托,撤销条件达成之时)之外,信托人直接干涉信托财产的管理有可能会被认定为虚假信托(sham trust)。而为了达到保障信托效力,又可以对信托进行一定监督的目的,信托人会在信托设立时,自己指定自己为保护人,并赋予自身相应的权利。

而受益人作为保护人,主要是信托人在设立信托之后,为了受益人更方便地监督受托人行为,保障受益人,而赋予受益人超出单纯受益权的干预权。

当然在实践中最多的是第三方承担保护人的职责。所以,保护人有可能是信托人、受益人,也有可能是第三方。

---

① Alaska Statutes, §13.36-375(a).
② Alaska Statutes, §13.36-375(b).
③ Alaska Statutes, §13.36-375(d).

（一）受益人担任保护人

信托人授权特定的受益人,同意或反对受托人决定的做法,早在维多利亚时代的英国就已经出现。比如,房屋的终身权利人有权反对受托人(信托人的遗孀或家人)出售房屋中某些财产。这种权利显然是对人权。

所以,当受益人或信托目标的其他主体被授予了同意或反对信托财产处分或指定处分目的的权利,那么这种权利就是对人权。在英国的彭罗斯案(Re Penrose)中,权利人是信托人的丈夫,他可以为自身利益而行使权利,于是他享有的是对人权。[①]在英国的另一个案例,哈特遗嘱信托案(Re Hart's Will Trusts)中,信托人授予终身权利人(他的儿子)指示受托人对信托资金进行投资的权利。这一权利被解释为对人权,所以,受益人可以有效地指示受托人和他自己进行交易。前提是受益人善意,并且受托人认为交易的价格合理适当。[②]

但如果委员会中的成员包含但不仅有受益人,那么情况就会不同。在一个开曼群岛的案例,Z信托案(In re Z Trust)中,信托人授予了管理委员会投资和管理的广泛权利,其中也包含了向受托人发出有约束力的指示的权利。委员会的最初成员包括收入受益人(信托人的女儿)、或有受益人(信托人的一个孙子)以及一个外部专业管理人。信托文件授予委员会的权利还包含了无限制的、修改信托文件的权利,这意味着他们可以修改受益人的主体以及本金和收入的比例。在信托人和收入受益人在世期间,信托人和管理委员会一致书面同意可以行使这一权利。如果任一方死亡,权利终止。

结果信托文件被修改了,他们决定把信托资金的50%直接转移给收入受益人,而修改前,收入收益人只能享有收入收益。这损害了或有受益人的利益,他们认为这种修改是自我交易,并提起了诉讼。开曼群岛大法院(Grand Court)认为信托管理委员会的该项权利具有多元性

---

① [1933] Ch 793.

② [1943] 2 All ER 557.

质。关于投资的管理权具有信义性质,另一方面,修改信托文件的权利是对人权,所以收入受益人可以为自身利益而行使权利。信托人的目的显然是为了使他的女儿可以由此获益。而两人中任何一个死亡,权利都会终止,这一点更明确了这一权利的对人性。①

(二) 有受益权的人担任保护人

享有受益权的保护人享有的不一定是纯粹的对人权。泽西皇室法院(Jersey Royal Court)在阿尔哈马拉尼诉拉萨管理公司案(Re Internine and Intertraders Trusts,Alhamrani v Russa Management)中审查了这一问题。案中,一个信托设立了两个首席保护人(first protestors)。两个首席保护人的权利相互独立,所以,任何一个保护人行使权利都对另一个保护人和受托人具有约束力。保护人的权利包括修改和撤销包括受益条款和执行条款在内的信托文件。其中一个保护人阿卜杜拉·阿尔哈马拉尼族长(sheikh abdullah Alhamrani)行使了修改信托文件的权利,并解任了另一个保护人(他的兄弟)。他还删除了只有超过享有75%受益权的受益人同意才能解任保护人的条款。最终,他独占了首席保护人的地位,直到他死亡、失智或辞职。②

法庭上,他认为自己的权利是对人权,是无限制的观点受到质疑。法官认为,有关保护人职位的修改属于信托文件授权的范围。但是,同时也认为,对原有信托文件安排的根本改变要求修改人解释,采取措施的必要性,或证明措施是为了合理的理由,善意的行使,并为了受益人整体的利益。③

开曼群岛大法院在环型信托案、汇丰国际信托有限公司诉王案(Re Circle Trust,HSBC International Trustee Limited v Wong)中认为,如果受益人有任命保护人的权利,那么他的权利是对人权还是信义权就非常重要。案中信托的受托人为信托人的妻子和四个孩子管理他

---

① [1997] CILR 248.

② [2005] JLR 236.

③ [2005] JLR 264,para 81.

的家庭企业和财产。在一次家庭纠纷之后,大多数的受益人都希望指定信托人成为保护人。信托人的一个儿子希望放弃受益权,而代替专业信托公司成为受托人。两个想法的目的都是将信托财产控制在对信托人忠诚的一部分人手中。而另外两个儿子通过法律途径提出异议,认为如果不是理性、善意和适当地进行,那么指定保护人则是无效的。①

法院认为,根据信托文件和合理解释,受益人行使指定保护人的权利是有效的。而同时也认为,因为保护人有指定受托人的权利,所以指定保护人的权利是信义权。"受托人是信义权利人。如果受益人或部分受益人有权替换受托人,他们的这种权利的行使可以受到法院的审查。环型信托契据(Circle Trust Deed)将这一重要权利赋予了保护人。而保护人自身就是信义权利人。他解任和指定受托人的决定也可以受到法院的审查。……信托人在设定信托时应当了解在信托生效时的适用法律。他应当知道,他赋予受益人的替换受托人的权利将可能会受到法院的审查。在信托中增加保护人是为了提高或补充对受益人的保护。法律要求替换、解任和任命受托人权利,即使是由受益人行使,也要受到善意原则和为受益人整体原则的约束。我认为,如果保护人被赋予了这样的权利,他也要以善意为了信托和所有受益人的权益行使。"②

2007年意大利米兰法院审理了另一个环型信托案(Circle Trusts),案中信托的所有因素除适用法律外,都是意大利境内的,信托关系是根据《海牙公约》承认的一个信托。为了进行财产安排,父母将家族企业的股份完全赠予儿子,并同时,让儿子将财产设定了一个信托,信托的受益人是整个家族。企业股权最终完全转移给了受托人,一家意大利的信托公司,信托设定了保护人,就是这对父母,他们也对信托享有或有受益权,而他们的儿媳和孙子女对收入和本金享有受益权。形式上,儿子是信托人,享有对受托人的自由裁量权。信托适用英国法。保护人对某些事项有同意或反对权,有权解任和指定受托人。

① (2007) 9 ITELR 676.
② (2007) 9 ITELR 676, para 24 and 26.

后来,家庭关系紧张,儿子抛弃了妻子和孩子,并停止供给他们生活。同时,因为受托人不听从他管理,他打算解除父母保护人的职务,任命他的老朋友作为新的保护人。他下一步也要解任受托人,于是受托人向法院申请指示。原受托人的解任契据被撤销。法院认为,信托文件没有明确赋予信托人解任保护人的权利。因为信托文件中没有明确的条款,也没有暗示这种权利。法院应受托人的请求,作出了如下解释,解任与指定保护人的主体也同时有权解任与指定受托人,但这种权利是信义权,即使信托人享有这一权利,他也必须为了所有受益人的利益行使。法院注意到,父母为自己保留了或有受益权,这表明了他们希望保留保护人的职位,以便可以为了所有受益人的权益控制信托的整体结构。①

(三) 外部保护人的信义权

早期承认信托保护人信义权的判例是加拿大安大略省上诉法院的罗杰斯案(Re Rogers)。案中,遗嘱信托要求所有受托人在向一个特定公司进行投资时,必须征求一个顾问的意见,并且如果遵从了顾问的意见,采取的任何行动都可以免责。在遗嘱人死后,顾问开始为自身利益购买那个公司的股份,并且在受托人建议出售这些股份时,拖延不予同意。虽然大多数的受益人都同意出售,但顾问担心股价下降,自己的利益受损,而不同意。他认为,他的权利是绝对的(对人权),所以,没有法院有权管辖。

法院没有细究顾问对受托人的管理权问题,将他描述成"准受托人"。法院指示,受托人可以出售股权,不必寻求顾问的同意。因为认同了顾问的所谓不受管辖的权利,就等同于设立了一个超级受托人,他既不对其他受托人负责,也不对受益人负责,又不受法院的控制与指示。②

百慕大最高法院审理了一个星形信托案,冯·克尼里姆诉百慕大信托有限公司案(Star Trust case, Von Knierem v Bermuda Trust Co

---

① Trib Milano, 10 July 2007, [2007] Trusts e attività fiduciarie 4, 579.
② (1929) 63 OLR 180.

Ltd)。两个百慕大信托持有着一个国际公司集团的实质财产。集团家族成员之间发生了关于代理权的纠纷,一些成员试图将信托人从董事会里清除出去,而信托保护人正好是信托人的常年法律顾问。他的保护人为了信托人的利益,指示受托人投票赞成信托人重获董事席位。而受托人因为需要更多信息,没有立即作出决定。在当时的一次董事大会中,受托人也没有赋予保护人代理权出席。于是,保护人解任了受托人,指定了新的受托人。受托人认为保护人的行为不当,并向法院申请指示。同时,保护人向法院申请,要求直接解任受托人,并将财产交给他们指定的受托人。

法院认为,保护人指定受托人的权利是信义权,不能仅为自身权利行使。但是,保护人虽然行为不当,但没有指定自己或信托人作为受托人,而是指定了一个声誉很好的专业信托公司。这家信托公司在管理过程中,应当不会受到保护人的控制或不当影响。所以,法院驳回了当事受托人的请求,信托资金直接移交给了他们的继任者。①这个案例中,法院只讨论了保护人有没有为了自身的利益从事解任的行为,但没有讨论他与信托人之间的关系,也没有讨论这一系列行动到底是否是为了实现受益人的整体利益。

2008 年,泽西皇家法院审理了鸟类慈善信托案(Re Bird Charitable Trust)。案中,两个泽西自由裁量信托的信托人和保护人在很多管辖区获得许可并成功经营了多家赌场。但是,他们线上赌博业务因为收取了美国公民的资金而违反了美国博彩法。结果,信托人受到追诉,并在密苏里州被捕。根据正当程序,泽西的受托人向当地金融犯罪部门提交了可疑行为报告。受托人、保护人或顾问的交流受限,所有的受益分配和信托支出都被冻结,等待警察的同意。在此之前,保护人就已经准备辞职并指定自己控制的一家列支敦士登公司为保护人。新任保护人指定自己和一家英属维尔京公司为受托人。泽西的原受托人申请法院关于此项指定事项给予指示,还请求法院宣告原保护人和他的继任者

---

① 13 July 1994, Eq Nos 154 and 162, (1994) 1 BOCM 116.

的行为是对国家权力的欺诈。

保护人的目的是将两个信托的管理人从泽西转移到列支敦士登。因为根据泽西反洗钱法,受托人管理会受到限制。而列支敦士登却初步确定可以接受两个信托的管理。因为保护人本人也担心被美国政府逮捕,所以决定指定一个继任者,继续进行管理。泽西法院驳回了泽西受托人的宣告行为为欺诈的申请,并认为,保护人希望将信托的管理权转移到另一个司法管辖区,是为了保证对信托财产的平衡有效管理。所以,保护人的行为是适当的,也是为了受益人的最大利益,所以是有效的。①

(四) 信托人担任保护人

信托人担任保护人也是常见的情况。马恩岛法院在奥西里斯受托人及古德韦斯案(Re Osiris Trustees and Goodways)中认为,信托人增加受托人的权利,附带了对受益人的信义义务,必须善意并为受益人的最大利益行使。②在英国判例税务专员诉施罗德案(IRC v Shroder)中,信托人保留了指定保护人委员会成员的权利,从而也享有了指定受托人的权利。然而,法院认为,这些权利也同时附带了信义义务,所以,信托人没有保留信托财产的受益所有权,所以也不应当承担相应的税收义务。③

英国法院在维斯蒂勋爵执行人诉税务专员案(Lord Vestey's Executors v IRC)中,审查了管理执行权的问题。案中,一个家族信托允许受益人给予受托人投资指示。法院认为,这一权利具有信义权性质,所以必须为所有受益人的权利行使。这一判断使受益人免于税务的追诉。④

在庄信万丰银行有限公司诉沙姆吉案(Johnson Matthey Bankers Limited v Shamji)中,泽西皇家法院认为,信托人同意增加受益人和从信托资金内支出的权利需要受到司法审查,即如果受托人与信托人意

---

① [2008] JLR 1.
② (1999) 2 ITELR 404.
③ [1983] STC 480.
④ [1949] 1 All ER 1108.

见不一致,可以请求法院给予指示。①

(五) 农地信托监察人的选任

农地信托监察人的选任涉及三个问题:第一,什么样的人可以担任监察人;第二,监察人的权利是什么性质,与监察人的身份有无关系;第三,担任监察人的法律后果。

农地信托的监察人可以由信托人、受益人和第三人担任。受托人不能担任保护人,因为受托人与保护人职责相互冲突,受托人不能承担监督自身或共同受托人的责任。而与英美法保护人因为身份不同而存在权利性质不同的情况相异,农地信托监察人不管由信托人、受益人还是第三人担任,其权利性质都是信义权。

我国农地信托没有对人权原因有三。第一,中国农地信托不宜设立可撤销信托。中国农地信托的推行,主要目的就是集中土地,长效运营。没有长期稳定的土地权利移转,农业土地的经营管理和市场化就没有基础。而可撤销信托不具有确定移转权利的功能,所以,在我国现阶段,为了促进农业生产和三权分置,中国农地信托不宜推行可撤销信托。而如果信托不可撤销,不受限制的对人权也就失去了存在的基础。第二,中国农地信托的信托人和受益人,有时并非保护人本身。因为中国农村土地大都分散在农户或农民手中,为了节约谈判成本,农地信托大都会先通过合作社或其他组织将土地集中,然后再进行信托。所以,在农地信托中,实际信托人是土地集中组织。而农民对土地集中组织的控制能力根据情况不同而不同,所以,直接赋予信托人无限制的保护人权,实际效果可能并不理想。而在受益人方面,农地信托大都为自益信托,但由于农地信托的信托财产分散,所以受益人也分散。保护人设定,不可能是很多的受益人,而少数受益人行使保护人权,如果没有限制也可能无法达到良好的效果。第三,对人权的行使,容易弱化信托财产的独立性。因为信托财产独立是受托人进行管理的必要条件,如果

---

① 2 May 1986,P Matthews and T Sowden,The Jersey Law of Trusts(3ʳᵈ edn,London:Key Haven, 1993) 130.

保护人对受托人管理进行干预,并且没有良好的限制,会对信托财产的独立性产生不良影响。并且我们也没有建立起相应的虚假信托审查机制,所以,较英美法国家,无限制的保护人权,对信托关系的侵害可能会更大。

担任监察人的法律后果可以从两个方面进行讨论。首先,在我国监察人权也具有人身性。我国《信托法》第66条规定,公益信托的受托人未经公益事业管理机构批准,不得辞任。农业信托中的监察人虽然没有明确是公益信托,也没有在法律中制定相应的保护机制,但从性质上说,农业信托中的监察人也具有公益性。就立法应然性分析,农地信托的监察人,在接受了任命之后,也不得随意辞任。这既是权利人身性的表现,也是权利信义权的表现。

我国对于监察人的权利性质也有立法可以参照,《信托法》在第67条、第71条规定,公益事业管理机构应当检查受托人处理公益信托事务的情况及财产状况;受托人应当至少每年一次作出信托事务处理情况及财产状况报告,经信托监察人认可后,报公益事业管理机构核准,并由受托人予以公告;公益信托终止的,受托人作出的处理信托事务的清算报告,应当经信托监察人认可后,报公益事业管理机构核准,并由受托人予以公告。在此立法使用了义务性的用语"应当",也就是说,监察人不可以自由决定权利行使与否,而权利的行使具有义务性。虽然,这是在公益信托中才有的要求,但参照农地信托,其监察人也应当在行使权利时承担一定的信义义务和其他法定义务。

其次,农地信托监察人辞任应当有一定的条件。除监察人死亡、疾病等自然因素之外,监察人可以在不损害受益人利益,不破坏信托关系稳定的条件下,向受益人或受益人大会提出辞任。受益人或受益人大会可以根据信托文件和法律的规定,同意或不同意辞任,并进行新保护人的选任。

四、农地信托监察人的权利内容广泛

所谓监察人或保护人的权利内容,是指他们可在何种范围内行使权利,这在理论上,是应当由信托文件确定的重要事项。但是,随着保护人应用越来越广,法律对保护人的权利内容也开始进行规定。但不管法律有何规定,只要没有明确禁止,信托文件对保护人权利的界定效力就最高。

美国《统一信托法典》第808条规定,"(c)信托条款可以赋予受托人或其他人指定修改或终止信托的权利"。①但这只是一个概括条款。

各州在进行信托立法时,对此进行了丰富。爱达荷州立法规定,保护人的权利范围可以是:"(a)为了获得税收优惠的地位或因为《国内税收法典》(Internal Revenue Code)或成文法或判例法及规范的改变,修改信托文件;(b)增加或减少信托中受益人的利益;(c)修改信托所赋予的任何权利,但不能修改信托文件明确授予的受益权;(d)终止信托;(e)否决或指示信托分配;(f)改变管辖地或(和)适用法;(g)指定信托保护的继任者;(h)应受托人的请求解释信托文件;(i)就受益事项向受托人提供意见;(j)修改信托文件以获得适用法上的优惠。"②但是,撤换受托人和顾问不在保护人的权利清单之内。

因为爱达荷州将保护人设定为信义义务人,受托人处于消极和从属地位,所以,保护人的权利范围大。而将受托人设定为信义义务人,保护人只具有监督权的州,比如阿拉斯加州,保护人的法定权限较爱达荷州、南达科他州以及怀俄明州范围要小。阿拉斯加州保护人法定权利内容可以包括:(1)替换受托人;(2)因为《国内税收法典》或成文法或判例法及规范的改变,修改信托文件;(3)增加或减少信托中受益人的利益;(4)修改信托赋予权利的内容。③

除成文立法之外,英美法判例承认了信托中保护人的很多权利。

保护人可以享有撤换权。谢尔登诉维京群岛信托有限公司案(Shelden v The Trust Company of the Virgin Islands Ltd),这是一个美

---

① Uniform Trust Code,§808.
② Idaho Code Ann,§15-7-501(6).
③ Alaska Statutes,§13.36-370.

国地区法院 1982 年对一个 1976 年创设的英属维京信托进行的判决。涉案信托是一个可撤销信托,在信托合同中,信托人给自己保留了一些权利。信托人还设置了保护人,保护人可以行使信托人的所有权利,包括撤销和替换受托人,但不包括修改信托契约或撤销信托关系。结果,保护人撤换了受托人,并起诉原受托人违约。案件中,原告还包括了信托人和继任受托人以及受托人的几位管理人。原受托人试图通过一些技术手段,比如管辖权以及保护人的起诉资格,来应对诉讼。但法院认为,保护人行使撤换受托人的权利是正当的,所以,支持了保护人和结余受托人起诉的权利。①

在马恩岛(Manx)的帕帕季米特里乌案(In the matter of the petition of Papadimitriou)中,保护人希望指定一个新的共同受托人,因为新受托人更有声望。而现任受托人反对保护人行使指定新共同受托人的权利,并且请求法院解任保护人。法院认为,保护人没有超出信托文件行使权利,并且行使权利也不是为了一个不适当或个人的目的,所以支持了保护人。②

巴攀马拉·维拉尼诉根西国际信托公司及提姆·班尼特案(Praphulbala Virani v Guernsey International Trustees Limited and Tim Bennett)中,根西岛(Guernsey)上诉法院支持了保护人解任三个信托中的受托人的决定。维拉尼是三个家庭信托的保护人,其中两个信托是由她设立的,另外一个是由其丈夫设立的。在前两个自设信托中,合同明确约定,保护人不具有信义性质(fiduciary),而在后一个信托中,保护人是信义职位。后来,三信托的受托人,一个信托公司和一个个人,在管理一个住所时,没有如约将租金用于偿还特定债务。这引起了维拉尼的不满,于是她决定解任受托人。受托人认为,在最后一个信托关系中,解任行为超出了信义权利。上诉法院认为,最后一个信托也没

---

① 5351 Supp. 667(D Puerto Rico 1982).
② [2004] WTLR 1141.

有超出信义权利,在维拉尼的律师关于解任的通知到达之日起,解任生效。[1]

保护人可以享有同意权。在乌科特诉界面信托有限公司案(Ukert v Interface Trustees Ltd)中,泽西皇家法院审查了保护人继任受托人同意条款效力的问题。信托约定,如果原受托人不再履行职责,保护人有权指定新的受托人,但是,如果保护人在接受相关通知后14天内没有行使权利,则原受托人可以指定继任者。由于集团公司内部重整的原因,原受托人退出并指定另一家公司作为继任者。但指定继承者的契据没有提到保护人的权利。保护人对继任者并不满意,希望通过友好协商,将受托权转移给另一家公司。但谈判因为第一个继任者索取赔偿金而破裂。于是,保护人最终申请了法院令,宣告对新受托人的指定无效。皇家法院判决,原受托人没有停止履行义务,责令继任受托人将信托的账本和记录等交还。并且判决两受托公司承担所有费用,并且赔偿信托基金和保护人的所有损失。[2]

保护人可以享有反对权。在巴哈马最高法院的一个案例,罗森信托有限公司诉帕尔曼案(Rawson Trust Company Ltd v Perlman)中,保护人委员会中的成员也是受益人,他们可以反对信托基金的任何分配。这一权利被解释为对人权,这样可以避免其中任何一个成员被排除在财产分配之外。[3]

保护人可以享有选定继任者的权利。另一个重要案例是英国的斯基茨家产处分案(Re Skeats' Settlement),案中一对夫妻将指定继任者的权利赋予了受托人。而受托人指定了丈夫作为继任者,却因为不符合信义权利行使的要求而被认为无效。法院的意见受到广泛引用。法院认为,"在这样的信托中,任命新的受托人,一般情况下,是为了新的

[1] (2004) 6 ITELR 1007.

[2] (2001) 4 ITELR 288.

[3] M Grundy, Trust Casebook (St. Helier: International Tax Planning Association, 1998), 212.

受托人可以承担困难、复杂和技术性强的责任和义务,新的受托人也应当是诚实和良好的人。受托人应当选择一个在其能力范围内可以寻找到的、实现此目的的最佳人选"。对于受托人的权利为什么是信义权的问题。法院认为,标准是,受托人即使有指定继任者的权利,他也不能把他的职位当作商品出售。因为他不能为自己的利益而行为。他的权利中包含了信义义务。所以,案中受托人的权利是信义权。①

虽然,保护人可以被赋予各种权利,但其权利的行使不得与受益人的受益权及信托本身的维持与运行存在利益冲突。泽西岛 2009 年审理了中心受托人代表案(Representation of Centre Trustees),该案确定了保护人利益冲突的几个原则。如果存在利益冲突,保护人应当向受益人披露,如果利益冲突管理不当,保护人应当辞职,除非他可以证明他履行职务的行为符合受益人的最大利益。案中一个南非矿业公司的两个发起人的家族信托的受托人各持有公司 50% 的股份,每个信托各有一个保护人。每个发起人都是对方信托的保护人和指定人。在一次直升机事故中,一个发起人死亡,另一个发起人仍然担任公司的董事和他合伙人信托的保护人。而信托的受益人是一些未成年的孩子。后来,保护人的行为暗示他可能会损害信托利益,其中包括他试图以低价收购信托持有的股份。于是,受托人申请法院解任他。法院支持了受托人的请求,认为,保护人明显与其存在利益冲突,并且如果他继续在任,也不能有效管理这种冲突。②

农地信托监察人的权利内容的确定有两条原则。首先,尊重信托当事人意思自治。也就是说,信托文件有规定的,从信托文件规定,没有规定的法律可以进行规定。其次,监察人的权利行使不得与受益人的受益权及信托本身的维持与运行存在利益冲突。这是英美法信托的原则,也适用于我国。

具体说,根据英美法经验,信托保护人的权利主要包括以下几个方

---

① (1889) 42 Ch D 526.
② [2009] RC 109.

面：(1)修改信托文件权；(2)撤换受托人权；(3)终止信托权；(4)信托财产管理干预权(包括同意权与否决权)；(5)信托收益分配权；(6)指定继任者权；(7)信托文件解释权；(8)受益权修改权。

我国《信托法》对于监察人的权利内容也有规定，它在第 65 条、第 67 条、第 71 条对公益信托有如下规定：信托监察人有权以自己的名义，为维护受益人的利益，提起诉讼或者实施其他法律行为；公益事业管理机构应当检查受托人处理公益信托事务的情况及财产状况；受托人应当至少每年一次作出信托事务处理情况及财产状况报告，经信托监察人认可后，报公益事业管理机构核准，并由受托人予以公告；公益信托终止的，受托人作出的处理信托事务的清算报告，应当经信托监察人认可后，报公益事业管理机构核准，并由受托人予以公告。

所以，在我国立法中，公益信托的监察人主要享有起诉权、检查权(知情权)、报告同意权三种权利。因为农地信托也具有公益信托的性质，以上三种权利，农地信托的监察人也应当享有。

而对于更广泛的权利，农地信托的监察人也可以依信托文件享有，比如修改信托文件权；撤换受托人权；终止信托权；信托财产管理干预权(包括同意权与否决权)；信托收益分配权；指定继任者权；信托文件解释权；受益权修改权。但要注意的是，修改信托文件权可能具有变更信托本身的可能，是受益人甚至非可撤销信托的信托人都无权进行的，所以，在我国应当谨慎适用。而撤换受托人权和信托财产管理干预权也应当在信义义务的范围内履行。因为一旦运用不当，有可能会导致信托的受托人管理权受到不当约束。如果保护人与信托人还是一人的话，有可能会形成虚假信托。

五、农地信托监察人相关问题应有司法介入

因为监察人的权利附带了信义义务，并且权利范围广泛，监察人承担着保障受益人权利，维护信托正常运行的重要责任，所以，监察人不可以任意履行义务。这表现在，法院可以指定保护人，补充保护人，解

任保护人,受理受益人请求以及认定保护人薪酬。

(一) 法院指定和解任保护人

法院指定和解任保护人是司法介入信托的基本形式。

1939年,美国肯塔基州上诉法院在盖斯莱特的受托人诉高特案(Gathright's Trustee v Gaut)将法院的管辖权扩大到了指定适当人添补受托人权利上。案中,一个遗嘱信托要求受托人在投资和处分信托财产之前要取得两个人的同意。原指定人解任后,继任者由当地法院的两个法官担任。而其中一人死后,没有法官接受这个私人信托"顾问受托人"的职位。上诉中,法院认为,衡平原则不允许信托中的信义义务仅仅因为无人愿意承担而缺位。于是,法院指定了顾问的继任者。[①]

曼岛上诉法院在斯梯尔诉帕斯有限公司案(Steele v Paz Ltd)中审查了法院对保护人信义权的管辖问题。案中,一个马恩信托赋予了保护人实质的处分权,即受托人在增加受益人、在信托资金中支出,以及履行很多管理执行权时,都需要取得保护人的同意。而根据信托文件的规定,保护人是指文件附表中列明的人,而附表却是空白。原告认为,因为保护人缺位,信托无效。这一观点最初被接受。但上诉法院推翻了这一判断。上诉法院认为,保护人的权利具有信义性质,所以,应由法院管辖。衡平法原则不允许受托人缺位,[②]这一原则同样适用于此案。政府命令指定保护人,案中信托维持下来。[③]

在英国修特利奇案(Re Shortridge)中,法院替换了指定受托人权利的享有人,因为原权利人智力不全。[④]

在DG、AN、TTL、TT有限公司诉WM及其他人公司案(DG, AN and TTL and TT Limited v WM and Others)中,泽西法院因为信托人健康状态不佳,酗酒成性,行使了对信托的管辖权,停止了信托人

---

① 1241 W2d 782(KY 1939).
② Section 41 of the Manx Trustee Act 1961.
③ (1993—1995) MLR 426.
④ [1895] 1 Ch 278.

作为保护人的权利，强制分配了剩余信托财产。①

泽西皇家法院在穆兰特信托公司诉马格纳斯案（Re Freiburg Trust，Mourant & Co Trustees Ltd v Magnus）中对解任不称职保护人的问题进行了讨论。一对父母为他们居住在比利时的儿子设定了一个信托。信托文件要求受托人在以信托资金向外支付前，取得保护人的同意。如果保护人精神失常或破产，他应当终止履行，并被解任。而案中，保护人涉及多起犯罪，包括信托财产的不当处分。他被比利时法院以欺诈罪定罪。之后，他失踪了，没人能够找到他。但他的职务不能自动解除，因为实际情况并不符合信托文件中的任何一条。受托人申请法院令解任保护人。法院认为，其自身对此信义职位事项享有管辖权，并同意了受托人的申请。②

意大利佛罗伦萨法院（Tribunale of Florence）管辖了一个信托案件。信托的受益人是无行为能力人，管辖事项是保护人的指定。信托根据英国法设定，信托人是无行为能力人的母亲和阿姨。信托人指定自己为保护和监护人。但信托本身没有设定保护人的增加和继任机制。保护人逐渐年迈，面临健康问题，不再能够有效履行职务。于是，她们请求法院修改信托文件，以便增加和替换保护人。佛罗伦萨法院同意了她们的请求，结果两个律师，其中一个是受益人的亲戚，增补为保护人。③意大利的法院管辖这一案件并不是因为信义权，而是因为未成年监护和无行为能力事项根据意大利成文法属于其管辖。法院总体上不太愿意管辖非成文法定的管辖事项。

泽西法院在鹦鹉螺信托有限公司代理权案（Representation of Nautilus Trustees Ltd）中审查了相似的情况。案中信托要求受托人在行使一些重要权利，比如分配收入和本金以及修改信托条款时，需要得到信托人的同意。而信托人因为中风无法履行职务，根据信托文件的

---

① ［2009］JRC 140.

② ［2004］JLR N 13.

③ Trib Firenze，4 July 2004，［2005］ *Trusts e attività fiduciarie* 1，85.

规定,只有信托人死亡,他们的权利才可以转移给保护人。法院同意了受托人和保护人的提议,在信托事项上,将信托人失去行为能力视为死亡。法院还同意,相关权利转移给保护人。[1]

(二) 受益人诉保护人

因为保护人对受益人负有信义义务,受益人就有资格在其违反义务时对其提起诉讼。索恩布鲁克国际公司诉跨河基金会案(Thornbrook International Inc v Rivercross Foundation),信托人(受益人)对受托人和保护人向伊利诺伊州地区法院提起了诉讼。此项信托是可撤销信托,但在信托人行使撤销权时,受托人没有完全将信托财产返还给信托人。而保护人曾书面保证受托人将会如实履行信托义务。[2]

在华纳诉明尼阿波利斯第一国家银行案(Warner v First National Bank of Minneapolis)中,遗嘱人从明尼苏达州赶到佛罗里达州指定了一个佛罗里达州的银行为遗嘱执行人,同时指定了明尼苏达州银行为财产"管理顾问"。这种安排是为了明尼苏达州银行即使根据佛罗里达州法不能成为执行人,也可以参与财产几十年的管理。受益人发现,因为顾问未能及时履行职务,而使信托财产遭受损失,于是起诉了明尼苏达州银行。联邦地区法院认为,管理顾问在合同期间,因为自身过失而导致的损失,应当由其承担责任。巡回上诉法院也认同了这一观点。[3]

(三) 认定保护人报酬

因为保护人的职务行为具有信义性质,法院也有权决定适当的报酬,以补偿保护人的履行。这一原则体现在美国波特兰国家银行诉波特兰第一国家银行案(United States National Bank of Portland v First National Bank of Portland)中。案中,一个遗嘱信托指定一家银行作为顾问,受托人所有投资改变和新投资都要得到顾问的同意。法院认为,顾问在保护受益人权益上与受托人承担同等责任,所以应当管辖。

---

① [2007] RC 223C.

② Case no.03 C1113(US Dist Ct Il 2003).

③ 23612d 853,(8th Cir 1956).

法院最终认为,顾问应当获得报酬以及所有履行信义责任的费用。①

然而,在1994年的X家产处分、查尔斯·理查德·布朗皮耶及阿巴科斯有限公司案(Re X Settlement and Charles Richard Blampied and Abacus[C.I.] Limited)中,泽西法院承认了一个信托的保护人是为了受益人的最大利益工作,所以应当得到司法补偿。但却拒绝给予他未来获得报酬的权利,原因是"除了受托人和受托人指定人之外的其他人获得报酬的权利,在1984年《(泽西)信托法》(Trusts[Jersey] Law 1984)及修正案中没有规定"。②而2007年的鹦鹉螺信托有限公司代理权案,却适应了新的商业环境,赋予了保护人获得未来报酬的权利。③

(四) 农地信托监察人的司法管辖

在我国的公益信托监察人相关事项管辖问题上,《信托法》第64条、第68条和第69条规定:信托监察人由信托文件规定;信托文件未规定的,由公益事业管理机构指定;公益信托的受托人违反信托义务或者无能力履行其职责的,由公益事业管理机构变更受托人;公益信托成立后,发生设立信托时不能预见的情形,公益事业管理机构可以根据信托目的,变更信托文件中的有关条款。

也就是说,在出现纠纷或不确定事项后,公益信托的事项由公益事业管理机构具有管辖权。公益事业管理机构具有管辖权包括了监察人指定权、受托人变更权、信托文件变更权。

首先,农地信托监察相关事项应当由法院管辖。虽然农地信托具有公益信托的性质,但并不能归由公益事业管理机构管辖。甚至公益信托在未来的立法改革中,其监察人的管辖权也应当由法院统一行使,因为随着信托的发展,可能需要管辖和处理的纠纷日多,都分别由各职能部门管理,效率低下,可能产生管辖失效的问题。

---

① 14212d 785(Oregon 1943).

② 28 January 1994,(1994) 1 BOCM 600;M Grundy,Trust Casebook (St. Helier:International Tax Planning Association, 1998) 285.

③ [2007] RC 223C.

其次,法院对农地信托监察相关事项的范围可以包括指定和解任监察人、确定监察人权利范围和效力以及确定监察人薪酬等。根据英美法的经验,法院在管辖中常遇到的就是指定和解任监察人、确定监察人权利范围和效力以及确定监察人薪酬等。指定和解任监察人是受益人利害的事项;确定监察人权利范围和效力是受托人利害的事项;监察人薪酬是监察人利害的事项。在一般情况下,事项的管辖应当由利害关系人提出,但利害关系人没有提出,特别是利害关系人是农民等受保护的群体时,法院也可依相关部门或公益起诉人起诉管辖。

第九章
农地信托中的善意取得

我国的信托业可谓已经非常繁荣,各个银行都可以见到信托产品在售。并且,不动产投资信托在其中也占有相当比例。然而,不动产投资信托本质上还是资本的信托,不动产在信托中只是投资获得回报的手段,与其他投资项目无异,并且多数投资中的不动产在信托设立时尚未形成。与"繁荣"的信托业形成鲜明对比的是,我国不动产信托的困难。

不动产信托困难主要体现在以下两个方面:第一,在信托设立时,委托人对是否保留不动产权无所适从;第二,不动产信托设立不知如何进行登记,保护受益人。其实这两个问题,从根本上说,都是如何处理不动产信托中,信托当事人与市场上第三人之间关系的问题。所以,信托不动产的善意取得是我国不动产信托的核心问题。

对这个问题进行分析,在我国现有的立法条件下,需要区分两种情况。第一种是,在不转移财产权的信托中,委托人处分不动产后,受让人的善意取得。第二种是,在转移财产权的信托中,受托人违背信托目的(损害受益人权利)处分不动产后,受让人的善意取得。只要能将这两种情况下的不动产权归属确定,不动产信托中的信托财产独立、受托人—受益人关系、受益权性质以及信托登记等一系列问题就可以迎刃而解。

一、委托人处分不动产的善意取得

江平先生在《失去衡平法依托的信托法》一文中记述,在《信托法》通过前,信托财产归受托人的制度受到了争议。信托财产是谁的,有了不同看法。结果就用了一个模糊的用语:"委托人将其财产权委托给受托人"。有人说,"委托给"是指委托而不是指财产权转移;有人说,"委托给"既然有个给字,那就说明财产权转移,确是各取所需。但是,江平先生对日本和韩国信托法中信托财产属于受托人所有,一直深信不疑。①

于是,我国《信托法》第 2 条明文规定:"信托是指委托人基于对受托人的信任,将其财产权委托给受托人,由受托人按委托人的意愿以自己的名义,为受益人的利益或者特定目的,进行管理或者处分的行为。"关于五年以上的经营权可以登记的规定,也并不是强制性的规定。就文本意义上说,在不转移不动产财产权的前提下,对不动产设定信托在我国是合法和可能的。

在不转移财产权的不动产信托中,委托人处分不动产也有可能发生善意取得的问题。比如,委托人在设立信托之后,将不动产交由受托人管理,受托人对不动产直接或间接占有,而受益人享有受益权。在这种情况下,委托人将不动产转让给了市场上的第三人,并办理了登记过户。从法律公示表象上说,受让人已经享有了不动产物权。而事实上,尚有两个问题需要解决。

第一,市场上的第三人是否有义务调查希望受让不动产的占有情况,即如果不动产实际为登记权利人之外的人占有,这一事实是否可以推翻第三人的善意? 提出这一问题的根据是,英国 1925 年《土地登记法》(Land Registration Act 1925)规定,实际占有人权益在一定条件下不可以被越位(即有可能超越登记的效力)。而相对应的实际占有人权

---

① 于海涌:《英美信托财产双重所有权在中国的本土化》,中国政法大学出版社2011年版,第ⅩⅣ页。

益则规定在第 70 条第 1 款 g 项和 2002 年《土地登记法》(Land Registration Act 2002)的表三的第二项。这种权益与其他可以超越登记效力的权益有所不同，它不是一个具体的权益类型，而是具备了"占有状态"的所有权益类型的集合。实际占有人权益行使的前提是权利人"实际占有土地"。[①]

但是，在我国，不动产权利遵行着严格的公示公信主义，即使登记与实际权利人不同，只要受让人不是明知实际权利人的存在，都可以认定为善意。当然这个问题比较复杂，不动产的善意取得也有很多研究成果。但单就上面提出的这个问题来说，受托人的管理性占有，很难推翻第三人的善意。

受让人可以享有不动产的财产权，不代表他没有不动产占有情况的调查义务。《民法典》第 725 条规定："租赁物在承租人按照租赁合同占有期限内发生所有权变动的，不影响租赁合同的效力。"从此规定可以看出，我国法律已经规定了受让人对不动产占有情况的调查义务（虽然这个规定也不尽合理）。只是这个义务未体现在《信托法》对信托财产受让的规定中。

第二，在市场上的第三人善意取得了不动产权之后，信托关系应当如何存续。《信托法》第 14 条第 2 款规定："受托人因信托财产的管理运用、处分或者其他情形而取得的财产，也归入信托财产。"所以，如果是受托人处分了不动产，不动产的对价就应当充当信托的基础，继续为受益人提供收益。而委托人处分了信托财产，在国外没有先例可以比照，所以，从理论上说，委托人应当将对价交付受托人（如同设定资金信托一样），继续信托关系。然而，关键问题是，如果委托人拒不交付应当如何处理。

在信托成立后，委托人拒不交付信托财产，不能构成信托的自始不成立。委托人又不能被视为以行为终止信托关系。因为《信托法》第

---

① Elizabeth Cooke, *The New Law of Land Registration*, Oxford and Portland, 2003, p.79.

53 条规定："信托当事人协商同意，信托终止。"而委托拒不交付信托财产的对价，并未与其他信托当事人协商，也未取得他们的同意，不符合法定的终止信托的条件。所以，只能受益人向法院请求委托人继续履行或赔偿损失，而受托人也可以基于信托合同主张违约责任。如此一来，信托关系就会变得脆弱和不安全。

所以，应当认为，在不转移财产权的信托中，信托关系完全无法体现其对物性，善意第三人在现有立法条件下，一般不会受到信托关系的约束。这样，信托与委托代理关系就缺少了最本质的区别，信托财产的独立性也难以实现，特别是在受让人善意取得不动产之后，会造成信托关系的破裂。自《信托法》实施后，第 2 条中"委托给"的规定广受诟病。从以上的分析看来，我国信托关系成立的条件的确应当修正为"信托财产权的转移"。

二、受托人违背信托目的处分不动产的善意取得

关于受托人处分不动产后第三人的善意取得，首先要研究的是受托人"不当处分"的标准。《信托法》第 22 条规定的"不当"是指"违反信托目的处分信托财产"或者"处理信托事务不当致使信托财产受到损失"。而在同一条，《信托法》又规定，"该信托财产的受让人明知是违反信托目的而接受该财产的，应当予以返还或者予以赔偿"。所以，可以理解为，受托人"违反信托目的处分信托财产"，并且受让人也"明知"这一情况的，不能视作善意取得，相反如果不"明知"，则委托人或受益人只可以申请人民法院撤销该处分行为。而对于受托人"处理信托事务不当致使信托财产受到损失"，委托人或受益人仅可以申请人民法院撤销该处分行为。考虑到，法院在接到这种申请时，如果没有其他法律依据，也不会判定受让人返还信托财产，所以，从理论上说，《信托法》第 22 条的实际意义在于规定了，"受托人违反信托目的处分信托财产，该信托财产的受让人也明知的，应当予以返还或者予以赔偿"。"予以赔偿"的规定值得研究，如果信托财产返还，而信托财产的价值有所贬损，

当然可以要求赔偿,但前提是受托人也要全额返还财产的对价。如果信托财产无法返还,受托人客观上只可以以对价作为赔偿,只有在原来对价不足的情况下,才涉及赔偿的问题。

当然在善意取得的问题上,只需要确定立法意在表明,受托人违反信托目的处分信托财产,该信托财产的受让人也明知的,应当予以返还。但是,善意取得所要解决问题是以上结论的反面:受托人违反信托目的处分信托财产,该信托财产的受让人不明知的,是不是可以当然主张善意取得。而从"可以申请人民法院撤销该处分行为"的规定看,立法给出的答案是否定的,至少这个"善意取得"的过程要有人民法院的参与。

另外一个很重要的问题是如何界定"明知"。在英国土地法改革之前,"明知"是依据"通知原则"(notice principle)确定的。就通知原则的基本结构来说,通知可以分为三种:实际通知(actual notice)、推定通知(constructive notice)和替代通知(imputed notice)。实际通知就是受让人以显在方式得知受益权的存在,并且这种知晓必须是商业中理性的人根据其一般性知识可以确定的。推定通知是指法律认定对某一事由已给予足够关注,可以取代事实上的通知,即视同已经通知。① 根据1925 年《财产法》(Law of Property Act 1925)第 199 条的规定,推定通知是指在调查中受让人应当合理得知的信息。② 而一个谨慎的受让人会对地产权进行调查,并且 1969 年《财产法》第 23 条规定,受让人对地产权调查的最短期限是 15 年。这样一来,如果双方没有其他约定,受让人只要进行调查,法律就推定他得知了几乎地产权上所有的衡平法权益(受益权)。另外,如果受让人在实地看到了承租人,法律也推定他得知了承租人的权利,而不管他是否进行了调查。替代通知是指,受让人的代理人以以上任何方式得知了受益权,则视同受让人得知。而在改革之后,除登记的地产权和法定的一些权利之外,其他权利都不视为通知。

在我国,一方面不动产权利公示公信,不存在地产权契据调查(受

① 《元照英美法词典》,月旦法学,"constructive notice"条。
② Hunt v. Luck(1902),Kingsnorth v. Tizard(1986).

让人不需要知晓不动产之前权利的情况以及交易），另一方面，信托关系和受益权也没有相应的配套登记制度。所以，受益人或委托人想证明受让人"明知"，最大的可能就是证明受托人明示了信托关系。而受托人没有明示，或明示没有证据证明，其他有效证明受让人"明知"的手段就比较少了。

总之，《信托法》第22条在信托不动产善意取得上的规定是模糊的——即使善意受让人证明了"不明知"信托关系也同样面临法院撤销的可能，受益人和委托人想要证明受让人并非善意第三人，也没有明确标准。

三、信托不动产善意取得制度的构建

构建我国信托不动产善意取得制度，关键就是明确"善意"的标准。这个标准不应当是"可以申请人民法院"作出判定，而是对当事人以及市场上一般人都有可预见的指导性。在明确"善意"标准的过程中，英国以登记为基础的做法值得借鉴。

江平先生记述，信托财产当然应当公示，因为它已经设有负担，就和在抵押物上设立负担一样。公示当然要和登记联系在一起，在立法过程中怎么登记、向谁登记又是一个争论问题。也有人认为，信托还要登记，太复杂，也没有那个必要：于是《信托法》在通过时，又作了一个修改，即修改为："法律规定需要登记的应当登记。"这又是一个折中、模糊的规定，连《信托法》中都没说明哪些信托财产需要登记，我们还能指望再有什么法来规定哪些信托财产需要登记？①所以，事实上我国没有完整成熟的信托登记制度。

关于不动产信托需要登记的范围，因为在我国不动产都需要登记，所以，不动产信托也依法应当登记。具体说来：根据《民法典》《土地管理法》《矿产资源法》等的规定，要登记的财产权主要有农民集体土地所

---

① 于海涌：《英美信托财产双重所有权在中国的本土化》，中国政法大学出版社2011年版，第XIV页。

有权、宅基地使用权、土地承包经营权、建设用地使用权、抵押权、地役权、探矿权、采矿权等；根据《民法典》《城市房地产管理法》，要登记的财产权有房屋所有权、房地产抵押权、在建建筑物抵押权等。

《信托法》第10条规定，设立信托，对于信托财产，有关法律、行政法规规定应当办理登记手续的，应当依法办理信托登记。这一条中所谓的信托登记公示，从字面上理解可以是两种情况：一个是为了物权信托生效，而进行的物权从委托人转移给受托人的变更登记；一个是为了保护信托关系和受益人，对信托关系或受益权进行的登记。虽然，我国《信托法》规定，信托成立需要将财产"委托给"受托人，但"委托给"受托人是不是可以在委托人的不动产登记上直接进行信托登记，法律没有明示。而第10条第2款又规定，未依照前款规定办理信托登记的，应当补办登记手续；不补办的，该信托不产生效力。就此分析，《信托法》第10条中所谓的信托登记公示，更可能是为了物权信托生效，而进行的物权从委托人转移给受托人的变更登记。那么，事实上，《信托法》中根本就没有关于信托关系登记的规定。

当然也有一种理解，就是对应当登记的财产设立信托时，都应当对信托关系办理登记，否则信托不能生效。如果这样理解就有一个问题：我国没有不动产信托登记的配套制度，那么，是不是只有少数在信托登记机构登记的不动产信托才满足了生效条件？

对于《信托法》第10条的模糊性，我们应当研究三个问题：第一，是不是不动产信托除了转移不动产权外，还必须进行登记才可以生效；第二，信托登记的客体是什么；第三，信托登记的内容是什么；第四，信托应当在什么机关（或机构）进行登记。

对于第一个问题，学界已经有了比较成熟的答案。虽有反对意见，但多数研究者认为不动产信托登记的效力是对抗第三人，而不应当作为信托的生效要件。这与国外及传统信托法的做法也是一致的。其实，这一问题的核心是信托本质是一个私人关系，当事人当然有权利选择是否公开或对世，对此法律不能干涉。

在信托登记的客体方面,有人认为登记的客体是信托财产,有人认为客体是信托关系,还有人认为信托财产和信托关系都要进行登记。① 登记的客体是信托财产的来源是《信托法》第 10 条的明文规定。认为客体是信托关系的人依据最多的是国外成例。在我国,信托登记已经有了实践。上海 2006 年成立了信托登记中心,它是经中国银行业监督管理委员会批准设立的全国首家信托登记机构。上海信托登记中心将信托的登记分为两部分:信托信息的登记和信托财产的登记,其中信托信息的登记包括受托人名称、信托资金的用途、信托计划的规模、受益人的个数、信托的起止时间等。信托财产的登记包括有权属财产的登记和无权属财产的登记。无权属的财产即为其转移不需要进行登记的财产;有权属的财产即为其转移需要进行登记的财产。不动产是有权属的财产。对有权属财产的登记需要受托人提供权属人为受托人的权属证明。②

信托财产和信托关系都进行登记的思路,影响了信托登记内容的设计。有人认为信托财产登记应当记载信托财产的客观状况,记明信托财产之上已存在的其他权利情况。在信托关系的登记中,登记内容应尽量呈现信托法律关系的全貌,这既能方便第三人查阅又能较明确地表明受托人的权限和受益人的权利。③所谓"信托法律关系的全貌"包括委托人、受托人和受益人的身份信息,如姓名或名称、住所或营业场所等;如果受益人尚不能具体确定的,例如公益信托,则包括受益人的范围;还包括设立信托的目的;最后,包括受托人的权限等。

信托登记应当根据申请人提供的身份证明材料载明是没有问题的。但详细的信托关系的记载在现有登记技术条件下是难以实现,或成本过高的。英国 1925 年之前的地产契据登记制度充分地说明了这一点。④

---

① 孟强:《信托登记制度研究》,中国人民大学出版社 2012 年版,第 115—116 页。
② 汤淑梅:《信托登记制度的构建》,《法学杂志》2008 年第 6 期。
③ 谢哲胜:《信托法》,元照出版有限公司 2009 年版,第 166 页。
④ 地产契据登记制度是指将所有地产契据都进行登记的制度,受让人不能得到登记处的权利担保,只能依靠律师调查得知土地的权利情况。这一制度的代表是英国米德尔塞克斯和约克郡的登记处(Middlesex and Yorkshire deeds registries)的登记。这一制度被证明是成本极高的登记制度,在地产权登记制度实行一段时间后废止。

事实上,现在信托登记的目的只是提示信托财产的受让人,受让的不动产是否存在被信托关系人追索的风险。如果信托本身就是出售信托,即委托人赋予了受托人出售不动产权利的信托,那么受让人根本无需知晓信托的任何内容;如果是非出售信托,那么如果受让人受让,则相当于表明其接受信托,承担被追索的风险,或承受受益权负担。所以,如果信托是出售信托只需要在现有的登记中增设一个信托条目,注明已设定出售信托,即可达到通知受让人的目的,可以如同从权利人手中受让一样地从受托人手中受让不动产,而登记成本也不会过分增加。对于非出售信托,如果在登记中注明,则可以由受让人自行向受托人请求查阅。非出售信托应当注明信托合同当事人和签订日期等,使信托关系指向唯一化。但信托关系的具体内容不必出现在登记中,或作为登记的档案留存。

关于不动产信托的登记机关,独立的信托登记(上海信托登记中心)现在已经面临一些问题:一,在登记中心进行的登记是否可以被认定为《信托法》第10条中规定的登记,如果可以,它如何与既有登记进行衔接;二,上海信托登记中心是独立的信托登记机构,与既有不动产登记机构没有信息共享,那么,这是否意味着,所有的不动产交易,都要市场上的潜在受让人再进行一次信托登记的调查才可以安全地进行。其实,在登记机关的问题上,我国的研究成果也基本达成一致。如果要在不动产统一登记的目标实现之前建构信托登记制度的话,其现实途径是在目前仍然分散的不动产登记机构之上增设信托登记的条目。①当然,如果以后我国不动产实现了统一登记,并且登记能力随着电子化和其他科技手段的发展而提高,也可以考虑将信托关系具体内容从重要到不重要——记录在登记中。这样不但可以保护信托关系人和市场第三人,更重要的是会大大减少市场调查成本和提高交易效率。

---

① 孟强:《信托登记制度研究》,中国人民大学出版社2012年版,第125页。

后　记

　　现在学术界对土地承包经营权的问题基本达成了一致。大多数人都认识到了土地承包经营权具有农民社会保障的功能,但在现有条件下必须市场化。在这个共识下,部分人强调在城市化进程加速的当前形势下,应当促进农地的流转,他们形成了流转派。流转派里较为极端的代表是农地私有化的主张者。而部分人则强调农地的社会保障功能,认为农地不能流转,但也没有提出解决土地闲置和农业无法更好发展的方法,他们形成了保守派。两派的论争在三权分置的新结构下依然存在。

　　所以,要在尊重保障功能的前提下,让农地充分的市场化是调和两派的唯一途径。然而,土地的特点在于,其使用具有排他性。农地用于市场流转,就无法由农民经营,农民经营就无法流转。另外,一定程度的市场化,比如出租和部分农地的转包无法满足市场受让主体(农业经营者)的需要。农业经营者在制定经营计划时,大多需要一个确定、稳定而长久使用土地的权利。这样一方面有利于他们经营长期种植项目,比如果树,另一方面,也有利他们对水利等工程的长期投资,更为重要的是现在数字农业发展的情况下,这些投资可能数额更大,期限要求更长。而正是长期投资和规划才是未来农业发展的基础。一般性的粮食种植虽然非常重要,但家庭联产承包责任制和国家技术的帮助已经基本可以将这部分的农业生产潜力开发出来，而未来农业的发展就在于更新技术的发展与应用、数字化、长期农业工程的建设、长期投资农业品种的经营等。我国现有的农地制度显然无法满足这些需要。

所以，只有土地承包经营权充分市场化才能真正有效地促进我国农业未来的发展，而只有一年两年短期的土地权利进入流通领域，只能改善现在土地闲置和不充分利用的情况，并不能从理论上根本解决发展的问题。

化解农地保障性与市场化矛盾的根本在于农地农民生活保障功能的剥离。因为农地流转排除的是农民的经营（占有型权利）但并不排除农民的受益（经济权利）。事实上，更优的经营主体可以在保障农民经济权利的前提下，取得良好的利润。而收益权的剥离（经营权与承包权的分离）有多种方式，最为常见的有入股公司、合伙、合作社和信托等。在入股公司（合作社）方面，我国各地进行了一些实践。实践有受到农民欢迎的，也有受到冷落的。对于企业来说，参与这样的改革，的确可以获得相对时限更长、更有保障的地权，但从理论上，这种模式具有比较大的缺陷。不管是公司、合伙还是合作社，都是经营性企业，都是风险（利润）偏向性经营者。一旦出现了风险，农民的投入还是有可能会成为破产财产，从而失去保障。那么，农地的保障功能也就无法实现。所以，这一些模式从本质上无法解决社会保障性与市场化的矛盾。

而信托则较前者更具优势，甚至可以从根本上解决农地受益权剥离的问题。首先，信托受托人可以根据委托人的要求或法律的规定成为谨慎管理型经营者，从而避免不必要的风险。对于大型专业信托公司来说，只要设定了管理方式，出现大规模风险的可能性比普通公司小得多。而其管理与运营又比合作社更市场化、专业化，具有更大的利润空间。其次，信托中的受托人受到严格的监管，其谨慎投资的义务较公司的经营者更高。最后，信托中的受益权可以设定人身属性。公司中的股权不得转让多是为了让股东对公司承担更多的责任，或对其他劣势股东进行保护。基于市场化原理（每个人是自己权利最优的保护者),很少有规则为了保护股东自身的利益,而规定其不得转让。但在信托中,受益权可以根据委托人的意志和法律的规定不得转让,这为农地向特定农民提供生活保障提供了制度基础。

当然,信托在我国的发展也面临很多困难,想要达到预期效果,需要对多种法律法规的修订、多部门的协调配合。在现有的制度框架内,可能一时尚难以全面展开。但是,信托推进三权分置是根本性解决问题的制度工具,应当进一步对其细节进行研究和实践。

图书在版编目(CIP)数据

中国农地信托交易结构研究/蒋传光主编;于霄著
.—上海:上海人民出版社,2023
ISBN 978 - 7 - 208 - 18009 - 3

Ⅰ.①中…　Ⅱ.①蒋…②于…　Ⅲ.①农村-土地产
权-交易-研究-中国　Ⅳ.①F321.1

中国版本图书馆 CIP 数据核字(2022)第 204391 号

责任编辑　刘华鱼
封面设计　一本好书

中国农地信托交易结构研究
蒋传光　主编
于　霄　著

出　　版　**上海人民出版社**
　　　　　(201101　上海市闵行区号景路 159 弄 C 座)
发　　行　上海人民出版社发行中心
印　　刷　上海商务联西印刷有限公司
开　　本　635×965　1/16
印　　张　16.5
插　　页　2
字　　数　217,000
版　　次　2023 年 2 月第 1 版
印　　次　2023 年 2 月第 1 次印刷
ISBN 978 - 7 - 208 - 18009 - 3/D·4031
定　　价　68.00 元